古典文獻研究輯刊

三四編

潘美月・杜潔祥 主編

第19冊

明史雲南廣西土司傳考證（上）

楊勝祥 著

國家圖書館出版品預行編目資料

明史雲南廣西土司傳考證（上）／楊勝祥 著 -- 初版 -- 新北
市：花木蘭文化事業有限公司，2022〔民 111〕
目 4+154 面；19×26 公分
（古典文獻研究輯刊 三四編；第 19 冊）
ISBN 978-986-518-874-0（精裝）

1.CST：官制 2.CST：土司制度 3.CST：歷史 4.CST：明代

011.08   110022684

ISBN-978-986-518-874-0

9 789865 188740

古典文獻研究輯刊
三四編 第十九冊   ISBN：978-986-518-874-0

明史雲南廣西土司傳考證（上）

作　　者　楊勝祥
主　　編　潘美月、杜潔祥
總 編 輯　杜潔祥
副總編輯　楊嘉樂
編輯主任　許郁翎
編　　輯　張雅淋、潘玟靜、劉子瑄　美術編輯　陳逸婷
出　　版　花木蘭文化事業有限公司
發 行 人　高小娟
聯絡地址　235 新北市中和區中安街七二號十三樓
　　　　　電話：02-2923-1455／傳真：02-2923-1452
網　　址　http://www.huamulan.tw 信箱 service@huamulans.com
印　　刷　普羅文化出版廣告事業
初　　版　2022 年 3 月
定　　價　三四編 51 冊（精裝）台幣 130,000 元

明史雲南廣西土司傳考證（上）

楊勝祥　著

作者簡介

楊勝祥，1994 年 10 月生，白族，雲南大理人。山東大學中國古典文獻學專業博士研究生，師從杜澤遜教授。研究方向為中國古典文獻學、邊疆少數民族研究。曾在《清史研究》、《圖書資訊學刊》、《歷史文獻研究》等刊物發表論文多篇。

提　　要

　　明代是土司研究的重要階段。《明史》的《雲南》《廣西土司》二傳，系統記載明代雲南、廣西二布政司的土司情況，保存較為豐富的資料，不僅具有重要的土司學和民族學價值，還有重要的邊疆學價值。成為研究土司制度、西南史地、邊疆政策、民族問題等的重要參考。由於《土司傳》是《明史》之首創，無成例可循，書成眾手，歷時漫長。不足之處有二，一是存在一些錯誤，二是某些地方敘述不清晰。針對這些不足，本文以武英殿本《明史》為底本，選擇《雲南》《廣西土司》二傳作為考證對象，從史源上入手，以實證為要旨，廣泛採取各方面材料，全面運用各學科方法，對《明史雲南廣西土司傳》進行訂誤、考異、解釋、補充。同時，充分尊重並吸收前人成果，對前人工作做一個總結。力圖為《明史雲南廣西土司傳》的日臻完善作出努力，給讀者提供一個系統全面考證《明史雲南廣西土司傳》的作品，同時讓學界對歷來的考證成果有一個總體的認識。凡得考證五百零三條。

目次

中　冊

前　言

　　《明史》列傳創新例者三，《土司》其一也。土司者，古謂羈縻州。然則羈縻政策，實消極之自治。土司制度，為積極之管理〔註1〕。土司制度，建立於元，完善於明，衰落於清。故有明一代，實土司制度之興盛期，為土司研究的重要階段。《明史》的《雲南》《廣西土司》二傳，內容翔實，體例創新。因其系統記載明代雲南、廣西二布政司的土司情況，保存較為豐富的資料，不僅具有重要的土司學和民族學價值，還有重要的邊疆學價值。成為研究土司制度、西南史地、邊疆政策、民族問題等的重要參考。

一、《明史·土司傳》的成書經過

　　自順治二年開館創修，至乾隆四年書成進上，《明史》之編纂，幾經起落，人手更迭，時間漫長，過程複雜〔註2〕。要之，今存之主要成果有三，一為萬斯同《明史》四百一十六卷〔註3〕，二為王鴻緒《明史稿》三百一十卷〔註4〕，三為張廷玉《明史》三百三十二卷。

　　萬斯同《明史·土司傳》是今本《明史·土司傳》的第一稿，凡四卷，分

〔註1〕參見李世愉：《土司制度歷史地位新論》，《長江師範學院學報》，2015年第3期，第1～8頁。又參見陳季君：《論土司地區的國家認同》，《中國史研究》，2017年第1期，第23～34頁。

〔註2〕參見黃雲眉：《明史編纂考略》，《史學雜稿訂存》，齊魯書社1980年，第109～178頁。

〔註3〕〔清〕萬斯同：《明史》，《續修四庫全書》第324～331冊，上海古籍出版社2002年。

〔註4〕〔清〕王鴻緒：《明史稿》，文海出版社1962年。

湖廣、貴州、四川、雲南、兩廣五地域進行敘述。卷四○九《土司傳一》記湖廣、貴州，卷四一○《土司傳二》記四川，卷四一一《土司傳三》記雲南，卷四一二《土司傳四》記兩廣。地域之下首敘該地域之歷史、風土等情況，而後仿列傳例，分別為著名土官立傳，其中少數亦有為地區、種族立傳者，大抵皆征伐向背之始末。有總序一篇，在《土司傳》之首。萬斯同《明史・土司傳》取材範圍甚廣，有《明實錄》、《土官底簿》、《萬曆武功錄》、《行邊記聞》等書，多刪省諸書文字立傳，故內容詳略不一。初，朱彝尊在史館勸立《土司傳》，毛奇齡是其言〔註5〕，因撰《蠻司合誌》十五卷〔註6〕。收入萬斯同本《明史》，成為《土司傳》。由於是「前此所無之書」〔註7〕，不足之處在所難免。一是體例混亂，沒有條理；二是內容蕪雜，互相摻雜；三是某些地方不夠嚴謹，有誤讀妄用材料之處。總的說來，尚屬於資料彙編之階段成果。然其開拓之功不可淹沒。

　　王鴻緒《明史稿・土司傳》是今本《明史・土司傳》的第二稿，凡十卷，按布政司分記湖廣、四川、雲南、貴州、廣西土司事。其中，列傳一八四為《湖廣土司》，列傳一八五、一八六為《四川土司》，列傳一八七至一八九為《雲南土司》，列傳一九○為《貴州土司》，列傳一九一至一九三為《廣西土司》。布政司之下再按地區（內地以府或直隸州，邊地以司）分題，每一地區，先總述該地區之建置沿革，次則以時間編次，列土官歸附、襲替、朝貢、賞罰、征伐等事跡，部分地區最末附有風俗、族屬、四至等內容〔註8〕。有總序一篇，置於《土司傳》之首，分序二篇，分別置於《湖廣土司》和《貴州土司》之首。蓋有感萬斯同《明史・土司傳》之蕪雜凌亂，故不僅於體例

〔註5〕見〔清〕朱彝尊：《土官底簿跋》，〔明〕佚名：《土官底簿》，《景印文淵閣四庫全書》第 599 冊，臺灣商務印書館 1983 年，第 420 頁。

〔註6〕〔清〕毛奇齡：《蠻司合誌》，季羨林、徐麗華等：《中國少數民族古籍集成（漢文版）》第二冊，四川民族出版社 2002 年，第 142～259 頁。

〔註7〕〔民國〕梁啟超：《中國近三百年學術史》，商務印書館 2011 年，第 209 頁。

〔註8〕此種按地區分題，每一地區，先總述建置沿革，次則以時間編次，列土官事跡之體例，明代方志已肇其端。王鴻緒《明史稿・土司傳》編纂時曾參考《廣西名勝志》。《廣西名勝志》之前之《（萬曆）廣西通志》、更早之《（嘉靖）廣西通志》，敘述土司時有此種體例之雛形。蓋土司立傳之風，先起於地方，而後影響於國史。明代雲南布政司收有各土司宗枝圖，準確記錄土官傳襲。然《（天啟）滇志》以前，雲南省志中尚無關於土司之專門記錄。至《（天啟）滇志》始立《土司官氏》，而類案牘彙編，不若粵西之體例嚴謹。蓋為此風尚波及，而波及尚未深也。

上進行改革，更於內容上重新編纂。其建置沿革部分，多源出《大明一統志》，而土官事跡，則基本採取《明實錄》。《實錄》不足徵者，再輔以萬斯同《明史·土司傳》、《天下郡國利病書》、《廣西名勝志》等。王鴻緒《明史稿·土司傳》體例創新而不失嚴謹，內容翔實可據。唯有倉猝未及完稿之跡象，一為文字有直接節錄材料，尚待刪潤者；二為分序只有兩篇，《四川土司》、《雲南土司》、《廣西土司》無分序。總之，今本《明史·土司傳》在此時已基本定型。

張廷玉《明史·土司傳》即今本《明史·土司傳》，凡十卷，按布政司分記，體例一沿王鴻續《明史稿·土司傳》之舊。其中，卷三一〇為《湖廣土司》，卷三一一至三一二為《四川土司》，卷三一三至三一五為《雲南土司》，卷三一六為《貴州土司》，卷三一七至三一九為《廣西土司》。有總序一篇，置於《土司傳》之首，分序五篇，分置五布政司之首。張廷玉《明史·土司傳》承襲王鴻緒《明史稿·土司傳》，只作細微加工，一是對文句刪潤，二是少量補充完善，如補全所缺三布政司之分序〔註9〕。此外無較大改動，即有意訂正者亦少之又少。相反，由於刪潤不當或鈔寫訛誤，造成一部分新誤。

二、《明史·土司傳》的不足之處

由上所述，可知《明史·土司傳》形成過程之大略，歷時漫長，書成眾手，又前無古人，無成例可循。故其中難免存在一些不盡如人意之處。主要表現為以下兩個方面。

一是存在一些錯誤。就這些錯誤產生的階段分類，大致可以分為四個類型。

〔註9〕按《明史編纂考略》，謂金門詔「《土司傳》分序五篇，收入《明史》」。見《史學雜稿訂存》，第166頁。蓋據《金東山文集》所收此《土司傳》分序五篇言之，今檢《金東山文集》卷二，非但分序五篇，即總序一篇亦收之。見〔清〕金門詔：《金東山文集》卷二，中國國家圖書館藏清乾隆刻本。萬斯同《明史·土司傳》之總序，《蠻司合誌》未載，蓋非毛奇齡所為。王鴻緒《明史稿·土司傳》之總序，係刪省萬斯同《明史·土司傳》之總序而得，又別有《湖廣土司》、《貴州土司》之分序。金門詔於乾隆元年成進士，充明史館纂修，參加張廷玉《明史》之編纂。見〔清〕徐成敷修，〔清〕陳浩恩纂：《（光緒）增修甘泉縣志》卷一四，清光緒七年刻本，葉一六。細繹《土司傳》序文，《四川土司》、《雲南土司》、《廣西土司》之分序皆較短，與《湖廣土司》和《貴州土司》之序不一。蓋此後補入之《四川》、《雲南》、《廣西》分序三篇方為金門詔所撰。總序和《湖廣》、《貴州》二序金門詔只做了刪潤工作。

　　（一）原始資料錯誤。《明史・土司傳》之原始資料，建置沿革部分，以《大明一統志》為主。土官事跡部分，以《明實錄》為主。《大明一統志》和《明實錄》雖然可信度較高，但也未必盡然。如《大明一統志》：「其後，鄭買賜、趙善政、楊干貞互相篡奪。」〔註10〕「鄭買賜」誤，當作「鄭買嗣」。此訛誤為《大理傳》「其後，鄭買賜、趙善政、楊干貞互篡奪」因襲〔註11〕。又如，《明太祖實錄》卷一四三洪武十五年閏二月癸卯條：「大理城倚點蒼山，西臨洱河為固。」〔註12〕「西臨洱河」誤，當作「臨西洱河」。此誤倒亦為《大理傳》「大理城倚點蒼山，西臨洱河為固」〔註13〕沿襲。

　　（二）《蠻司合誌》採取原始資料時發生錯誤（按，為行文方便，如無特殊情況，萬斯同《明史・土司傳》統一用《蠻司合誌》代替。若二書文字有異，再加注萬斯同《明史・土司傳》）。如《潞江傳》「正德十六年，安撫司土官安捧奪其從弟掩莊田三十八所，掩訟於官，不報」〔註14〕。《蠻司合誌》採擇《明武宗實錄》卷一二六正德十年六月己卯條〔註15〕時，誤將「正德十年六月」記為「正德十六年」，又誤將「安撫線捧」訛作「安捧」。《明史稿》〔註16〕因襲《蠻司合誌》，《明史》又因襲《明史稿》，遂長流此誤。

　　（三）《明史稿・土司傳》採取原始資料時發生錯誤。《明史稿・土司傳》在內容形式上對《蠻司合誌》作改頭換面的改造，相當於重新編寫，只把《蠻司合誌》作為部分資料來源，故《明史稿・土司傳》直接採取原始資料《明實錄》、《大明一統志》。有誤讀原始材料導致的錯誤。如《大理傳》「唐葉榆縣境」〔註17〕一句。當作「漢楪榆縣境」。《明史稿》採《大明一統志》：「漢武帝開西南夷，此為益州郡嶲唐、葉榆縣境。」〔註18〕誤屬「嶲唐」之「唐」

〔註10〕《大明一統志》，第1316頁。
〔註11〕《明史》卷三一三，清乾隆四年武英殿刻本，葉五。參見《明史》，中華書局1974年，第8067頁。
〔註12〕《明太祖實錄》，第2246頁。
〔註13〕《明史》卷三一三，清乾隆四年武英殿刻本，葉六。參見《明史》，中華書局1974年，第8068頁。
〔註14〕《明史》卷三一五，清乾隆四年武英殿刻本，葉一一。參見《明史》，中華書局1974年，第8139頁。
〔註15〕《明武宗實錄》，第2530頁。
〔註16〕《明史稿》第七冊，第146頁。
〔註17〕《明史》卷三一三，清乾隆四年武英殿刻本，葉五。參見《明史》，中華書局1974年，第8067頁。
〔註18〕〔明〕李賢等：《大明一統志》，三秦出版社1990年，第1316頁。

於「葉榆」之上，遂訛作「唐葉榆縣境」〔註19〕。也有有意改訂原始材料致誤者。如《曲靖傳》「曲靖土軍千戶阿保、張琳所守地」〔註20〕，為防與本傳開頭之「元曲靖宣慰司征行元帥張麟」〔註21〕相混，而有意改原始材料《明實錄》之「麟」為「琳」。再如《明史稿·土司傳》取材《明實錄》，喜將「夷」字改作「蠻」字。多數地方無傷大雅，而於種族名號、職官制度等，則易成謬誤。也有材料歸屬上的錯誤。如《蒙化傳》載雲龍州「進忠殺嘉龍爭襲」事〔註22〕，當置於《大理傳》下。又如《桂林傳》「永、道、桂陽諸州蠻竊發」「陸齡率兵討平」事〔註23〕，當置於《湖廣土司傳》下。

（四）《明史·土司傳》刪潤《明史稿·土司傳》時發生錯誤。此固有無意訛誤者。如《楚雄傳》「帝敕責晟等，期以三年，討靖諸為亂者」〔註24〕一句。「三年」為「三月」之訛。其取材《明宣宗實錄》卷一○八宣德九年二月甲戌條原作：「期三閱月皆安靜。」〔註25〕《明史稿》尚作「期以三月」〔註26〕。而《明史》刪潤《明史稿》時，訛「月」為「年」。亦有誤解《明史稿》而致誤者。如《孟艮傳》「雲南知府趙混一嘗入其境」〔註27〕。「趙混一」誤，當作「趙渾」。《滇略》〔註28〕、《（天啟）滇志》〔註29〕原作「雲南知府趙渾」。《明史稿》作：「雲南知府趙渾一入其境，待之禮慢，後無復至者。」〔註30〕欲表達「趙渾」「一入其境」。而《明史》刪潤《明史稿》時，屬「一」於「渾」下連讀，

〔註19〕《明史稿》第七冊，第114頁。
〔註20〕《明史》卷三一三，清乾隆四年武英殿刻本，葉二二。參見《明史》，中華書局1974年，第8085頁。
〔註21〕《明史》卷三一三，清乾隆四年武英殿刻本，葉二二。參見《明史》，中華書局1974年，第8085頁。
〔註22〕《明史》卷三一三，清乾隆四年武英殿刻本，葉一九。參見《明史》，中華書局1974年，第8081頁。
〔註23〕《明史》卷三一七，清乾隆四年武英殿刻本，葉二。參見《明史》，中華書局1974年，第8202頁。
〔註24〕《明史》卷三一三，清乾隆四年武英殿刻本，葉一一。參見《明史》，中華書局1974年，第8072頁。
〔註25〕《明宣宗實錄》，臺灣史語所1962年，第2435頁。
〔註26〕《明史稿》第七冊，第117頁。
〔註27〕《明史》卷三一三，清乾隆四年武英殿刻本，葉一九。參見《明史》，中華書局1974年，第8082頁。
〔註28〕《滇略》，《景印文淵閣四庫全書》第494冊，第231頁。
〔註29〕《（天啟）滇志》，《大理叢書方志篇》卷三，第479頁。
〔註30〕《明史稿》第七冊，第122頁。

又訛「渾」為「混」，遂成此謬。《明史》亦有避諱改字現象。如《柳州傳》「是夜，指揮朱昌允、土巡檢韋顯忠共提兵決戰」〔註31〕。朱昌允，當作「朱昌胤」。《蠻司合誌》原作「朱昌胤」〔註32〕，「胤」字缺首筆避清世宗諱。《明史稿》沿之作「朱昌胤」〔註33〕，「胤」字缺末筆。至於《明史》，則直接改作「允」。

二是某些地方敘述不清晰，易誤導讀者。主要有三種。

（一）《明史》表達時，有一種習慣，即敘述某一年事情時，連帶敘及其始末，而這些始末的內容未必發生於該年。往往又沒有明確表示過去、未來的標誌性詞語，故極易誤導讀者。如《麓川傳》「洪武六年遣使田儼、程斗南、張禕、錢允恭齎詔往諭。至安南，留二年，以道阻不通。有詔召之，惟儼還，餘皆道卒」〔註34〕。據《明太祖實錄》卷八六洪武六年閏十一月乙酉條〔註35〕，知田儼還朝，在洪武六年，被派遣事是先敘述還朝之由來，實發生於兩年以前。黃雲眉曾誤讀之，以為洪武六年遣使，遂判《緬甸傳》「明太祖即位，遣使齎詔諭之」〔註36〕為誤，其實是黃氏誤矣〔註37〕。

（二）刪略太甚，敘述過於簡略，也易造成理解上的歧義。如《蒙化傳》「土知州左禾、正千夫長阿束來朝」〔註38〕。阿束為麗江軍民府正千夫長，此處未註明，易誤讀阿束官職作蒙化州正千夫長。

（三）史臣敘事存在「曲筆」現象。如《尋甸傳》「嘉靖六年，安銓作亂，乃土舍之失職者也」〔註39〕。只簡單將安銓作亂歸結為土舍失職。實則由於流官知府督徵糧稅，裸撻「安銓并其妻」，遂至憤激作亂〔註40〕。

〔註31〕《明史》卷三一七，清乾隆四年武英殿刻本，葉六。參見《明史》，中華書局1974年，第8206頁。

〔註32〕《蠻司合誌》，《中國少數民族古籍集成（漢文版）》第二冊，第239頁。

〔註33〕《明史稿》第七冊，第176頁。

〔註34〕《明史》卷三一四，清乾隆四年武英殿刻本，葉二〇。參見《明史》，中華書局1974年，第8111頁。

〔註35〕《明太祖實錄》，第1534頁。

〔註36〕《明史》卷三一五，清乾隆四年武英殿刻本，葉一。參見《明史》，中華書局1974年，第8129頁。

〔註37〕《明史考證》，第2485頁。

〔註38〕《明史》卷三一三，清乾隆四年武英殿刻本，葉一八。參見《明史》，中華書局1974年，第8081頁。

〔註39〕《明史》卷三一四，清乾隆四年武英殿刻本，葉八。參見《明史》，中華書局1974年，第8098頁。

〔註40〕《（天啟）滇志》，《大理叢書方志篇》卷三，第470頁。

三、四庫館臣的《明史‧土司傳》考證

　　由於《明史‧土司傳》的白璧微瑕，存在一些不盡如人意之處，因此前輩學者對其做過一些考證工作。《明史》成書後，最先對《明史‧土司傳》進行考證的是四庫館臣。他們工作的成品即《四庫全書》本《明史》。

　　從《文淵閣四庫全書》本《明史》來看，庫本《明史‧土司傳》除了正文中對一些內容作了改動外，每卷後還附有嚴福、方煒等的《欽定四庫全書明史考證》〔註41〕，收入部分案語。清代庫本管理嚴密，極少有人看到，故四庫館臣的考證成果其實流傳不廣。光緒間王頌蔚見到「進呈本」，「案語用黃籤黏書之上方，人、地名改譯及修改字句處用黃籤黏原文之上」〔註42〕，又見到「稿本」、「正本」、「初刊樣本」。王氏用了兩年時間將這些「黃籤」上的內容鈔錄整理，勒成一編，是為《明史考證攟逸》〔註43〕。民國五年由劉承幹嘉業堂刊行，四庫館臣關於《明史》的部分考證成果至此始大行於世，所謂「乾隆時之著述，至此始獲行世」〔註44〕。民國十年其子王季烈見到《文津閣四庫全書》本《明史》，乃將存在於卷末所附《欽定四庫全書明史考證》中，而《攟逸》失載之有關考訂者單獨錄出，作為《補遺》，補刻於《攟逸》書後〔註45〕。是為四庫館臣考證《明史‧土司傳》所得成果的流傳大概。

　　上述《明史考證攟逸》，雖然有《補遺》，但非四庫館臣之全部考證成果。因為當時王頌蔚見到的進呈本「黏籤脫落甚多，且有微爛成塊，未堪揭動之葉」〔註46〕，所以「脫落」的黏籤是沒有被收入《攟逸》的，而王季烈只是補了每卷後《明史考證》有而《攟逸》缺者，沒有涉及到正文部分脫落的「黏籤」。如果將庫本《明史》與武英殿本《明史》對校，便可以得到正文裡「人、地名改譯及修改字句處用黃籤黏原文之上」那部分裡脫落的「黏籤」（當然，這需要和庫本的訛字區別開）。如卷三一三，筆者通過對校，發現其中有七處

〔註41〕〔清〕嚴福、方煒等：《欽定四庫全書明史考證》，《景印文淵閣四庫全書》第302冊，臺灣商務印書館1983年，第418～618頁。按此為附於四庫全書本《明史》者。據其案語題名，《湖廣土司傳》一卷的考證工作由嚴福負責，其他九卷為章宗瀛負責。

〔註42〕〔清〕王頌蔚：《明史考證攟逸》，《續修四庫全書》第294冊，上海古籍出版社2002年，第94頁。

〔註43〕《明史考證攟逸》，《續修四庫全書》第294冊，第93～452頁。

〔註44〕《明史考證攟逸》，《續修四庫全書》第294冊，第451頁。

〔註45〕《明史考證攟逸》，《續修四庫全書》第294冊，第444頁。

〔註46〕《明史考證攟逸》，《續修四庫全書》第294冊，第94頁。

有價值的訂誤成果，未被《明史考證攟逸》收入，而《明史考證攟逸》所錄的訂誤成果只有十二條。這項工作目前還沒有人做過。當然，《明史考證攟逸》見到的案語，除卻《欽定四庫全書明史考證》所載者外，是不能見諸庫本《明史》的（只能見到最終修改成的文字），因此，庫本《明史》、庫本《明史》所附《欽定四庫全書明史考證》、《明史考證攟逸》，三者恰好成相互補充關係，通過三者大略能了解四庫館臣考證《明史》的成果。

四庫館臣的考證，是一種廣義的校勘。包括兩類。第一類是訂誤考異。訂誤包括修改人名、地名等一般內容的脫、衍、訛、倒，以及訂正一些具體的史實錯誤，比如繫年問題、歸屬問題等等。考異，即在訂誤過程中，對無法確定正誤的史實提供另一種說法。第二類是解釋、補充。對本來無誤但敘述未詳的史實進行補充，對本來無誤的史實進行解釋。根據庫本《明史》列傳每卷末附的《欽定四庫全書明史考證》來看，解釋稱為「謹附識」，訂誤、考異、補充，統稱作「謹附考」。

長期以來，在臺灣商務印書館影印《文淵閣四庫全書》之前，由於庫本的不流通，很多人了解四庫館臣關於《明史》考證的成果，只能通過《明史考證攟逸》。中華書局1974年點校本《明史》，便沒有充分利用庫本《明史》〔註47〕，但分析點校本的《校勘記》，其實至少一半吸收了《明史考證攟逸》的內容。由於四庫館臣的考證分「謹附識」、「謹附考」，而其「謹附識」部分與今日校勘精神有異，黃雲眉謂其「內容又必選庸庸無過者」〔註48〕，蓋即此也。黃氏對《明史考證攟逸》中四庫館臣的考證成果多有批評意見，但也有誤解之處〔註49〕。今天我們應該重新審視並利用好四庫館臣關於《明

〔註47〕中華書局1974年點校本《明史》在《土司傳》外個別的地方參校過《文津閣四庫全書》本《明史》。

〔註48〕黃雲眉：《明史考證》，中華書局1979年，第11頁。

〔註49〕如《明史·太平傳》「宋隸太平寨。洪武元年，土官黃克嗣歸附，授世襲知州，設流官吏目佐之，屬太平府。萬曆二十八年，省入永康州」。四庫館臣：「『宋隸太平寨』至『省入安康州』。按思同州，《宋史》屬左江道，不屬太平寨。元時則屬太平路，見《一統志》。傳以為宋隸太平寨者誤也。其二十八年省入永康，《一統志》作二十七年，與此互異。」四庫館臣言互異之《一統志》，是《大清一統志》。《大清一統志》於永康故縣下云：「萬曆二十七年，併思同州入之，升縣為州。」四庫館臣之《明史》考證中，凡言《一統志》者，皆指《（乾隆）大清一統志》，言《明統志》者，方指《大明一統志》。黃雲眉誤以《一統志》指《大明一統志》，謂「《一統志》成於天順五年，安得下逮萬曆，不知舊考何以嚮壁虛造如是」。

史》的考證成果。

四、四庫館臣後《明史‧土司傳》的考證

　　自四庫館臣後，直到現代以前，涉及《明史‧土司傳》考證的成果，零星散見於各類志書史籍。成書於道光年間的《方輿考證》對《明史‧潯州傳》「追至羅連山，又斬百餘級」〔註50〕進行考證，稱「羅運山，在平南縣北七十里，為猺獞巢穴」，下引《明史‧張經傳》，並云：「按《土司傳》作羅連山，或刊刻之誤。」〔註51〕夏燮《明通鑑》考證《明史‧田州傳》「帝命守仁亟為勘處」〔註52〕，根據事件時間和《實錄》，認為：「《明史》傳寫，誤『臣』為『仁』也。」〔註53〕《（光緒）鎮安府志》對《明史‧歸順傳》「瓛後從征交阯，卒於軍。子代襲」〔註54〕進行說明：「謹案，《明史》載瓛死，子代襲。是繼代而襲，即天錫，非別有人名代也。」〔註55〕《（民國）田西縣志》考訂《明史‧泗城傳》「泗城土官岑承勳等貢馬及香爐等物」〔註56〕云：「岑承勳，當係岑紹勳。《明史》作『承』字誤。」〔註57〕《（民國）新纂雲南通志》考訂《明史‧順寧傳》土官「阿悅貢」〔註58〕：「按阿曰貢即阿悅貢，曰、悅音同，實一人也。洪武十五年以悅貢署府事，十七年命為知府，蓋由署而即真，次第顯然。《明史》認為二人，誤。」〔註59〕

〔註50〕《明史》卷三一七，清乾隆四年武英殿刻本，葉二四。參見《明史》，中華書局1974年，第8223頁。

〔註51〕〔清〕許鴻磐：《方輿考證》卷八八，濟寧潘氏華鑒閣民國七至二十一年刻本，葉三。

〔註52〕《明史》卷三一八，清乾隆四年武英殿刻本，葉二五。參見《明史》，中華書局1974年，第8253頁。

〔註53〕〔清〕夏燮：《（新校）明通鑑》，世界書局股份有限公司2013年，第2124頁。

〔註54〕《明史》卷三一九，清乾隆四年武英殿刻本，葉一一。參見《明史》，中華書局1974年，第8267頁。

〔註55〕〔清〕羊復禮纂修：《（光緒）鎮安府志》卷六，清光緒十八年刻本，葉五二。此句中華書局點校本猶以「代」為人名，標點錯誤。

〔註56〕《明史》卷三一九，清乾隆四年武英殿刻本，葉四。參見《明史》，中華書局1974年，第8260頁。

〔註57〕〔民國〕葉鳴平修，岑啟沃纂：《（民國）田西縣志》第七編，民國二十七年鉛印本，第186頁。

〔註58〕《明史》卷三一三，清乾隆四年武英殿刻本，葉一七。參見《明史》，中華書局1974年，第8079頁。

〔註59〕龍雲修，周鍾嶽等纂：《（民國）新纂雲南通志》卷一七三，民國三十八年鉛印本，葉二三。

　　1967 年，黃彰健在《臺灣中央研究院歷史語言研究所集刊》上發表《明史纂誤再續》〔註60〕。涉及到《明史》卷三一〇《湖廣土司》、卷三一一至三一二《四川土司》、卷三一三至三一五《雲南土司》的考證。其考證已經是訂誤、考異性質。黃氏是時撰《明實錄校勘記》，故這些考證多是《明史》與《明實錄》之間的校勘，無太多其他資料參照考辨。《明實錄》是《明史》取材之一，一般二者有異，多為《明實錄》正確。故有一定價值。

　　1974 年，中華書局點校本《明史》出版。其《校勘記》體例嚴謹，校語精確，又吸收了《明史考證攟逸》，是目前最為通行的《明史》版本。除了某些錯誤沒有被發現，尚存在一些問題。以錯誤的材料妄改正確的，造成新的錯誤。如《明史・建昌衛傳》：「其子刺馬非復貢馬赴京，授本所副千戶。」〔註61〕中華書局改「刺馬非」作「馬刺非」，並云：「據本書卷三一三《永寧傳》及《宣宗實錄》卷五九宣德四年十月丁亥條改。」〔註62〕其實《永寧傳》及《實錄》該條併誤，當作「刺馬非」，說詳本文卷三一三考證第四五條。另外，還有一些標點錯誤〔註63〕。

　　1979 年，黃雲眉《明史考證》出版。是書經黃氏三十年苦心，其考證非只訂誤、考異性質，尚有解釋、補充。黃氏旁徵博引，又對《明史考證攟逸》中可資採擇者，以「舊考」形式標出。皇皇巨冊，二百萬字，其於《明史》之盡心也如此。同年，胡起望於《民族研究》發表《明史廣西土司傳校補》〔註64〕。對中華書局點校本《明史》的《廣西土司傳》部分作了一些補校。

　　1984 年，黃彰健於《大陸雜誌》發表《廣西土司傳考證：明史纂誤三

〔註60〕黃彰健：《明史纂誤再續》，《臺灣中央研究院歷史語言研究所集刊》，1967 年，第 511～575 頁。

〔註61〕《明史》卷三一一，清乾隆四年武英殿刻本，葉二二。參見《明史》，中華書局 1974 年，第 8021 頁。按《鹽井衛傳》附於《建昌衛傳》下，故題作《建昌衛傳》，他皆仿此。

〔註62〕《明史》，中華書局 1974 年，第 8036 頁。

〔註63〕有的是徑以己意斷之，如《籠川傳》「賊領眾至鬼哭山，築大寨於兩峰上，築二寨為兩翼」。見《明史》，中華書局 1974 年，第 8120 頁。據《明實錄》，當斷為「賊領眾至鬼哭山築大寨，於兩峰上築二寨為兩翼」。有的誤將少數民族語言中的官職和人名點斷，如《威遠傳》「陶孟刀孟經等亦賜賚有差」。中華書局斷「陶孟、刀孟經等亦賜賚有差」。見《明史》，中華書局 1974 年，第 8106 頁。陶孟，百夷語，華言曰頭目，不當斷開。

〔註64〕胡起望：《明史廣西土司傳校補》，《民族研究》，1979 年第 2 期，第 46～49 頁。

續》〔註65〕。因「與大陸新校本《明史》對校，知《明史》訛誤，仍多未黏出。爰取舊稿，稍事整理，刊佈於此」。此是專門關於《明史》卷三一七至三一九《廣西土司》的考證。其考證仍同《再續》，是訂誤、考異性質。但不僅只有《明史》與《明實錄》之間的校勘，又參照了許多資料進行考辨，於史源上亦多作探討。精實廣博，多有塙論。

　　近三十年來，出現了一批涉及《明史·土司傳》的考證成果。龔蔭《明史雲南土司傳箋注》〔註66〕，翟玉前、孫俊《明史貴州土司列傳考證》〔註67〕。單篇論文有黃明光《明史廣西土司傳論說》〔註68〕、者吉中《明史雲南土司傳校正一則》〔註69〕、黃明光《明史廣西土司傳續考》〔註70〕、楊寶康《明史雲南土司傳校正一則》〔註71〕、劉漢忠《明史土司傳柳州史事繫年辨誤》〔註72〕、賀祥明《明史四川土司傳一考誤》〔註73〕、賀祥明《明史四川土司傳一松潘衛考誤》〔註74〕。可謂成果豐富。

　　如上所述，前輩學者，訂訛補缺，考證翔實，俾文本更為完善，嘉惠後學，洵為《明史·土司傳》之功臣。然學海無邊，疏漏不免：有未發現的錯訛，有發現錯訛而說明論證未備，也有本來無錯或可供商榷而被定為錯訛者。而當前已有的考證成果也十分分散，甚至有互相牴牾者，給讀者閱讀、使用《明史·土司傳》造成一定的麻煩。

〔註65〕黃彰健：《廣西土司傳考證：明史纂誤三續》，《中國歷史研究》第2輯，書目文獻出版社1986年，第61～80頁。

〔註66〕龔蔭：《明史雲南土司傳箋注》，雲南民族出版社，1988年。

〔註67〕翟玉前、孫俊：《明史貴州土司列傳考證》，貴州人民出版社2008年。

〔註68〕黃明光：《明史廣西土司傳論說》，《廣西民族研究》1988年第2期，第79頁。

〔註69〕者吉中：《明史雲南土司傳校正一則》，《思想戰線》，1989年第1期，第94頁。

〔註70〕黃明光：《明史廣西土司傳續考》，《中央民族學院學報》，1989年第4期，第33～39頁。

〔註71〕楊寶康：《明史雲南土司傳校正一則》，《史學月刊》，1992年第6期，第66頁。

〔註72〕劉漢忠：《明史土司傳柳州史事繫年辨誤》，《廣西地方志》，1995年第5期，第58頁。

〔註73〕賀祥明：《明史四川土司傳一考誤》，《成都師範學院學報》，2015年4期，第100～104頁。

〔註74〕賀祥明：《明史四川土司傳一松潘衛考誤》，《牡丹江大學學報》，2015年第5期，第34～36頁。

五、《明史雲南廣西土司傳》的價值

前面說到《明史‧土司傳》存在一些不足之處，但這種白璧微瑕不能隱沒《明史‧土司傳》的價值，這也正是前輩學者接踵而至考證《明史‧土司傳》的原因所在。

相較於《明史‧土司傳》取材的《明實錄》以及《萬曆武功錄》等原始材料而言，《明史‧土司傳》行文更為簡潔，記載更為全面，敘事更為系統。《明史‧土司傳》整合紛繁眾多的原始材料，審慎選擇，辨偽存真，成一代之信史，是研究明代土司歷史及民族情況最為權威、基本、系統的史料，具有不可替代的作用。尤其是對原始材料記載有誤處的有意改訂，更顯示出《明史‧土司傳》編纂過程的嚴謹〔註75〕。

《明史‧土司傳》十卷，包括《湖廣土司》一卷、《四川土司》二卷、《雲南土司》三卷、《貴州土司》一卷、《廣西土司》三卷。其中的《雲南》《廣西土司》二傳，篇幅占《土司傳》的一半以上，與其他《湖廣》《四川》《貴州土司》三傳一樣，具有重要的土司學和民族學價值，但更為特殊的是，《雲南》《廣西土司》二傳還有重要的邊疆學價值。

（一）土司學、民族學價值

雲南、廣西民族眾多，治理不易，明代在此推行完備的土司制度，促進了少數民族地區社會、經濟、文化的發展。《明史‧雲南土司傳》和《明史‧廣西土司傳》詳細記載雲南、廣西土司的設置與削廢、授職與承襲、賞罰與朝貢、內亂與征討等情況，兼及土司地區的政治、經濟、文化、地理、風俗、物產等內容，全面反映有明一代雲南、廣西二布政司的土司歷史，在土司學研究上具有舉足輕重的地位。

少數民族是土司首領及土司地區的主體，土司首領及土司地區的歷史也即少數民族的歷史。《明史‧土司傳》在敘述土司歷史時也會敘及族屬，有的還特地介紹民族、風俗等情況。通過《明史》的《雲南》《廣西土司》二傳，可以清楚看到雲南、廣西各少數民族的生存狀態、民族分佈、民族關係及與中央王朝的關係，為我們研究民族學提供了寶貴的材料。

〔註75〕參見黃明光：《明史廣西土司傳論說》，《廣西民族研究》1988 年第 2 期，第76 頁。

（二）邊疆學價值

湖廣、四川、雲南、貴州、廣西五布政司中，雲南、廣西地處國家邊緣，擁有綿長的邊境線，是名副其實的邊疆，在邊疆學研究上佔有重要位置。《明史·雲南土司傳》設有孟艮、緬甸、木邦、孟養、老撾、八百等傳，這些地區在明朝初年以土司形式歸附明廷，後來逐漸脫離了明朝的管控，演變到今天已經成為鄰國緬甸、老撾、泰國等國領土的一部分。因此，研究疆域變化、邊疆地理文化，思考與周邊國家之間的關係，離不開《明史·雲南土司傳》。廣西地接安南，安南作為明朝的藩屬國，既有友好的交往，也有不堪回首的爭端。由於廣西是前往安南的主要道路，安南與明廷之間的朝貢封賞、兵戎相見，在《明史·廣西土司傳》中留下大量史料。安南與廣西邊境土司多次發生邊界糾紛，亦主要見載於《明史·廣西土司傳》中。由此可見《明史·廣西土司傳》同樣是邊疆學研究的重要材料。《中國邊疆史地古籍題解》討論《明史》中有關邊疆史地之資料，於《土司傳》中特地稱《雲南土司傳》、《廣西土司傳》為比較集中的邊疆史料〔註76〕，充分說明了《明史》的《雲南》《廣西土司》二傳的邊疆學價值。

六、《明史雲南廣西土司傳考證》的相關工作

通過前面的討論，我們可以知道，前輩學者為完善《明史·土司傳》作出了艱苦卓絕的努力，但也給後人留下繼續努力的空間。加上目前已有的考證成果十分分散，給讀者的閱讀、使用造成一定麻煩。因此，全面系統考證《明史·土司傳》成為一個亟待解決的問題。而《明史·土司傳》中的《雲南》《廣西土司》二傳，不僅具有重要的土司學和民族學價值，還有重要的邊疆學價值，值得特別關注。因此，本文擬對《明史》的《雲南土司傳》和《廣西土司傳》進行考證。關於《明史雲南廣西土司傳》的考證，筆者的工作包括以下幾方面：

（一）工作目的，任務範圍

此次考證的主要目的是彌補《明史雲南廣西土司傳》的不足之處，使其文本更為完善可信。前面已經說到，《明史·土司傳》的不足之處有二，一是存在一些錯誤，二是某些地方敘述不清晰，易誤導讀者。因此筆者的工作包

〔註76〕范秀傳：《中國邊疆史地古籍題解》，新疆人民出版社 1995 年，第 157 頁。

括兩方面，一是訂正錯誤。即針對《明史雲南廣西土司傳》中出現的人名、地名、繫年等的錯誤進行訂正，這叫作「訂誤」。「訂誤」過程中，對無法確定正誤的史實，則提供另一種說法，以存疑待考，叫作「考異」。二是對不清晰的地方加以解釋補充。針對《明史》敘述某一年事情時，連帶敘及其始末，而易弄混始末所發生年代的，進行解釋。針對刪略太甚，敘述過於簡略，易造成理解上的歧義，也進行解釋補充〔註77〕。

此次考證還有一個附帶的目的，在發現解決前人未發現的錯訛之外，對前人的成果做一個總結，所謂「有同乎舊談者，非雷同也，勢自不可異也。有異乎前論者，非苟異也，理自不可同也」〔註78〕。尊重並吸收前人的成果，隨文作出說明，不沒前人之功。在隨文說明前人成果之時，一般只標最早者。對於前人發現錯訛而說明論證未備者，再加以補充說明。對於前人誤定為錯訛者，選擇其中的一部分進行商榷。通過這樣的總結，力圖給讀者提供一個系統全面考證《明史雲南廣西土司傳》的作品，同時讓學界對四庫館臣的考證成果有一個新的認識，對歷來的考證成果有一個總體評價。

（二）確定底本，選擇材料

目前《二十四史》訂誤方面的著述，一般都選擇中華書局點校本作為底本。中華書局點校本有一些標點錯誤，存在產生新誤的情況，還存在一些徑改不出校的地方。加上我們這次考證有一個附帶的目的，是要對前人的工作做一個總結，四庫館臣、黃雲眉、黃彰健、中華書局點校本對於《明史》的考證整理，都是建立在武英殿本《明史》的基礎之上。綜合這些因素考慮，選擇美國哈佛燕京圖書館藏清乾隆四年武英殿刻本《明史》作為底本。

〔註77〕如《鎮沅傳》「從征八百，又從攻石崖、者達寨，外部整線來降，入貢方物」（《明史》卷三一三，清乾隆四年武英殿刻本，葉一六。參見《明史》，中華書局1974年，第8078頁）。中華書局標點本作「從征八百，又從攻石崖、者達寨外部。整線來降，入貢方物」。黃彰健亦云：「『者達』應改作『者答』；『外部整線寨』，文義不明晰，亦當據《實錄》潤色改正。」（《明史纂誤再續》，《臺灣中央研究院歷史語言研究所集刊》，1967年，第537頁）皆未明晰「外部」之意。筆者通過《讀史方輿紀要》卷一一七於「鎮沅府」引《滇紀》的記錄（《讀史方輿紀要》，第5150頁），以及《（天啟）滇志》卷三○（《（天啟）滇志》，《大理叢書·方志篇》卷三，第474頁）的記錄知本傳之「外部」，即外夷之部。

〔註78〕〔梁〕劉勰撰，戚良德校注通釋：《文心雕龍校注通釋》，上海古籍出版社2008年，第571頁。

　　考證之學，需要豐富的文獻資料，否則「偶有所得，必為遼東之豕」〔註79〕。此次涉及的文獻材料大致可分為以下幾種：1. 編年體、紀傳體等全國性史料。（1）正史類。最主要者為《明史》內部之本校，其次為與《明史》成書過程中形成之階段性成果如萬斯同《明史》、王鴻緒《明史稿》等對校，再次為與前代史書《舊唐書》、《新唐書》、《元史》之對照。（2）編年類。《明實錄》是《明史》之重要來源，詳加比對，分析差異。2. 地方性史料。記載雲南地方歷史的載記如《白古通》、《滇載記》、《南詔野史》等地方史書，自成一個系列，可補中央朝廷記錄之不足。3. 地理類史料。《大明一統志》也是《明史‧土司傳》來源，分析其差異。各類地方誌，亦資參照。4. 檔案類史料。近人所編《明清史料》集合許多原始詔令奏議，可資憑信。《土官底簿》為朝廷關於土官之記錄。又，《（天啟）滇志‧土司官氏》，採自雲南布政司案牘，是關於土官之重要記錄。5. 譜牒類史料。宗枝圖在土官襲職中有重要作用，便於考證土官姓名承襲。《壯族土官族譜集成》、《大理叢書‧族譜篇》、《木氏宦譜》等材料提供了豐富的土官家譜資訊。6. 金石類史料。相關石刻如《世祖平雲南碑》、武定土官鳳氏摩崖等，可資考證。7. 其他傳記、筆記、文集等史料。傳記如焦竑《國朝獻徵錄》，筆記如沈德符《萬曆野獲編》，文集如王紳《繼志齋集》等，皆保存有不少記載時事之史料，皆備為參考。

（三）考證方法

1. 以實證為要旨。以材料說話，追求歷史真實，避免主觀臆斷。
2. 從史源上入手。對材料進行辨別，分析真偽、可信度大小。
3. 廣泛採取各方面材料，全面運用各學科方法。如本文在考證過程中，曾運用漢語音韻學知識判定歷史上專有名詞的正誤，運用少數民族語言材料（白語、傣語、蒙古語等）考證涉及的少數民族官名、人名、地名。

　　本文以武英殿本《明史》為底本，選擇《明史》卷三一三《雲南土司一》、卷三一四《雲南土司二》、卷三一五《雲南土司三》、卷三一七《廣西土司一》、卷三一八《廣西土司二》、卷三一九《廣西土司三》，計六卷，從史源上入手，以實證為要旨，廣泛採取各方面材料，全面運用各學科方法，對《明史雲南

〔註79〕〔清〕袁枚著，李靈年、李澤平譯註：《袁枚詩文選譯》，鳳凰出版社 2011 年，第 274 頁。

廣西土司傳》進行訂誤、考異、解釋、補充。同時，充分尊重並吸收前人成果，對前人工作做一個總結。力圖為《明史雲南廣西土司傳》的日臻完善作出努力，給讀者提供一個系統全面考證《明史雲南廣西土司傳》的作品，同時讓學界對歷來的考證成果有一個總體的認識。凡得考證五百零三條。不當之處在所難免，尚祈方家垂誨。

例　略

　　一、本文之訂誤、考異稱為「考」，解釋、補充稱為「識」。訂誤，訂正人名、地名、繫年等的錯誤。考異，即在訂誤過程中，對無法確定正誤的史實提供另一種說法。補充，對本來無誤但敘述未詳的史實進行補充。解釋，對本來無誤的史實進行解釋。

　　一、本文考證分為四類，「舊考」、「舊識」、「今考」、「今識」。「舊考」，統收四庫館臣及中華書局點校本訂誤、考異之成果，下附按語。四庫館臣與中華書局點校本同者，只收四庫館臣之成果。「舊識」，選收四庫館臣及中華書局點校本解釋、補充之成果，下附按語。「今考」，收筆者訂誤、考異之成果。四庫館臣及中華書局點校本外其他前人訂誤、考異之成果，亦收於「今考」（若前人論證未備者，則為之足）。吸收前人成果，隨文作出說明，一般只說明最先提出此說法者。「今識」，收筆者解釋、說明之成果。又，四庫館臣及中華書局點校本外其他前人誤定為錯訛者，中華書局點校本《明史》的標點錯誤，亦選收於「今識」進行商榷。

　　一、四庫館臣之成果分佈於三處，庫本《明史》正文，庫本《明史》每卷末所附《欽定四庫全書明史考證》，《明史考證攟逸》。前者標「某，庫本作某」，後二者標「四庫館臣」。收集成果時，以庫本《考證》優先。庫本《考證》無者，收《明史考證攟逸》。《明史考證攟逸》無者，收庫本正文。四庫館臣以訂誤、考異、補充為「考」，解釋為「識」，收四庫館臣成果時，改依本文之分類。

　　一、凡收中華書局點校本之《校勘記》，標「中華書局」。

　　一、為避免相互混淆，由於萬斯同《明史・土司傳》與《蠻司合誌》同，本文統以《蠻司合誌》代替萬斯同《明史・土司傳》。若二書文字有異處，復加注說明。引萬斯同《明史》其他部分者，敘述皆以「萬斯同《明史》」表示。引王鴻緒《明史稿》者，敘述皆以「《明史稿》」表示。凡單獨言「《明史》」者皆指張廷玉《明史》。

　　一、本文以武英殿本《明史》為底本，為照顧通行本，方便讀者閱讀，凡引武英殿本《明史》，加注中華書局點校本《明史》頁碼，表示為「《明史》卷某，清乾隆四年武英殿刻本，葉某。參見《明史》，中華書局 1974 年，第某頁」。

　　一、為避繁瑣，行文中述及諸家說法，皆直書姓名，不屬「先生」二字，尚祈見諒。

《明史》卷三百十三
（列傳第二百一）考證

雲南土司

（一）明洪武十四年，大軍至滇，梁王走死，遂置雲南府。自是，
　　　諸郡以次來歸，垂及累世，規制咸定〔註1〕。

今識，「置雲南府」在洪武十五年。辨證如下：

《明史·地理志》：「洪武十五年正月改為雲南府。」〔註2〕《明史稿·地理志》：「洪武十五年為雲南府。」〔註3〕萬斯同《明史·地理志》：「洪武十五年為雲南府。」〔註4〕以上諸種《明史》，皆作「洪武十五年」。檢《明史》史料之重要來源《明實錄》，《明太祖實錄》卷一四二洪武十五年二月乙卯條云：「置雲南布政使司，改中慶路為雲南府。」〔註5〕亦繫「置雲南府」於洪武十五年。查現存明代省志，唯《（景泰）雲南圖經志》明言置府時間：「洪武十五年，天兵南下，改為雲南府。」〔註6〕職是之故，「置雲南府」在洪武十五年無疑。

〔註1〕《明史》卷三一三，清乾隆四年武英殿刻本，葉一。參見《明史》，中華書局1974年，第8063頁。

〔註2〕《明史》卷四六，清乾隆四年武英殿刻本，葉一。參見《明史》，中華書局1974年，第1172頁。

〔註3〕〔清〕王鴻緒：《明史稿》第二冊，文海出版社1962年，第423頁。

〔註4〕〔清〕萬斯同：《明史》，《續修四庫全書》第325冊，上海古籍出版社2002年，第451頁。

〔註5〕《明太祖實錄》，臺灣史語所1962年，第2233頁。

〔註6〕〔明〕陳文：《（景泰）雲南圖經志》，郭惠青、李公等：《大理叢書·方志篇》卷一，民族出版社2007年，第10頁。

至於具體月日，《明史‧地理志》以為「正月」，《明史紀事本末》卷一二定在「二月」〔註7〕。上所引《明太祖實錄》卷一四二洪武十五年二月乙卯條繫在二月乙卯。當以二月乙卯為是。檢《明太祖實錄》卷一四一洪武十五年正月甲午條：「遣使諭征南將軍穎川侯傅友德、左副將軍永昌侯藍玉、右副將軍西平侯沐英曰：『比得報，知雲南已克，然區畫布置尚煩計慮。前已置貴州都指揮使司，然其地去雲南尚遠，今雲南既克，必置都司於雲南，以統率諸軍。既有土有民，又必置布政司及府、州、縣以治之。』」〔註8〕蓋正月有明太祖置府諭令，故《明史‧地理志》據之定置雲南府時間而誤。

本傳此句「遂置雲南府」，雖未明言發生於洪武十四年，但置於洪武十四年內容後，且《雲南傳》將「改中慶路為雲南府」繫於洪武十四年，見本卷考證三。易誤導讀者，故附識置府時間於此。

又，《鴻猷錄》〔註9〕及《平黔三記》〔註10〕將上所引《明太祖實錄》卷一四一洪武十五年正月甲午條太祖置府諭令置於洪武十四年十二月下，當誤。因置府諭令提及「已置貴州都指揮使司」，而貴州指揮使置於洪武十五年正月丁亥〔註11〕。

雲南土司一

雲南

（二）洪武六年，遣翰林待制王禕等齎詔諭梁王，久留不遣，卒遇害〔註12〕。

舊考，六，庫本作「五」〔註13〕。

〔註7〕〔清〕谷應泰：《明史紀事本末》，中華書局1977年，第168頁。

〔註8〕《明太祖實錄》，第2225頁。

〔註9〕〔明〕高岱：《鴻猷錄》，上海古籍出版社1992年，第120頁。

〔註10〕〔明〕趙汝濂：《平黔三記》，《四庫全書存目叢書》史部第49冊，齊魯書社1996年，第648頁。

〔註11〕《明太祖實錄》，第2224頁。

〔註12〕《明史》卷三一三，清乾隆四年武英殿刻本，葉二。參見《明史》，中華書局1974年，第8064頁。

〔註13〕《明史》，《景印文淵閣四庫全書》第302冊，臺灣商務印書館1983年，第476頁。

今按，遣王禕詔諭梁王在洪武五年正月癸丑，遇害在洪武六年十二月二十四日。考證如下：

《明史·太祖本紀》：「（洪武）五年春正月癸丑，待制王禕使雲南，詔諭元梁王把匝剌瓦爾密。禕至，不屈死。」〔註14〕《明史·王禕傳》：「（洪武）五年正月議招諭雲南，命禕齎詔往……遂遇害，時十二月二十四日也。」〔註15〕《明太祖實錄》卷七一洪武五年正月癸丑條：「遣翰林待制王禕偕蘇成齎詔諭雲南……禕至雲南，梁王久留不遣，卒遇害。」〔註16〕皆言遣王禕詔諭梁王在洪武五年正月癸丑。黃雲眉據之云：「王禕使雲南，在洪武五年正月，見《實錄》及《史》《太祖紀》、《禕本傳》，其遇害在十二月，見本傳，此云六年誤。」〔註17〕其云遣王禕詔諭梁王在五年正月是矣，而言遇害在五年十二月，則受《明史·王禕傳》敘述之誤導。

王禕死後數年，其子王紳往滇求遺骸，述《滇南慟哭記》記王禕死事經歷：「先公以洪武五年正月奉使雲南，招諭元梁王，六月抵其境，六年遇害。」又云：「遂遇害，時為臘月二十四日未申時。」〔註18〕詳校《滇南慟哭記》與《明史·王禕傳》，《王禕傳》述王禕死事當源出《滇南慟哭記》而疏忽於紀年。又《滇南慟哭記》時間較早且為孤子之記述，故《滇南慟哭記》洵為可信之歷史材料。以是知遣王禕詔諭梁王在洪武五年正月癸丑，遇害在洪武六年十二月二十四日也。

（三）（洪武）十四年，征南將軍傅友德、藍玉、沐英率師至雲南城，梁王赴滇池死，定其地。改中慶路為雲南府，置都指揮使司，命都督僉事馮誠署司事。二月詔諭雲南諸郡蠻。十五年，友德等分兵攻諸蠻寨之未服者，土官楊苴乘隙作亂，集蠻眾二十餘萬攻雲南城。時城中食少，士卒多病，寇至，都督謝熊、馮誠等攖城固守，賊不能攻，遂遠營為久困計。時沐英方駐師烏撒，聞之，將驍騎還救。至曲靖，遣卒潛入報城中，為賊所得，

〔註14〕《明史》卷二，清乾隆四年武英殿刻本，葉八。參見《明史》，中華書局1974年，第26頁。

〔註15〕《明史》卷二八九，清乾隆四年武英殿刻本，葉八。參見《明史》，中華書局1974年，第7415頁。

〔註16〕《明太祖實錄》，第1314、1315頁。

〔註17〕《明史考證》，第2472頁。

〔註18〕〔明〕王紳：《滇南慟哭記》，《繼志齋集》，《景印文淵閣四庫全書》第1234冊，臺灣商務印書館1983年，第754、755頁。

給之曰：「總兵官領三十萬眾至矣。」賊眾驚愕，拔營宵遁，走安寧、羅次、邵甸、富民、普寧、大理、江川等處，復據險樹柵，謀再寇。英分調將士剿降之，斬首六萬餘級，生禽四千餘人，諸部悉定〔註19〕。

舊考，庫本作：「十四年，征南將軍傅友德，副將軍藍玉、沐英率師至滇，梁王赴滇池死，定其地。明年二月，置雲南都指揮使司，以都督僉事謝熊等署司事，旋改中慶路為雲南府，並詔諭諸郡蠻。九月，友德等分兵攻諸蠻之未服者，土官楊苴乘隙作亂，集眾二十餘萬攻雲南城。時城中食少，士卒多病，都督謝熊、馮誠等攖城固守，賊不能攻，遂遠營為久困計。時沐英方駐師烏撒，聞之，將驍騎還救。至曲靖，遣卒潛入報城中，為賊所得，給之曰：『總兵官領三十萬眾至矣。』賊眾驚愕，拔營宵遁，走安寧、羅次、邵甸、富民、晉寧、大祺、江川等處，復據險樹柵，謀再寇。英分調將士剿降之，斬首六萬餘級，生擒四千餘人，諸部悉定。」〔註20〕

今按，本傳此段所述事件之時間關係異常混亂。「征南將軍傅友德、藍玉、沐英率師至雲南城，梁王赴滇池死，定其地」在洪武十四年十二月。「置都指揮使司，命都督僉事馮誠署司事」在洪武十五年二月癸丑。「改中慶路為雲南府」在洪武十五年二月乙卯。「詔諭雲南諸郡蠻」在洪武十五年二月壬申。「友德等分兵攻諸蠻寨之未服者，土官楊苴乘隙作亂，集蠻眾二十餘萬攻雲南城……生禽四千餘人，諸部悉定」在洪武十五年九月。考證如下（至於普寧，庫本作「晉寧」，大理，庫本作「大祺」，見下條）：

檢《明太祖實錄》卷一四〇，洪武十四年十二月，明軍入滇，克普定，平曲靖，城烏撒，趨雲南，取臨安，降江川，「東川、烏蒙、芒部諸蠻震懾，皆望風降附」。〔註21〕以此知「征南將軍傅友德、藍玉、沐英率師至雲南城，梁王赴滇池死，定其地」在洪武十四年十二月。按《明太祖實錄》卷一四〇洪武十四年十二月壬申條〔註22〕，又癸酉條〔註23〕，梁王於壬申日死，傅、藍、沐越翌日甲戌入雲南城。故庫本之改「雲南城」為「滇」，更為準確。

〔註19〕《明史》卷三一三，清乾隆四年武英殿刻本，葉二。參見《明史》，中華書局1974年，第8064頁。禽，中華書局點校本徑改作「擒」。
〔註20〕《明史》，《景印文淵閣四庫全書》第302冊，第476頁。
〔註21〕參見《明太祖實錄》，第2210～2216頁。
〔註22〕《明太祖實錄》，第2213頁。
〔註23〕《明太祖實錄》，第2214頁。

　　《明史‧地理志》：「洪武十五年二月癸丑平雲南，置雲南都指揮使司。」〔註24〕《明太祖實錄》卷一四二洪武十五年二月癸丑條：「置雲南都指揮使司，命前軍都督僉事謝熊、戈預，左軍都督僉事馮誠署司事。」〔註25〕以此知「置都指揮使司，命都督僉事馮誠署司事」在洪武十五年二月癸丑。庫本之改「馮誠」為「謝熊等」雖無必要，但更為嚴謹。

　　《明太祖實錄》卷一四二洪武十五年二月乙卯條：「置雲南布政使司，改中慶路為雲南府，命汝南侯梅思祖、平章潘原明署布政使司事。」〔註26〕以此知「改中慶路為雲南府」在洪武十五年二月乙卯。

　　《明太祖實錄》卷一四二洪武十五年二月壬申條：「詔雲南諸夷曰：『自有元失馭，羣雄並起，各擅聲教，廢興疊疊，民不聊生。朕秣馬厲兵於江左，控弦三十萬，以觀羣雄久之，羣雄弗成，乃命征虜大將軍平定元都，肅清華夏，奠安黎庶。邇年以來，士不彎弧，馬牧平野，農安田畝，人皆樂生，惟爾西南諸夷密邇聲教，恃險弗庭，納逋逃，匿有罪，肆侮中華。凡我朝臣，孰不憤恨，是以特興問罪之師。今雲南既平，諸夷服從，故詔諭以更生之恩。於戲！知天命者福臻，昧天理者禍至。信如四時，速如影響，播告諸夷，想宜知悉。』」〔註27〕此則所謂「詔諭雲南諸郡蠻」，在洪武十五年二月壬申。

　　《明太祖實錄》卷一四八洪武十五年九月是月條：「雲南諸夷復叛，右副將軍西平侯沐英等討平之。先是，征南將軍潁川侯傅友德等既平雲南，即分兵四出，攻諸蠻寨之未服者。雲南城守者少，諸夷因相扇為叛謀，有土官楊苴尤桀點，紿其下曰：『總兵官已領大軍俱回矣，雲南城可取也。』紏集蠻眾二十餘萬來攻，時城中食少，士卒多病，忽聞寇至，頗以為憂。都督謝熊、馮誠等嬰城固守，旋施樓櫓備戰，且多置強弓弩於陣上，至輒射之，往往應弦而斃，伺賊少怠，則出勁兵以擊之。賊不能攻，遂連營為困城計。時英等駐兵烏撒，聞之即選驍騎一萬還救，至曲靖，遣卒潛入報城中，為賊所得，詰之曰：『總兵官領三十萬軍至矣。』賊眾驚愕，遂拔營宵遁，走安寧、羅次、邵甸、富民、晉寧、大祺、江川等處，復據險樹柵，欲謀再寇。英分調將士，皆剿除之，生擒四千

〔註24〕《明史》卷四六，清乾隆四年武英殿刻本，葉一。參見《明史》，中華書局1974年，第1171頁。
〔註25〕《明太祖實錄》，第2232頁。
〔註26〕《明太祖實錄》，第2233頁。
〔註27〕《明太祖實錄》，第2238、2239頁。

餘人，諸部悉定，雲南復平。」〔註28〕則沐英討平復叛諸夷在洪武十五年九月。

以是知庫本之所改，合乎《實錄》所載諸事時間順序。至於庫本改「蠻寨」為「蠻」等，是為協調改動前後字數。對校王鴻緒《明史稿》，與本傳此段基本一樣，唯「都指揮使司」前多「雲南」二字，則上文之混亂，沿襲《明史稿》成誤。錢大昕云：「張公廷玉等奉詔刊定《明史》，以王公鴻緒《史稿》為本而增損之。」〔註29〕此可見其一斑也。

（四）賊眾驚愕，拔營宵遁，走安寧、羅次、邵甸、富民、普寧、大理、江川等處，復據險樹柵，謀再寇〔註30〕。

舊考，普寧，庫本作「晉寧」。大理，庫本作「大祺」〔註31〕。

今按，普寧，當作「晉寧」。大理，當作「大棋」。考證如下：

本傳此句之取材，《明太祖實錄》卷一四八洪武十五年九月是月條：「賊眾驚愕，遂拔營宵遁，走安寧、羅次、邵甸、富民、晉寧、大祺、江川等處，復據險樹柵，欲謀再寇。」〔註32〕原作「晉寧」、「大祺」。《明史稿》已作「普寧」、「大理」〔註33〕。蓋四庫館臣據《明太祖實錄》改字。

程本立《巽隱集》卷四《黔寧昭靖王廟碑》：「賊皆錯愕，轉相告報，解圍宵遁。王既入城，賊散走安寧、羅次、邵甸、富民、晉寧、大棋、江川諸山，猶據險立柵。」〔註34〕作「晉寧」、「大棋」。《（景泰）雲南圖經志》亦載程氏該文，作「晉寧」、「大棋」〔註35〕。《（萬曆）雲南通志》卷九《沐英傳》：「賊散走安甯、羅次、邵甸、富民、晉甯、大棋、江川等處，據險自保。」〔註36〕作「晉寧」、「大棋」。雲南有晉寧，見《明史·地理志》〔註37〕。作「晉寧」是也。

〔註28〕《明太祖實錄》，第2345、2346頁。

〔註29〕〔清〕錢大昕：《萬先生斯同傳》，《潛研堂文集》卷三八，清光緒十年長沙龍氏家塾刻本，葉十七。

〔註30〕《明史》卷三一三，清乾隆四年武英殿刻本，葉二。參見《明史》，中華書局1974年，第8064頁。

〔註31〕《明史》，《景印文淵閣四庫全書》第302冊，第476頁。

〔註32〕《明太祖實錄》，第2345、2346頁。

〔註33〕〔清〕王鴻緒：《明史稿》第七冊，文海出版社1962年，第113頁。

〔註34〕〔明〕程本立：《黔寧昭靖王廟碑》，《巽隱集》，《景印文淵閣四庫全書》第1236冊，臺灣商務印書館，1983年，第192頁。

〔註35〕《（景泰）雲南圖經志》，《大理叢書·方志篇》卷一，第162頁。

〔註36〕《（萬曆）雲南通志》，《大理叢書·方志篇》卷一，第423頁。

〔註37〕《明史》卷四六，清乾隆四年武英殿刻本，葉二。參見《明史》，中華書局1974年，第1172頁。

　　至於「大祺」、「大棋」、「大理」三名，《黔寧昭靖王廟碑》及《實錄》之記錄較《明史》為原始，且本傳此句所列各地皆在雲南府附近，唯大理去之甚遠，則不當是「大理」。檢《元史·地理志》、《明史·地理志》、《（景泰）雲南圖經志》、《（萬曆）雲南通志》，皆無「大祺」之名。檢《（景泰）雲南圖經志》卷二「澂江府」之「新興州」有「大棋山」：「在州西，周回五里許，高可三十丈。頂有平石，俗傳古有仙人圍棋於上，故云。」〔註38〕《（萬曆）雲南通志》卷三亦於「澂江府」下載「大棋山」〔註39〕。《明史·地理志》：「（新興州）西北有大棋山。」〔註40〕而澂江府即在雲南府附近。職是之故，當以「大棋」為是。

（五）（洪武）二十六年，英卒，命其子春襲封西平侯，仍鎮雲南〔註41〕。

　　舊考，中華書局：「二十五年英卒命其子春襲封西平侯。二十五年，原作『二十六年』。按本書卷三《太祖紀》、《太祖實錄》卷二一八都繫沐英死於洪武二十五年六月丁卯，繫其子春襲西平侯於本年十月乙亥，據改。」〔註42〕

　　今按，是也。沐英卒於洪武二十五年六月丁卯，命沐春襲封西平侯在洪武二十五年十月，此云二十六年誤。考證如下：

　　《明史·太祖本紀》：「（洪武）二十五年……六月丁卯，西平侯沐英卒於雲南。」〔註43〕《明史·沐英傳》：「二十五年六月，聞皇太子薨，哭極哀。初，高皇后崩，英哭至嘔血。至是感疾，卒於鎮，年四十八。」〔註44〕《明太祖實錄》卷二一八洪武二十五年六月丁卯條：「西平侯沐英卒……英旦視事於府，忽疾作，遽起還第，兩足痹不能行，舁歸，就寢而卒，年四十八。」〔註45〕皆以

〔註38〕　《（景泰）雲南圖經志》，《大理叢書·方志篇》卷一，第42頁。

〔註39〕　《（萬曆）雲南通志》，《大理叢書·方志篇》卷一，第281頁。

〔註40〕　《明史》卷四六，清乾隆四年武英殿刻本，葉六。參見《明史》，中華書局1974年，第1178頁。

〔註41〕　《明史》卷三一三，清乾隆四年武英殿刻本，葉二。參見《明史》，中華書局1974年，第8064頁。

〔註42〕　《明史》，中華書局1974年，第8087頁。

〔註43〕　《明史》卷三，清乾隆四年武英殿刻本，葉一〇。參見《明史》，中華書局1974年，第50頁。

〔註44〕　《明史》卷一二六，清乾隆四年武英殿刻本，葉二〇。參見《明史》，中華書局1974年，第3759頁。

〔註45〕　《明太祖實錄》，第3205、3209頁。

沐英卒於洪武二十五年六月丁卯。時人之撰述，程本立《黔寧昭靖王廟碑》：
「初王留鎮之，明年哭孝慈皇后，三日不食，踊慟幾絕。及再鎮之，三年哭皇
太子，號慟失聲，飲食為少，一日暴薨，二十五年夏六月丁卯也，享年四十有
八。」〔註46〕王景常《黔甯昭靖王祠堂碑》：「二十四年……明年夏，王薨於正
寢。」〔註47〕焦竑《黔國公沐英傳》：「二十五年五月十七日得末疾卒，年四十
七。」〔註48〕亦皆以沐英卒於洪武二十五年。職是之故，沐英卒於洪武二十五
年六月丁卯明矣。

至於命沐春襲封西平侯，見《明太祖實錄》卷二二二洪武二十五年十月
乙亥條：「命故黔寧昭靖王沐英子春襲封西平侯，往鎮雲南。」〔註49〕《明史·
太祖本紀》：「（洪武二十五年）冬十月乙亥，沐春襲封西平侯，鎮雲南。」〔註
50〕繫於洪武二十五年十月。時人唐愚士《西平惠襄公沐春行狀》：「（洪武）二
十五年六月，王薨於雲南，公往奔喪。十月，奉柩還葬，哀毀盡禮。尋有詔，
起公襲爵繼任。」〔註51〕是以，命沐春襲封西平侯在洪武二十五年十月無疑。

然沐英之死因，尚需討論之。時人之撰述，上所引程本立《黔寧昭靖王
廟碑》〔註52〕所述死因與《明史·沐英傳》同，皆是慟哭而病卒。王景常《黔
甯昭靖王祠堂碑》〔註53〕、焦竑《黔國公沐英傳》〔註54〕，則與《實錄》同，
只述病卒，未言其慟哭致死之事。後人之記述，清張履程《明黔寧王沐氏世
襲事略》：「或云，太祖以胡藍之獄，忌諸勳臣，一日使至，賜英藥酒，英出迎

〔註46〕《黔寧昭靖王廟碑》，《巽隱集》，《景印文淵閣四庫全書》第1236冊，第193、
194頁。

〔註47〕〔明〕王景常：《國朝王景常黔甯昭靖王祠堂碑》，〔明〕李元陽：《（萬曆）雲
南通志》，郭惠青、李公等：《大理叢書·方志篇》卷一，民族出版社2007年，
第559頁。

〔註48〕〔明〕焦竑：《國朝獻徵錄》，周駿富：《明代傳記叢刊》第109冊，臺灣明文
書局1991年，第151頁。

〔註49〕《明太祖實錄》，第3243頁。

〔註50〕《明史》卷三，清乾隆四年武英殿刻本，葉一〇。參見《明史》，中華書局1974
年，第50頁。

〔註51〕〔明〕唐愚士：《西平惠襄公沐春行狀》，〔明〕焦竑：《國朝獻徵錄》，周駿富：
《明代傳記叢刊》第109冊，臺灣明文書局1991年，第152頁。

〔註52〕《黔寧昭靖王廟碑》，《巽隱集》，《景印文淵閣四庫全書》第1236冊，第193、
194頁。

〔註53〕《國朝王景常黔甯昭靖王祠堂碑》，《（萬曆）雲南通志》，《大理叢書·方志篇》
卷一，第559頁。

〔註54〕《國朝獻徵錄》，《明代傳記叢刊》第109冊，第151頁。

於南城外，即仰藥死云。」〔註55〕《滇考》卷下：「滇人言，是時胡、藍之獄株及諸勳臣至多。英至知不免，一日使至，賜英刀、繩、藥酒三物，英出迎於南城外，即仰藥死。」〔註56〕則歸因於仰藥死。未詳孰是。

（六）賊引去，攻石屏不下，還攻寧州，祿永命戰死〔註57〕。

舊考，四庫館臣：「臣章宗瀛按，《楊畏知傳》稱，是時賊攻石屏、寧州、嵋峨，皆陷之。此作『攻石屏不下』，互異。謹附考。」〔註58〕

今按，二傳未相矛盾。定洲攻石屏未下，而後守石屏之龍在田懼，走大理。考證如下：

本傳此句言攻石屏不下。《蠻司合誌》：「久之，賊引去。復東攻石屏不下，還攻寧州，祿永命戰死。」〔註59〕《南明史・沙定洲傳》：「定洲聞楚雄設守，又迤東龍在田、祿永命各自完保，因不敢至永昌，還犯楚雄，不能下，引去。東犯石屏，在田禦卻之。轉犯寧州，破之，永命自殺。乘勢陷嵋峨，土官王克猷走死。」〔註60〕皆同之，言攻石屏不下。而《明史・楊畏知傳》：「還攻楚雄，不能下。畏知伺賊懈，輒出擊，殺傷多。乃引去，還攻石屏、寧州、嵋峨，皆陷之。復西攻楚雄，迄不能下。」〔註61〕言石屏被攻陷。似互異。

《（民國）石屏縣志》：「《明史・楊畏知傳》，沙定洲還攻寧州、石屏，皆下之。按是時石屏為龍在田所守，定洲未能攻下也。《南疆逸史》亦未言在田之時，屏城為定洲所破。」〔註62〕以為《明史・楊畏知傳》誤，石屏未被攻陷。檢《南疆逸史・沐天波傳》：「分兵攻寧州祿永命及石屏龍在田等。在田昔

〔註55〕〔清〕張履程：《明黔寧王沐氏世襲事略》，〔清〕王崧：《雲南備徵志》，成文出版社1967年，第1394頁。

〔註56〕〔清〕馮甦：《滇考》，《中華文史叢書》之二二，臺灣華文書局1968年，第279頁。

〔註57〕《明史》卷三一三，清乾隆四年武英殿刻本，葉四。參見《明史》，中華書局1974年，第8066頁。

〔註58〕《明史》，《景印文淵閣四庫全書》第302冊，第490頁。

〔註59〕〔清〕毛奇齡：《蠻司合誌》，季羨林、徐麗華等：《中國少數民族古籍集成（漢文版）》第二冊，四川民族出版社2002年，第218頁。

〔註60〕錢海岳：《南明史》，中華書局2006年，第5461頁。

〔註61〕《明史》卷二七九，清乾隆四年武英殿刻本，葉二〇。參見《明史》，中華書局1974年，第7160頁。

〔註62〕〔民國〕袁嘉穀纂修：《（民國）石屏縣志》卷四〇，民國二十七年鉛印本，葉二五。

奉命援楚，隸總督熊文燦麾下，與孫可望相識。至是而知可望在黔，使人間道迎可望，告以滇亂曰：『假大義來討，全省可定也。』可望乃詐稱黔國夫人弟焦侯復仇兵，屠曲靖。定洲方圍楚雄，聞之，與戰於草泥關，大敗。」〔註63〕此蓋《（民國）石屏縣志》所云之「未言在田之時，屏城為定洲所破」。然《南疆逸史・楊畏知傳》曰：「諸土司時得畏知檄，皆聚兵應命，寧州則祿永命，石屏則龍在田，嶍峨則王克猷等。揚言且搗其巢，定洲恐，解圍而東。先攻石屏，在田走。繼陷寧州、嶍峨，永命、克猷皆死。」〔註64〕是言在田出走，則石屏落入定洲之手可知也。

檢《滇考》卷下《普吾沙亂滇》：「賊稍稍引去，東攻石屏，石屏守益堅。復回攻寧州，破之，永命死。至嶍峨，土官王克猷走死於路。龍在田在石屏，懼，與其黨許明臣竄大理。」〔註65〕可知事件之始末，而諸書未嘗矛盾也。是定洲攻石屏未下，其後龍在田懼，走大理。故本傳此句云「攻石屏不下」。而《明史・楊畏知傳》所言石屏被攻陷，實指龍在田之出走。

（七）定洲解楚雄圍，迎戰於草泥關，大敗，遁阿迷〔註66〕。

今考，「草泥關」為「革泥關」之訛。考證如下：

檢《南疆逸史・沐天波傳》：「定洲方圍楚雄，聞之，與戰於草泥關，大敗。」〔註67〕作「草泥關」。與本傳同。《明史稿》亦已作「草泥關」矣〔註68〕。而《滇考》卷下《普吾沙亂滇》：「定洲解楚雄之圍，率眾禦於革泥關，大敗。」〔註69〕《蠻司合誌》：「定洲解楚雄圍，去，禦於革泥關，大敗。」〔註70〕皆作「革泥關」。《南明史・沙定洲傳》：「永曆元年三月至滇，定洲解楚雄圍，禦之革泥關，大敗。」〔註71〕是錢海岳亦取「革泥關」。按《（萬曆）雲南通志》於「澂江府」下列「革泥關」〔註72〕。《徐霞客遊記・滇遊日記二》：「今普兵

〔註63〕《南疆逸史》，第393頁。
〔註64〕〔清〕溫睿臨：《南疆逸史》，中華書局1959年，第160頁。
〔註65〕《滇考》，《中華文史叢書》之二二，第387頁。
〔註66〕《明史》卷三一三，清乾隆四年武英殿刻本，葉五。參見《明史》，中華書局1974年，第8066頁。
〔註67〕《南疆逸史》，第393頁。
〔註68〕《明史稿》第七冊，第114頁。
〔註69〕《滇考》，《中華文史叢書》之二二，第388頁。
〔註70〕《蠻司合誌》，《中國少數民族古籍集成（漢文版）》第二冊，第218頁。
〔註71〕《南明史》，第5461頁。
〔註72〕《（萬曆）雲南通志》，《大理叢書・方志篇》卷一，第341頁。

不時出沒其地，人不敢行；往路南、瀓江者，反南迕彌勒，從北而向革泥關焉。」〔註73〕有「革泥關」。故當以「革泥關」為是。本傳此句作「草泥關」誤。龔蔭曾論及之〔註74〕。

大理

（八）大理，唐葉榆縣境也〔註75〕。

今考，「唐葉榆縣境」誤，當作「漢楪榆縣境」。考證如下：

檢兩《唐書·地理志》，並無葉榆縣之記載。方國瑜考證初唐大理地區屬姚州都督府，而漢葉榆縣舊境，洱河之西，有三部、神泉、龍亭、長和四縣〔註76〕。則唐時無葉榆縣之設置，以是可知「唐葉榆縣境」誤。

《漢書·地理志》：「益州郡，武帝元封二年（前109）開……縣二十四……葉榆。」〔註77〕《元史·地理志》：「大理路軍民總管府，本漢楪榆縣地。唐於昆明之㭼棟川置姚州都督府，治楪榆洱河蠻。」〔註78〕《（景泰）雲南圖經志》：「大理府……漢武帝置葉榆縣，隸益州郡。」〔註79〕漢時有葉榆縣可知。按葉榆即楪榆，然據《十鐘山房印舉》所錄漢「楪榆長印」〔註80〕，則作楪榆為是，蓋同音替用，俗寫相沿，故「葉榆」與「楪榆」混用。是以，可改作「漢楪榆縣境」。

本傳「大理，唐葉榆縣境也」至「更號大理國」，蓋刪採自《大明一統志》，《志》云：「漢武帝開西南夷，此為益州郡嶲唐、葉榆縣境。東漢分屬永昌郡。蜀漢又分葉榆屬雲南郡、晉諸郡，皆屬寧州。李特據蜀，分置漢州，宋齊梁陳仍置雲南、永昌郡，屬寧州。唐麟德初，於昆明之㭼棟川置姚州都督府，治葉榆洱河蠻……」〔註81〕其中「益州郡嶲唐、葉榆縣境」之「嶲唐」實為連讀之地名。按《漢書·地理志》云：「益州郡，戶八萬一千九百四十六口五十八

〔註73〕〔明〕徐弘祖：《徐霞客遊記》，上海古籍出版社2007年，第692頁。

〔註74〕《明史雲南土司傳箋注》，第10頁。

〔註75〕《明史》卷三一三，清乾隆四年武英殿刻本，葉五。參見《明史》，中華書局1974年，第8067頁。

〔註76〕方國瑜：《中國西南地理考釋》，中華書局1987年，第313頁。

〔註77〕〔漢〕班固撰、〔唐〕顏師古注：《漢書》，中華書局1962年，第1601頁。

〔註78〕〔明〕宋濂等：《元史》，中華書局1976年，第1479頁。

〔註79〕《（景泰）雲南圖經志》，《大理叢書·方志篇》卷一，第93頁。

〔註80〕〔清〕陳介祺：《十鐘山房印舉》卷之二，中國書店1985年，葉四四。

〔註81〕〔明〕李賢等：《大明一統志》，三秦出版社1990年，第1316頁。

萬四百六十三，縣二十四：滇池，雙栢，同勞，銅瀬，收靡，穀昌，秦臧，邪龍，味，昆澤，葉榆，律高，不韋，雲南，嶲唐，弄棟，比蘇，賁古，毋掇，勝休，健伶，來唯。」〔註82〕且《大明一統志》「益州郡嶲唐、葉榆縣境」句後文曰「東漢」，又曰「唐麟德初」，知「嶲唐」之「唐」非朝代之唐。館臣蓋誤屬「嶲唐」之「唐」於「葉榆」之上，遂訛作「唐葉榆縣境」。由是知當作「漢楪榆縣境」無疑。

（九）麟德初，置姚州都督府〔註83〕。

今議，此句表意不甚明晰，易誤讀為置都督府於大理。實際上，麟德初所置之姚州都督府在弄棟川，大理地區屬其管轄。考證如下：

《舊唐書·高宗本紀》：「（麟德元年（664）五月）乙卯，於昆明之弄棟川置姚州都督府。」〔註84〕《新唐書·地理志》之記述〔註85〕有誤，方國瑜已證明〔註86〕。如前所述，方氏考證初唐大理地區屬姚州都督府〔註87〕。由是可知麟德初所置之姚州都督府在弄棟川，大理地區屬其管轄。《元史·地理志》：「唐於昆明之楪棟川置姚州都督府，治楪榆洱河蠻。」〔註88〕本傳沿革來源之《大明一統志》云：「唐麟德初，於昆明之楪棟川置姚州都督府，治葉榆洱河蠻。」〔註89〕皆較為明晰。

（一〇）異牟尋改大禮國〔註90〕。

今議，本傳此句不當輕易否定。考證如下：

黃雲眉論及此句曰：「按，據《前書》，坦綽酋龍立，恚朝廷不弔恤，遂僭稱皇帝，自號大禮國，懿宗以其名近玄宗嫌諱，絕朝貢。是改大禮國者，

〔註82〕《漢書》，第 1601 頁。

〔註83〕《明史》卷三一三，清乾隆四年武英殿刻本，葉五。參見《明史》，中華書局 1974 年，第 8067 頁。

〔註84〕〔後晉〕劉昫等：《舊唐書》，中華書局 1975 年，第 85 頁。

〔註85〕《新唐書·地理志》云：「武德四年以古滇王國民多姚姓，因置姚州都督，并置州十三。」出自〔宋〕歐陽修、宋祁：《新唐書》，中華書局 1975 年，第 1142 頁。此非姚州都督，乃姚州。

〔註86〕參見《中國西南地理考釋》，第 303 頁。

〔註87〕《中國西南地理考釋》，第 313 頁。

〔註88〕《元史》，第 1479 頁。

〔註89〕《大明一統志》，第 1316 頁。

〔註90〕《明史》卷三一三，清乾隆四年武英殿刻本，葉五。參見《明史》，中華書局 1974 年，第 8067 頁。

非異牟尋。」〔註91〕黃氏之論證，實立足《新唐書》，《新唐書·南蠻傳·南詔》：「會宣宗崩，使者告哀。是時豐祐亦死，坦綽酋龍立，恚朝廷不弔卹；又詔書乃賜故王，以草具進使者而遣。遂僭稱皇帝，建元建極，自號大禮國。懿宗以其名近玄宗嫌諱，絕朝貢。」〔註92〕是可證蒙世隆（酋龍）號大禮國，但不能證異牟尋不號大禮國。竊以黃氏之說有待商榷，本傳此句不當輕易否定。

《元史·地理志》：「至異牟尋又遷於喜郡史城，又徙居羊苴咩城，即今府治。改號大禮國。」〔註93〕稱異牟尋改號大禮國。雲南地方資料，《（正德）雲南志》：「又至異牟尋，再徙羊苴咩城，即今府治，改號大禮國。」〔註94〕李元陽《（嘉靖）大理府志》：「貞元三年（787）改號大禮國……王之曾孫酋龍改號大理國，大理之名始此。」〔註95〕貞元三年正當異牟尋時。李元陽諳於滇史，多次修志，且其時舊家典籍尚有在者，蓋有依據。楊慎《滇載記》：「居史城，連兵吐蕃入寇，唐神策都將李晟擊破之。異牟尋懼，改城牟瞼苴咩。改國號曰大理，自稱曰日東王。」〔註96〕《滇載記》譯自僰文《白古通》等蒙段以來之史料，可資參考。其稱異牟尋改國號「大理」，楊慎所著《南詔野史》亦然〔註97〕。雖未直稱「大禮」，然《南詔野史》又一版本《南詔備考》正作「大禮」〔註98〕，版本流傳有異，未必不是「大禮」。從典籍記載視之，「異牟尋改大禮國」之說不可輕易否定。

閣羅鳳時，南詔與唐朝發生矛盾，「北臣吐蕃」，直到異牟尋時方重新歸附〔註99〕。異牟尋歸附時，「請復號南詔。」〔註100〕因此，南詔歸附唐朝以前，雙方斷交，「異牟尋改大禮國」是可能的。從歷史情況視之，「異牟尋改大禮國」之說不可輕易否定。

〔註91〕《明史考證》，第 2473 頁。
〔註92〕《新唐書》，第 6282 頁。
〔註93〕《元史》，第 1479 頁。
〔註94〕〔明〕周季鳳：《（正德）雲南志》，《天一閣藏明代方志選刊續編》第 70 冊，上海書店 1990 年，158 頁。
〔註95〕〔明〕李元陽：《（嘉靖）大理府志》，大理白族自治州文化局 1983 年，第 9 頁。
〔註96〕〔明〕楊慎：《滇載記》，商務印書館民國 25 年（1936），第 3 頁。
〔註97〕參見〔明〕楊慎：《南詔野史》，成文出版社 1968 年，第 38 頁。
〔註98〕木芹：《南詔野史會證》，雲南人民出版社 1990 年，第 86 頁。
〔註99〕參見《新唐書》，第 6271～6275 頁。
〔註100〕《新唐書》，第 6274 頁。

《南詔德化碑》「大利流波濯錦」〔註101〕之「大利」，有學者認為是指大
釐城〔註102〕。方國瑜曰：「大禮，蓋以大釐城得名。」〔註103〕方氏解釋世隆
號大禮國云：「蓋世隆亦因居大釐城，而號稱大禮國也。」〔註104〕前言異牟
尋所遷之「喜郡史城」即大釐城，不排除異牟尋有因遷都大釐城而號大禮之
可能。蓋大釐、大利、大禮、大理，皆音譯之詞，故無定制，在蠻語為一，在
漢字則異。從大禮得名視之，「異牟尋改大禮國」之說不可輕易否定。

（一）其後，鄭買賜、趙善政、楊干貞互篡奪〔註105〕。

今考，「鄭買賜」誤，當作「鄭買嗣」。考證如下：

《雲南志略》：「子舜化立，改元中興。在位三年，布變鄭買嗣篡之，國滅。」
〔註106〕《僰古通紀淺述》：「買嗣殺蒙氏八百人而篡位。」〔註107〕《滇載記》：
「鄭買嗣，本唐鄭回之後，世為蒙氏清平。唐昭宗光化五年，既滅蒙氏而自立，
改國號曰大長和。」〔註108〕《讀史方輿紀要》引《白古通記》云：「其臣鄭買
嗣奪化真位。」〔註109〕《（萬曆）雲南通志》據舊志云：「後梁開平四年買嗣死，
子旻嗣。」〔註110〕《（嘉靖）大理府志》：「五代梁，為鄭買嗣所據。」〔註111〕
《雲南志略》為雲南建立行省後第一部省志。《僰古通紀淺述》是對部分《白古

〔註101〕〔南詔〕鄭回：《南詔德化碑》，張樹芳等編：《大理叢書·金石篇》第10冊，
中國社會科學出版社1993年，第4頁。

〔註102〕楊憲典：《喜洲志》，大理白族自治州南詔史研究學會內部資料1988年，第
2頁。

〔註103〕《中國西南地理考釋》，第432頁。

〔註104〕《中國西南地理考釋》，第432頁。

〔註105〕《明史》卷三一三，清乾隆四年武英殿刻本，葉五。參見《明史》，中華書
局1974年，第8067頁。

〔註106〕〔元〕李京撰，王叔武輯校：《雲南志略輯校》，雲南民族出版社1986年，
第77頁。

〔註107〕題〔元〕趙順著，尤中校注：《僰古通紀淺述校注》，雲南人民出版社1989
年，第88頁。

〔註108〕《滇載記》，第5頁。

〔註109〕〔清〕顧祖禹：《讀史方輿紀要》，中華書局2005年，第5031頁。按此句引
文之前未注明出處，王叔武《雲南古佚書鈔》輯入《白古通記》，見王叔武：
《雲南古佚書鈔》，雲南人民出版社1981年，第67頁。然此句雖未註出處，
卻與5030頁注明《白虎通》（按《讀史方輿紀要》引《白古通記》誤作《白
虎通》，此當糾正者）之引文「戰國時……」一段有相承關係，此當王氏輯
佚之根據。

〔註110〕《（萬曆）雲南通志》，《大理叢書·方志篇》卷一，第226頁。

〔註111〕《（嘉靖）大理府志》，第9頁。

通記》之闡述，《滇載記》譯自《白古通記》。《（嘉靖）大理府志》、《（萬曆）雲南通志》皆為李元陽撰，材料採自舊書。此外，《南詔野史》亦作「鄭買嗣」〔註112〕，其他諸書並同，不贅錄。以此知雲南地方文獻作「鄭買嗣」。

《明史》前身《明史稿》亦作「鄭買賜」〔註113〕。經對校，本傳沿革部分資料採自《大明一統志》，按《大明一統志》云：「其後，鄭買賜、趙善政、楊干貞互相篡奪。」〔註114〕則《明史》「鄭買賜」之說，實依據《大明一統志》。檢《五代史》、《宋史》、《元史》以及其他今天所能見到的早於《大明一統志》的中央官方文獻，皆無「鄭買嗣」或「鄭買賜」之記載。《大明一統志》是現知最早出現「鄭買賜」之書，然而同書又云：「撫運碑，在五花樓前，昔鄭買嗣立。」〔註115〕又云：「五代鄭買嗣，鄭回之裔，篡南詔位，改號大長和。」〔註116〕由此知「買賜」乃「買嗣」之訛。故本傳「鄭買賜」誤，當作「鄭買嗣」。

檢韻書，《廣韻》，「賜」為心母寘韻〔註117〕，「嗣」為邪母志韻〔註118〕。元代《中原音韻》邪母清化與心母相混，「賜」、「嗣」皆是心母支思韻去聲〔註119〕。明蘭茂《韻略易通》體現明代官話，「賜」、「嗣」皆是雪母支辭韻去聲〔註120〕。因此，可知元明二代「賜」、「嗣」同音〔註121〕。明天順年間（1457～1464）成書之《大明一統志》將「鄭買嗣」訛作「鄭買賜」，實乃同音相訛。

需特別提出者，《（正德）雲南志》亦作「鄭買賜」。檢《（正德）雲南志》，其述大理府沿革文字與《一統志》相同〔註122〕。按《（正德）雲南志·義例》云：「事實皆依經傳正史及一統諸志，間有不合者兩存之。」〔註123〕則《（正

〔註112〕 《南詔野史》，第 67 頁。
〔註113〕 《明史稿》第七冊，第 114 頁。
〔註114〕 《大明一統志》，第 1316 頁。
〔註115〕 《大明一統志》，第 1318 頁。
〔註116〕 《大明一統志》，第 1318 頁。
〔註117〕 周祖謨：《廣韻校本》，中華書局 1960 年，第 348 頁。
〔註118〕 《廣韻校本》，第 358 頁。
〔註119〕 〔元〕周德清：《中原音韻》，《佩文詩韻·詞林正韻·中原音韻》，上海古籍出版社 2011 年，第 167 頁
〔註120〕 〔明〕蘭茂：《韻略易通》，《續修四庫全書》第 259 冊，上海古籍出版社 2002 年，第 155 頁。
〔註121〕 《洪武正韻》中，二字皆是去聲二寘，但「賜」是四小韻，「嗣」是筍小韻，見〔明〕樂韶鳳等：《洪武正韻》卷十，美國哈佛大學漢和圖書館藏嘉靖四十年劉以節刊本，葉七。但《洪武正韻》不能代表明代官話的讀音。
〔註122〕 《（正德）雲南志》，《天一閣藏明代方志選刊續編》第 70 冊，第 158 頁。
〔註123〕 《（正德）雲南志》，《天一閣藏明代方志選刊續編》第 70 冊，第 32 頁。

德）雲南志》依《大明一統志》而誤〔註124〕。

（一二）元憲宗取雲南，至大理〔註125〕。

今識，「取雲南，至大理」在元憲宗時，但非憲宗親為，而乃元世祖忽必烈親任其事也。考證如下：

《元史・憲宗本紀》：「（二年壬子）秋七月，命忽必烈征大理。」〔註126〕又曰：「（三年癸丑）冬十二月，大理平。」〔註127〕又曰：「（四年甲寅冬），忽必烈還自大理。」〔註128〕《元史・世祖本紀》：「（歲壬子）夏六月，入覲憲宗於曲先惱兒之地，奉命率師征雲南。」〔註129〕又曰：「（歲癸丑）十二月丙辰，軍薄大理城……帝既入大理。」〔註130〕《元史・地理志》：「元世祖征大理。」〔註131〕又曰：「元憲宗三年（1253）征大理，平之。」〔註132〕又曰：「世祖征大理時，駐兵樓前。」〔註133〕《元史・速不台（兀良合台）傳》：「憲宗即位

〔註124〕 元明二代，「賜」、「嗣」同音，故《大明一統志》有沿襲舊有史料成誤之可能。以《明統志》之史源視之，其前成書之《寰宇通志》無「鄭買嗣」或「鄭買賜」之記述，故《明統志》之說不承襲《寰宇通志》。《明統志》部分史料源於《元一統志》，除書中明確出注者外，且看此條證據：《元一統志・麗江路軍民宣撫司・人物》：「麥宗，麼些人也。祖居神外龍山下。始生七歲，不學而識文字。及長，旁通吐蕃、白蠻諸家之書……」見〔元〕孛蘭肹等撰，趙萬里校輯：《元一統志》，中華書局1966年，第562頁。《明統志》云：「麥宗，通安州麼些人，生七歲，不學而識文字，及長，傍通吐蕃、白蠻諸家之書。」見《大明一統志》，第1337頁。《（正德）雲南志》同《明統志》。見《（正德）雲南志》，《天一閣藏明代方志選刊續編》第70冊，第851頁。顯然，《明統志》之「麥宗事跡」刪採於《元一統志》，而《（正德）雲南志》則照錄自《明統志》。然則《元一統志》如今只有殘卷與輯佚本，無法判斷其中是否有「鄭買賜」之訛。或許《元一統志》因元時讀音相同，誤「鄭買嗣」為「鄭買賜」，《明一統志》依據之，《（正德）雲南志》和《明史》又沿襲之。僅為推測，未得確定。得確定者，「鄭買嗣」訛作「鄭買賜」，乃同音相訛，目前最早見於《大明一統志》。
〔註125〕 《明史》卷三一三，清乾隆四年武英殿刻本，葉六。參見《明史》，中華書局1974年，第8067頁。
〔註126〕 《元史》，第46頁。
〔註127〕 《元史》，第47頁。
〔註128〕 《元史》，第47頁。
〔註129〕 《元史》，第58頁。
〔註130〕 《元史》，第59頁。
〔註131〕 《元史》，第1457頁。
〔註132〕 《元史》，第1460頁。
〔註133〕 《元史》，第1479頁。

之明年，世祖以皇弟總兵討西南夷……癸丑秋，大軍自旦當嶺入雲南境……進師取龍首關，翊世祖入大理國城。」〔註134〕《元史·信苴日傳》：「歲癸丑，當憲宗朝，世祖奉命南征，誅其臣高祥，以段興智主國事。」〔註135〕《元史》一致說明憲宗時，忽必烈奉命取雲南，至大理。現存直接史料《世祖平雲南碑》記述元代平定雲南之始末云：「乃憲廟踐祚之二年，歲在壬子，我世祖聖德神功文武皇帝亦介弟親王之重，授鉞專征……」〔註136〕亦可證。本傳此句無誤，但易產生誤讀，誤以元憲宗親征大理，故識之。

（一三）段智興降附，乃設都元帥，封智興為摩訶羅嵯，管理八方。又以劉時中為宣撫使，同智興安輯其民〔註137〕。

今考，「智興」誤，當作「興智」。考證如下：

《元史·憲宗本紀》：「（六年丙辰），波麗國王細嵯甫、雲南酋長摩合羅嵯及素丹諸國來覲。」〔註138〕出現摩訶羅嵯之稱。《元史·信苴日傳》：「歲癸丑，當憲宗朝，世祖奉命南征，誅其臣高祥，以段興智主國事。乙卯，興智與其季父信苴福入覲，詔賜金符，使歸國。丙辰，獻地圖，請悉平諸部，并條奏治民立賦之法。憲宗大喜，賜興智名摩訶羅嵯，命悉主諸蠻白爨等部，以信苴福領其軍。」〔註139〕此言段興智投降，及其摩訶羅嵯得名之經歷。摩訶羅嵯，梵語音譯，華言曰大王。據雲南地方資料，如《滇載記》〔註140〕、《南詔野史》〔註141〕等等，皆云段智興為後理國第四代國主，段興智為末代國主。職是之故，元滅大理必在興智時。此作「智興」誤。

《明史》之誤，蓋沿襲《元史·速不台（兀良合台）傳》：「（甲寅秋），擒其國王段興智及其渠帥嘛合剌昔以獻。」〔註142〕《速不台（兀良合台）傳》之錯誤，中華書局《校勘記》已言之：「段（智興）〔興智〕。據本書卷一六六《信

〔註134〕《元史》，第2979頁。
〔註135〕《元史》，第3910頁。
〔註136〕〔元〕程文海：《世祖平雲南碑》，張樹芳等編：《大理叢書·金石篇》第10冊，中國社會科學出版社1993年，第15頁。
〔註137〕《明史》卷三一三，清乾隆四年武英殿刻本，葉六。參見《明史》，中華書局1974年，第8067頁。
〔註138〕《元史》，第49頁。
〔註139〕《元史》，第3910頁。
〔註140〕《滇載記》，第8、9頁。
〔註141〕《南詔野史》，第91、94頁。
〔註142〕《元史》，第2980頁。

苴日傳》及《元文類》卷二三程鉅夫《平雲南碑》改正。」〔註143〕按《元文類》之《平雲南碑》文當錄自《雪樓集》〔註144〕，《雪樓集》之文與現存直接史料《世祖平雲南碑》文字略有小異，大致相同。《世祖平雲南碑》云：「國主段興智及其權臣高太祥背城出戰」〔註145〕是作「興智」明矣。則本傳此句亦當改正。

（一四）大理城倚點蒼山，西臨洱河為固〔註146〕。

今考，洱河在大理城東，疑當作「大理城倚點蒼山，臨西洱河為固」。考證如下：

本傳此句之取材，《明太祖實錄》卷一四三洪武十五年閏二月癸卯條云：「大理城倚點蒼山，西臨洱河為固。」〔註147〕作「西臨洱河」。按《明史・地理志》「太和」下云：「西有點蒼山。東有西洱河，一名洱海。」〔註148〕《（正德）雲南志》：「西洱澤，在府城東，古葉榆澤，即《書》所謂西珥也。土人大之曰海，一名洱海，又名西洱河。」〔註149〕以此知洱河一名西洱河，在大理城東。「西臨洱河」，係《實錄》誤倒，而本傳此句又沿襲其誤，當乙正為「臨西洱河」。

（一五）賜長子名歸仁，授永昌衛鎮撫；次子名歸義，授雁門鎮撫〔註150〕。

今考，「永昌衛」當是「武昌衛」之訛。考證如下：

自來有「永昌衛」與「武昌衛」二說：《滇載記》云：「賜長子名歸仁，授永昌衛鎮撫；次子名歸義，授雁門鎮撫。」〔註151〕《罪惟錄・段寶傳》〔註152〕、《明史》同之。《蠻司合誌》：「賜苴仁名歸仁，授雁門衛鎮撫；苴義名歸義，授

〔註143〕 《元史》，第 2996 頁。

〔註144〕 〔元〕程文海：《平雲南碑》，《雪樓集》，《景印文淵閣四庫全書》第 1202 冊，臺灣商務印書館 1983 年，第 52 頁。

〔註145〕 《世祖平雲南碑》，《大理叢書・金石篇》第 10 冊，第 15 頁。

〔註146〕 《明史》卷三一三，清乾隆四年武英殿刻本，葉六。參見《明史》，中華書局 1974 年，第 8068 頁。

〔註147〕 《明太祖實錄》，第 2246 頁。

〔註148〕 《明史》卷四六，清乾隆四年武英殿刻本，葉九。參見《明史》，中華書局 1974 年，第 1184 頁。

〔註149〕 《（正德）雲南志》，《天一閣藏明代方志選刊續編》第 70 冊，第 164 頁。

〔註150〕 《明史》卷三一三，清乾隆四年武英殿刻本，葉七。參見《明史》，中華書局 1974 年，第 8068 頁。

〔註151〕 《滇載記》，第 13 頁。

〔註152〕 〔清〕查繼佐：《罪惟錄》，浙江古籍出版社 1986 年，第 2815 頁。

永昌衛鎮撫。」〔註153〕此是說「永昌衛」者。《南詔野史》：「乃授苴仁官雁門衛鎮撫，賜名歸仁；苴義官武昌衛鎮撫，賜名歸義。」〔註154〕《（萬曆）雲南通志》：「擒大理段寶二孫，賜名歸仁、歸義，仁授武昌衛鎮撫，義鴈門衛鎮撫。」〔註155〕《（康熙）雲南通志》：「（洪武）十六年二月，傅友德送元雲南右丞觀音保、參政車里不花、段世及段寶二孫至京師。上赦之，賜觀音保姓名李觀，授金齒指揮使，寶二孫賜名歸仁、歸義，授武昌、雁門兩衛鎮撫。」〔註156〕此是「武昌衛」說。而二說之中，歸仁、歸義與武昌（一曰永昌）、雁門之關係又有不同，遂成四說。

《滇載記》與《罪惟錄·段寶傳》皆云採自雲南舊家書籍《白古通》、《玄峯年運志》之屬〔註157〕，蓋《罪惟錄·段寶傳》採自《滇載記》，若《明史》，則不知何據。故「永昌衛」與「武昌衛」實為兩個資料來源，難詳孰訛。今試以金石資料佐證，景泰元年（1450）刻石於段氏故里之《三靈廟記》簡述其歷史云：「迨我聖朝洪武壬戌（十五年），大理臣伏。胤子段名赴京，見任湖廣武昌衛鎮撫。」〔註158〕段名，見於《明太祖實錄》卷一六一洪武十七年四月己巳條：「詔以故元雲南平章段世、宣慰段名隨侍齊王，給千戶祿。」〔註159〕蓋是歸仁或歸義之別名。《三靈廟記》出於段氏故里，且「武昌」前有「湖廣」二字，當作「武昌」無疑。

至於武昌衛鎮撫是歸仁還是歸義，以及此句前文段寶、段世、段明與歸仁、歸義之間的關係，各類資料莫衷一是，姑且置之，俟考。又識，《（萬曆）雲南通志》於「永昌府」下載：「大官廟，在哀牢山下。小官廟，在東林中。舊傳，段氏二子，高皇帝賜名歸仁、歸義，土人立廟祀之，大官廟祀歸仁，小官廟祀歸義。」〔註160〕段氏雖已絕，猶有餘情焉。

〔註153〕《蠻司合誌》，《中國少數民族古籍集成（漢文版）》第二冊，第192頁。

〔註154〕《南詔野史》，第142頁。

〔註155〕《（萬曆）雲南通志》，《大理叢書·方志篇》卷一，第228頁。

〔註156〕〔清〕范承勳、吳自肅：《（康熙）雲南通志》卷三，康熙三十年刻本，葉三八、三九。

〔註157〕參見《滇載記》，第13頁及《罪惟錄》，第2815頁。

〔註158〕〔明〕楊安道：《三靈廟記》，張樹芳等編：《大理叢書·金石篇》第10冊，中國社會科學出版社1993年，第49頁。

〔註159〕《明太祖實錄》，第2489頁。《校勘記》：「宣慰段名。嘉本、抱本『名』作『明』。」見《明太祖實錄校勘記》，第557頁。

〔註160〕《（萬曆）雲南通志》，《大理叢書·方志篇》卷一，第488頁。

臨安

（一六）唐為羈縻峒州地〔註161〕。

舊考，羈縻，庫本作「羈縻」〔註162〕。中華書局點校本徑改作「羈縻」〔註163〕。

今按，是也。本傳此句源出《大明一統志》：「唐為羈縻峒州地，屬黔州都督府。」〔註164〕原作「羈縻」。至《明史稿》尚作「羈縻」〔註165〕。蓋《明史》雕版時訛誤。

（一七）元右丞兀卜台、元帥完者都及土官楊政降，改路為府，廢宣慰司，置臨安衛指揮使司〔註166〕。

今識，本傳此句所述事件，發生於洪武十五年正月。考證如下：

本傳此句之取材，《明太祖實錄》卷一四一洪武十五年正月是月條：「宣德侯金朝興兵駐臨安，元右丞兀卜台、元帥完者都、土酋楊政等降。○革臨安宣慰司，置臨安府及臨安衛指揮使司。」〔註167〕《明史·地理志》：「臨安府，元臨安路。洪武十五年正月為府。」〔註168〕以此可知發生於洪武十五年正月。但本傳此句連帶敘述於前文洪武十四年事件之後，易誤繫於洪武十四年下，故附識之。

（一八）（洪武）十七年，以土官和寧為阿迷知州〔註169〕。

今識，和寧，其後代為普姓。考證如下：

本傳此句，取材《明太祖實錄》卷一六一洪武十七年四月甲戌條：「雲南諸酋長和寧等來朝，貢馬及方物，詔賜錦綺、鈔錠，以和寧為阿迷州知州，弄

〔註161〕《明史》卷三一三，清乾隆四年武英殿刻本，葉七。參見《明史》，中華書局1974年，第8069頁。

〔註162〕《明史》，《景印文淵閣四庫全書》第302冊，第479頁。

〔註163〕《明史》，中華書局1974年，第8069頁。

〔註164〕《大明一統志》，第1319頁。

〔註165〕《明史稿》第七冊，第115頁。

〔註166〕《明史》卷三一三，清乾隆四年武英殿刻本，葉七。參見《明史》，中華書局1974年，第8069頁。

〔註167〕《明太祖實錄》，第2229頁。

〔註168〕《明史》卷四六，清乾隆四年武英殿刻本，葉四。參見《明史》，中華書局1974年，第1175頁。

〔註169〕《明史》卷三一三，清乾隆四年武英殿刻本，葉八。參見《明史》，中華書局1974年，第8069頁。

甥為寧州知州，陸羡為蒙自縣知縣，普少為納婁茶甸副長官，普賜為馬龍他郎甸副長官，俱授以誥敕、冠帶。」〔註170〕作「和寧」。然《土官底簿》卷上於「阿迷州知州」下云：「普寧和，羅羅人，相繼承襲阿迷州萬戶府土官。洪武十六年赴京朝覲，授阿迷州知州。」〔註171〕則作「普寧和」。檢《明太祖實錄》卷一六七洪武十七年閏十月癸丑條：「雲南布政使司言：所屬大小土官有世襲者，有選用者，如景東府知府俄陶、阿迷州知州和寧則世襲者，雲南府羅次縣主簿趙和、姚安府普昌巡檢李智則選用者。」〔註172〕亦作「和寧」。《明太祖實錄》兩處作「和寧」，「和寧」當無誤。

《土官底簿》於「和寧」前添「普」姓。檢《（天啟）滇志》卷三〇《羈縻志》之「土司官氏」云：「阿迷州土官普柱，洪武中為土知州，後設流，錄其裔覺為東山巡檢司土巡檢。沿至普維藩，與寧州祿氏搆兵，師燬焉。維藩死，子名聲幼，兵道畜名聲城中，令郡諸生教之。既長，召諸寨夷共立之，以延普氏。」〔註173〕按《土官底簿》載「普寧和」傳數世有：「普柱，正德（正德，疑為正統之訛）八年襲。故，並無嫡。庶弟姪兒男正妻沙費，成化元年奏襲。查勘，十八年弟普明奏襲，查係爭襲不明，行勘未報文選司缺冊內。成化十二年十二月除流官杜參。」〔註174〕蓋《（天啟）滇志》缺記「普柱」前數代，然則阿迷土知州為普姓則可知也。未知和寧本姓「普」，抑此「普」姓是始於其後人。

（一九）普少為納婁茶甸副長官〔註175〕。

舊考，婁，庫本作「樓」。

今按，是也。考證如下：

本傳此句之取材，《明太祖實錄》卷一六一洪武十七年四月甲戌條：「雲南諸酋長和寧等來朝，貢馬及方物，詔賜錦綺、鈔錠，以和寧為阿迷州知州，弄甥為寧州知州，陸羡為蒙自縣知縣，普少為納婁茶甸副長官，普賜為馬龍

〔註170〕《明太祖實錄》，第2490頁。

〔註171〕〔明〕佚名：《土官底簿》，《景印文淵閣四庫全書》第599冊，臺灣商務印書館1983年，第349頁。

〔註172〕《明太祖實錄》，第2559頁。

〔註173〕〔明〕劉文徵：《（天啟）滇志》，郭惠青、李公等：《大理叢書·方志篇》卷三，民族出版社2007年，第463頁。

〔註174〕《土官底簿》，《景印文淵閣四庫全書》第599冊，第350頁。

〔註175〕《明史》卷三一三，清乾隆四年武英殿刻本，葉八。參見《明史》，中華書局1974年，第8069頁。

他郎甸副長官，俱授以誥敕、冠帶。」〔註176〕原作「納婁茶甸」，故本傳因之。然檢《大明一統志》卷八六於「臨安府」下云：「納樓茶甸長官司，在府城西南一百八十里。蒙氏為茶甸，元置千戶，隸阿□萬戶。後分為二千戶，隸雲南行省。又改納樓茶甸，本朝改長官司，隸本府。」〔註177〕《（天啟）滇志》卷三○《羈縻志》之「土司官氏」云：「納樓茶甸長官司土官普少，羅羅人，洪武初歸附，授副長官。」《明史・地理志》於「臨安府」下載：「納樓茶甸長官司。府西南。本納樓千戶所，洪武十五年置，屬和泥府。十七年四月改置。北有羚羊洞，產銀礦。又有祿豐江，即禮社江下流。又東有倘甸。」〔註177〕皆作「納樓茶甸」。當以「納樓茶甸」為是。

（二○）初，臨安阿迷州土官普柱，洪武中為土知州〔註178〕。

今考，洪武中為阿迷州土知州的是普柱的先祖和寧。考證如下：

《明太祖實錄》卷一六一洪武十七年四月甲戌條云：「雲南諸酋長和寧等來朝，貢馬及方物，詔賜錦綺、鈔錠，以和寧為阿迷州知州。」〔註179〕又卷一六七洪武十七年閏十月癸丑條：「雲南布政使司言：所屬大小土官有世襲者，有選用者，如景東府知府俄陶、阿迷州知州和寧則世襲者，雲南府羅次縣主簿趙和、姚安府普昌巡檢李智則選用者。」〔註180〕《土官底簿》卷上於「阿迷州知州」下云：「普寧和（按寧和，當作『和寧』，語在本卷考證一八下），羅羅人，相繼承襲阿迷州萬戶府土官。洪武十六年赴京朝覲，授阿迷州知州。」〔註181〕《明史・臨安傳》：「（洪武）十七年以土官和寧為阿迷知州。」〔註182〕皆以洪武中任阿迷土知州者為和寧。

本傳此處，本《天下郡國利病書》：「阿迷州土官普柱，洪武中為土知州，後設流，錄其裔覺為東山巡檢司土巡檢。至普維藩，與寧州祿氏搆兵，師殲

〔註176〕《明太祖實錄》，第 2490 頁。
〔註177〕《大明一統志》，第 1319 頁。
〔註177〕《明史》卷四六，清乾隆四年武英殿刻本，葉五。參見《明史》，中華書局 1974 年，第 1177 頁。
〔註178〕《明史》卷三一三，清乾隆四年武英殿刻本，葉八。參見《明史》，中華書局 1974 年，第 8070 頁。
〔註179〕《明太祖實錄》，第 2490 頁。
〔註180〕《明太祖實錄》，第 2559 頁。
〔註181〕《土官底簿》，《景印文淵閣四庫全書》第 599 冊，第 349 頁。
〔註182〕《明史》卷三一三，清乾隆四年武英殿刻本，葉八。參見《明史》，中華書局 1974 年，第 8069 頁。

焉。維藩死，子名聲幼。兵道畜名聲城中，令郡諸生教之。既長，召諸寨夷共立之，以延普氏。名聲收集其眾，勇於攻戰。天啟元年十一月，奉調剿逆，至今所至輒以衝陷聞。」〔註183〕《天下郡國利病書》該部分，鈔錄自《（天啟）滇志》卷三〇《羈縻志》之「土司官氏」〔註184〕。按《土官底簿》載「普寧和」傳數世有：「普柱，正德（後文有成化，疑此『正德』為『正統』之訛）八年襲。故，並無嫡。庶弟姪兒男正妻沙費，成化元年奏襲。查勘，十八年弟普明奏襲，查係爭襲不明，行勘未報，文選司缺冊內。成化十二年十二月除流官杜參。」〔註185〕當《（天啟）滇志》缺記「普柱」前數代。雲南布政司貯有各土司宗系，土官襲替記錄，於諸省中最為準確〔註186〕。《（天啟）滇志》之「土司官氏」採自布政司案牘，故其材料多與《土官底簿》合，而本傳此處乃疏略若是。蓋以阿迷後改流官，故案牘記錄不備焉。

（二一）崇禎五年，御史趙洪範按部，名聲不出迎。已，出戈甲旗幟列數里。洪範大怒，謀之巡撫王伉，請討，得旨。官軍進圍州城，名聲恐，使人約降，而陰以重賄求援於元謀土官吾必奎。時官軍已調必奎隨征，必奎與名聲戰，兵始合，佯敗走。官軍望見，遂大潰，布政使周士昌戰死。朝廷以起釁罪伉，逮治，而名聲就撫〔註187〕。

今讞，普名聲得罪趙洪範，王伉「請討，得旨」在崇禎四年（1631），「朝廷以起釁罪伉」在崇禎五年。考證如下：

本傳此段，取材《蠻司合誌》卷一一〔註188〕，而《蠻司合誌》蓋又本乎《滇考》卷下《普吾沙亂滇》〔註189〕。檢《明清史料乙編》，王伉「請討」之

〔註183〕〔清〕顧炎武：《天下郡國利病書》，《續修四庫全書》第 597 冊，上海古籍出版社 2002 年，490 頁。

〔註184〕《（天啟）滇志》，《大理叢書·方志篇》卷三，第 463 頁。

〔註185〕《土官底簿》，《景印文淵閣四庫全書》第 599 冊，第 350 頁。

〔註186〕《萬曆野獲編》補遺卷四《土官承襲》：「至於土官則全憑宗支一圖為據。今惟雲南布政司貯有各土司宗系，以故襲替最便。而貴州、廣西諸土官，竟自以所藏譜牒上請。以致彼此紛爭，累年不決，稱兵搆難。」參見〔明〕沈德符：《萬曆野獲編》，中華書局 1959 年，第 934 頁。

〔註187〕《明史》卷三一三，清乾隆四年武英殿刻本，葉九。參見《明史》，中華書局 1974 年，第 8071 頁。

〔註188〕《蠻司合誌》，《中國少數民族古籍集成（漢文版）》第二冊，第 216 頁。

〔註189〕〔清〕馮甦：《滇考》，《中華文史叢書》之二二，臺灣華文書局 1968 年，第 379 頁。

奏折及所得旨現收在《兵部題「御前發下雲南巡撫王伉題」稿》。王伉奏折云：「照得全滇心腹大患最劇最迫者，唯阿迷土酋普名聲而已……乞皇上敕下各該部覆確，速請施行。職謹會同貴州總督朱燮元、黔國公沐天波、雲南巡按趙洪範齋沐合詞上請。」〔註190〕而「御史趙洪範按部，名聲不出迎。已，出戈甲旗幟列數里」之事，亦在王伉奏折中：「按臣巡歷臨安之日，酋亦出見，鳴洪金，擂大鼓，長槍利刃，擁列塯塀，顯然示我以不可犯之勢。蓋大不道、大無禮極矣。按臣屢移臣書，謂此酋急之則發早而禍小，置之則發遲而禍大，安、奢之情，其形已見，固非查未蒙也。又謂決癰雖痛，勝於內潰，讀之凜然。」〔註191〕所得之聖旨：「崇禎四年五月十七日奉聖旨：據奏，普酋恣逆，情形已久，總絲不肖、有司貪利釀禍，前此撫、按何絕無糾察？各路進兵部署既定，即與該鎮及黔督協圖剿除，相機綏靖。果有能擒逆出獻，脅從概置弗問，所請餉銀及溫調元留用。該部酌議速覆，該衙門知道，欽此。」〔註192〕則普名聲得罪趙洪範，王伉請討，得旨，在崇禎四年。《崇禎長編》卷四七崇禎四年六月乙丑條：「戶部尚書畢自嚴以滇省普酋跳梁，本省問罪之師三萬月費不貲，撫臣有發餉之請，議……」〔註193〕亦涉及該事，可為討名聲在崇禎四年證。

　　《崇禎長編》卷四九崇禎四年八月甲辰條：「雲南巡撫王伉、巡按趙洪範，交章薦舉游擊吾必奎為副總兵。章下所司覆議，議上，帝允之。」〔註194〕以此知吾必奎受命為副總兵在崇禎四年。《廣陽雜記》：「至次年辛未……是年秋，雲南布政使周公士昌，受命監軍，統大兵七萬，匝阿迷州圍數月……士昌罵賊死。」〔註195〕《滇雲歷年傳》：「（崇禎）四年辛未，巡撫王伉討普名聲，敗績。總兵秦宏、商士傑，參議周士昌，將官朱永吉死之。」〔註196〕《（民國）新纂雲南通志》：「（崇禎）四年，名聲遂反，使人求援於必奎，且賄之……監

〔註190〕《明清史料乙編》第七本，國立中央研究院歷史語言研究所，民國19年（1930），第633、634頁。按有關普名聲叛亂之史料，付春先生整理甚詳，可資參考，見付春：《有關「普名聲之亂」的史料編年》，《西南古籍研究》2006年00期，第407～428頁。

〔註191〕《明清史料乙編》第七本，第633頁。

〔註192〕《明清史料乙編》第七本，第634頁。

〔註193〕《崇禎長編》，臺灣史語所，1962年，第2813頁。

〔註194〕《崇禎長編》，第2873頁。

〔註195〕〔清〕劉獻廷：《廣陽雜記》，中華書局1957年，第101頁。

〔註196〕〔清〕倪蛻：《滇雲歷年傳》，雲南大學出版社1992年，第488頁。

軍布政使周士昌歿於陣，參將朱永吉死之。」〔註197〕是則可知「布政使周士昌戰死」在崇禎四年。

《崇禎長編》卷五六崇禎五年二月壬午條：「以雲南總督王伉、巡按趙洪範喪師，下法司究問。」〔註198〕則「朝廷以起釁罪伉」在崇禎五年。本傳此句之「崇禎五年」，實指此。其前之崇禎四年事係先述其原委，為防誤讀，謹附識。

（二二）臨安領州四縣四〔註199〕。

舊考，州四縣四，庫本作「州六縣四」〔註200〕。中華書局：「臨安領州五縣五。州五縣五，原作『州四縣四』，據《讀史方輿紀要》卷一一五改。按《寰宇通志》卷一一二、《明一統志》卷八六、重修《明會典》卷一六都作『州四縣四』，因三書分別纂修於景泰、天順、萬曆初，時臨安府領州四縣四。至萬曆十九年，新化州『來屬』，又置新平縣，遂領州五縣五。本書卷四六《地理志》作『領州六縣五』（『縣五』原作『縣四』，已改正），係將宣德元年已『與安南』之寧遠州亦列為屬州之故。」〔註201〕

今按，中華書局之說是也。考證如下：

庫本蓋據《明史・地理志》〔註202〕改之。除上所述材料外，《（天啟）滇志》卷一於「臨安府」下云：「本朝改路為府，領州四、縣四、長官司九。正德六年，省安南長官司入蒙自縣。天啟二年復設。萬曆十九年置新平縣。二十五年改直隸新化州屬焉。今領州五、縣五、長官司九。」〔註203〕可證中華書局「州五縣五」之說。

然《（天啟）滇志》於新化州之來屬時間，謂：「弘治間設新化州，直隸布

〔註197〕龍雲修，周鍾嶽等纂：《（民國）新纂雲南通志》卷一七五，民國三十八年鉛印本，葉二二。

〔註198〕《崇禎長編》，第3294頁。

〔註199〕《明史》卷三一三，清乾隆四年武英殿刻本，葉九。參見《明史》，中華書局1974年，第8071頁。

〔註200〕《明史》，《景印文淵閣四庫全書》第302冊，臺灣商務印書館1983年，第481頁。

〔註201〕《明史》，中華書局1974年，第8087頁。

〔註202〕《明史》卷四六，清乾隆四年武英殿刻本，葉四。參見《明史》，中華書局1974年，第1177頁。

〔註203〕〔明〕劉文徵：《（天啟）滇志》，郭惠青、李公等：《大理叢書・方志篇》卷二，民族出版社2007年，第58頁。

政司。萬曆二十五年改屬本府。」〔註204〕則與《明史‧地理志》有異,《明史‧地理志》:「弘治八年改為新化州。萬曆十九年來屬。」〔註205〕《滇考》卷下《武、尋諸府改設流官始末》:「(萬曆)十九年,丁苴、白改彝普應春等叛,巡撫吳定橄參將鄧子龍討平之。其地居臨安、新化、南安間,素為盜藪。因請設新安縣,并改新化州隸臨安。」〔註206〕亦謂十九年。未詳孰是。檢《明神宗實錄》卷二三九萬曆十九年八月甲午條:「丁、改等處賊首普應春、霸生等,剽劫村寨,流毒州縣。巡撫吳定請發土漢官兵,令楊威攻其東,鄧子龍攻其西。而移檄元江土舍那怒擒解逋逃,毋令竄匿。詔從之。」〔註207〕又卷二五三萬曆二十年十月甲午條:「以征剿雲南丁、改十寨逆賊,斬級一千二百,生擒一百四十,俘獲賊屬一千九百,招撫脅從六千六百,宣捷,祭告郊廟。」〔註208〕是萬曆十九年八月始下詔討普應春等,次年十月方宣捷告廟。故討平當在萬曆二十年。而處理地方平亂後事宜則在二十年或更後,故不當在十九年改新化州隸臨安。似當以《(天啟)滇志》以新化州洪武二十五年來屬之說為確。

楚雄

(二三)洪武十五年,南雄侯趙庸取其地〔註209〕。

今考,洪武十五年取楚雄者,不是南雄侯趙庸,而是景川侯曹震、定遠侯王弼。考證如下:

《明太祖實錄》卷一四一洪武十五年正月辛巳條云:「景川侯曹震、定遠侯王弼率師至威楚路,元平章閣乃馬歹、參政劉車車不花等降。」〔註210〕《明史‧藍玉傳》:「(曹震)從藍玉征雲南,分道取臨安諸路,至威楚,降元平章閣乃馬歹等。」〔註211〕由此可見洪武十五年取楚雄者為景川侯曹震、定遠侯王弼。

〔註204〕《(天啟)滇志》,《大理叢書‧方志篇》卷二,第59頁。

〔註205〕《明史》卷四六,清乾隆四年武英殿刻本,葉五。參見《明史》,中華書局1974年,第1177頁。

〔註206〕《滇考》,《中華文史叢書》之二二,第346頁。

〔註207〕《明神宗實錄》,第4428頁。

〔註208〕《明神宗實錄》,第4707頁。

〔註209〕《明史》卷三一三,清乾隆四年武英殿刻本,葉一〇。參見《明史》,中華書局1974年,第8072頁。

〔註210〕《明太祖實錄》,第2222頁。

〔註211〕《明史》卷一三二,清乾隆四年武英殿刻本,葉八。參見《明史》,中華書局1974年,第3866頁。

考查趙庸經歷。《明太祖實錄》卷一四〇洪武十四年十一月庚戌條云：「南雄侯趙庸率步騎舟師一萬五千餘人，分道擊之，進至鹿步。」〔註212〕《明太祖實錄》卷一四一洪武十五年正月乙未條云：「南雄侯趙庸帥兵討東莞諸盜。」〔註213〕《明太祖實錄》卷一四一洪武十五年正月甲辰條云：「南雄侯趙庸進兵攻破東莞等縣、石鼓、赤嶺等寨。」〔註214〕《明太祖實錄》卷一四二洪武十五年二月乙亥條云：「南雄侯趙庸遣江陰衛指揮楊寬等領兵擊乳原山蠻寇，盡俘其眾。」〔註215〕《明史·廖永忠傳》云：「十四年，閩、粵盜起，命庸討之。踰年悉平諸盜及陽山、歸善叛蠻。」〔註216〕則洪武十四年十一月至洪武十五年二月這段平定雲南的關鍵時期，趙庸正在廣東一帶平亂。而據《明太祖實錄》卷一四二洪武十五年二月己卯條云：「以前四川左布政使朱守仁為雲南楚雄府知府。」〔註217〕二月已置楚雄府，故趙庸不可能取楚雄。

趙庸取楚雄之說源於《明史稿》，《史稿》云：「洪武十五年，征南將軍遣南雄侯趙庸取其地。」〔註218〕不知何據，《明史》只刪潤文字而已。黃彰健曾論及之〔註219〕。

（二四）宣德五年命故土知府高政女襲同知。政初為同知，永樂中來朝，時仁宗監國，嘉其勤誠，陞知府，子孫仍襲同知。政卒，無子，妻襲。又卒，其女奏乞襲知府。帝曰：「皇考有成命。」令襲同知〔註220〕。

今考，永樂中來朝，從同知陞知府者，當高政之妻高納的斤。考證如下：

本傳此句之取材，《明宣宗實錄》卷六七宣德五年六月辛未條：「命雲南楚雄府已故土官知府高政女襲本府同知。政初為同知，永樂中來朝，時仁宗皇帝監國，嘉其勤誠，特陞知府，仍命子孫世襲同知。政卒，無子，其妻承

〔註212〕《明太祖實錄》，第2207頁。
〔註213〕《明太祖實錄》，第2225頁。
〔註214〕《明太祖實錄》，第2226頁。
〔註215〕《明太祖實錄》，第2240頁。
〔註216〕《明史》卷一二九，清乾隆四年武英殿刻本，葉一四。參見《明史》，中華書局1974年，第3807頁。
〔註217〕《明太祖實錄》，第2241頁。
〔註218〕《明史稿》第七冊，第117頁。
〔註219〕黃彰健：《明史纂誤再續》，《臺灣中央研究院歷史語言研究所集刊》，1967年，第536頁。
〔註220〕《明史》卷三一三，清乾隆四年武英殿刻本，葉一〇。參見《明史》，中華書局1974年，第8072頁。

襲。又卒，其女奏乞襲知府。上曰：『皇考有成命。』令襲同知。」〔註221〕然《實錄》該處之追溯記載，似不正確。

檢《土官底簿》卷下於「楚雄府同知」下云：「高政，僰人，本府楚雄縣民。由前元祖、父授威楚開南等路軍民總管。洪武十五年歸附。十六年，總兵官擬任本府同知。十七年實授。故，並無子姪。族人高納的斤，係正妻，應襲夫職。永樂元年正月奉聖旨：『還著高納的斤做同知，欽此。』布政司咨呈備屬，申據耆民陳子安等告稱，高納的斤承襲夫職以來，人民皆聽所言，石糧有增，深知夷民厚薄。本府別無除授知府，如蒙將高納的斤照依鶴慶軍民府土官高興，一體陞除本府知府。及高納的斤備馬赴京朝覲到部，為因首先來朝，本部議擬不准。永樂七年正月奉令旨：『是。他又親自來朝，陞他做知府。只不世襲，還著流官掌印。以後有當襲的人，仍著做同知。敬此。』故，無子。庶長女高冬梅，宣德五年六月奉聖旨：『照依仁宗皇帝聖旨，還著做同知，欽此。』正統元年，三司奏女土官高冬梅故，絕，乞流官管事。本年十一月題准，改除流官。」〔註222〕詳述其始末，知永樂七年，高政之妻高納的斤從同知陞知府。《土官底簿》卷上於「姚安府土官」下云：「永樂十六年，高賢告，係高保庶長男，先因年幼，有叔高勝借職。今已出幼，備馬進貢告襲。本年三月奉聖旨：『准他襲。那借職的革了，冠帶閑住，欽此。』後告照楚雄府女土官知府高納的斤例，陞做知府。洪熙元年三月奉聖旨：『著他做知府，只不世襲。那流官知府取回來，欽此。』」〔註223〕姚安府高賢由同知陞作知府，是照楚雄府女土官知府高納的斤例，知高納的斤由同知陞作知府。職是之故，永樂中來朝，從同知陞知府者，當高政之妻高納的斤。

（二五）定邊縣阿苴里諸處強賊，聚眾抄掠景東等衛〔註224〕。

今考，「阿苴里」誤，當作「阿苴里」。考證如下：

本傳此句之取材，《明宣宗實錄》卷一○八宣德九年二月甲戌條云：「定邊縣阿苴里等處有強賊，執兵劫掠景東等衛。」〔註225〕《校勘記》：「阿苴里，

〔註221〕《明宣宗實錄》，第1572頁。

〔註222〕《土官底簿》，《景印文淵閣四庫全書》第599冊，第386頁。

〔註223〕《土官底簿》，《景印文淵閣四庫全書》第599冊，第361頁。

〔註224〕《明史》卷三一三，清乾隆四年武英殿刻本，葉一一。參見《明史》，中華書局1974年，第8072頁。

〔註225〕《明宣宗實錄》，臺灣史語所1962年，第2435頁。

廣本芏作丘。」〔註226〕知諸本《實錄》除廣本外，皆作「阿芏里」。

檢方志資料所記錄之定邊縣五里。《（隆慶）楚雄府志》記定邊縣云：「編里五，羅伽甸、范仁牧、阿笠、阿集摩、阿集芏（景泰間民逃竄，併作三里，而去阿笠、阿集芏）。」〔註227〕《（康熙）楚雄府志》云：「編里五，曰羅里，曰仁里，曰克理，曰赤里，曰集理，今仍舊。」〔註228〕《（康熙）定邊縣志》：「明初，復置縣，改隸府。編五里：羅伽甸，今曰羅里；范仁牧，今曰仁里；阿克，今曰克里；阿赤摩，今曰赤里；阿集芏，今曰集里。」〔註229〕五里之沿革，於斯可見。然「阿笠」演為「阿克」，「阿集摩」變作「阿赤摩」，則不知其由，抑有所訛誤耶？「芏」、「笠」形近，《實錄》之「阿芏里」即《（隆慶）楚雄府志》之「阿笠里」。二者必有一誤。按《（景泰）雲南圖經志》卷四於「楚雄府」之「鋪舍」云：「在定邊縣者三，曰縣前，曰阿芏，曰新田。」〔註230〕可知楚雄有「阿芏」之鋪舍。蓋「阿笠里」為「阿芏里」之訛。

職是之故，當以「阿芏里」為是，本傳此句作「阿苴里」誤。《明史稿》已作「阿苴里」〔註231〕，蓋「芏」、「苴」形近，《明史稿》採錄《實錄》時發生舛誤，而《明史》又因襲之。

（二六）帝敕責晟等，期以三年，討靖諸為亂者〔註232〕。

今考，「三年」為「三月」之訛。考證如下：

本傳此句之取材，《明宣宗實錄》卷一〇八宣德九年二月甲戌條云：「上以敕諭晟及三司并巡按御史曰：『爾等鎮撫雲南，宜摧兇惡以安良善。今賊縱橫如此，不能擒捕，所職何事。敕至即計議，設法分調官軍土兵，相兼剿捕，或招諭，俾之安業。期三閱月皆安靜。過期不靖，方面官以下皆有罰。有能擒

〔註226〕《明宣宗實錄校勘記》，臺灣史語所1962年，第426頁。

〔註227〕〔明〕張澤等：《（隆慶）楚雄府志》，《日本藏中國罕見地方志叢刊》，書目文獻出版社1992年，第13頁。

〔註228〕〔清〕張嘉穎等：《（康熙）楚雄府志》，《中國地方志集成·雲南府縣志輯》第58冊，鳳凰出版社、上海書店、巴蜀書社2009年，第342頁。

〔註229〕〔清〕楊書：《（康熙）定邊縣志》，郭惠青、李公等：《大理叢書·方志篇》卷七，民族出版社2007年，第4頁。按此頁係補版。

〔註230〕《（景泰）雲南圖經志》，《大理叢書·方志篇》卷一，第75頁。

〔註231〕《明史稿》第七冊，第117頁。

〔註232〕《明史》卷三一三，清乾隆四年武英殿刻本，葉一一。參見《明史》，中華書局1974年，第8072頁。

強盜首，官給賞如例。或盜能自首者，與免本罪，亦如例賞。』」〔註233〕原作「期三閱月皆安靜」，是只以三月為期。《明史稿》正作「期以三月」〔註234〕。當本傳刪潤《明史稿》時，誤訛「月」為「年」矣。職是之故，當以「三月」為是。

景東

（二七）（洪武）十八年，百夷思倫發叛，率眾十餘萬攻景東之北吉寨〔註235〕。

今考，「北吉」為「者吉」之訛。理由如下：

本傳此句之取材，《明太祖實錄》卷一八〇洪武二十年正月丙子條：「遣通政使司經歷楊大用齎白金五伯兩、文綺二十疋往賜景東府知府俄陶。初，百夷思倫發叛，率眾十餘萬攻景東之者吉寨。俄陶領千百夫長他當等二萬餘人擊之，為所敗。思倫發進攻景東，俄陶力戰不勝，率其民千餘家避于大理府之白崖川。事聞，上嘉其忠，特賜白金、文綺以旌之。」〔註236〕原作「者吉寨」。《雲南機務鈔黃》：「洪武二十一年四月二十二日，旗手衛指揮劉玉到，傳奉旨意：一，若彼有三萬……看緊慢，就取者吉寨，并打景東，與他相對着的軍，日夜粘住，不許他退。」〔註237〕是「者吉寨」為景東當時之軍事要地。《（萬曆）雲南通志》、《（天啟）滇志》、《（康熙）雲南通志》〔註238〕於「景東」下皆無「者吉」或「北吉」之記錄。然《（乾隆）雲南通志》於「景東府」下有「者吉橋，在城南七十里。」〔註239〕者吉中曾論及該問題，謂「縣城南約八十里的川河兩岸，有大者吉和小者吉」，並分析景東地形，認為今「者吉」一帶即在思倫發攻景東之必經之路。〔註240〕「者吉」為傣語音譯，「者」，華

〔註233〕《明宣宗實錄》，臺灣史語所1962年，第2435頁。

〔註234〕《明史稿》第七冊，第117頁。

〔註235〕《明史》卷三一三，清乾隆四年武英殿刻本，葉一二。參見《明史》，中華書局1974年，第8074頁。

〔註236〕《明太祖實錄》，第2725頁。

〔註237〕〔明〕張紞：《雲南機務鈔黃》，《四庫全書存目叢書》史部第45冊，齊魯書社1997年，第281頁。

〔註238〕〔清〕范承勳、吳自肅纂：《（康熙）雲南通志》，清康熙三十年刻本。

〔註239〕〔清〕鄂爾泰修，〔清〕靖道謨纂：《（乾隆）雲南通志》卷六，清乾隆元年刻本，葉七一。

〔註240〕者吉中：《明史雲南土司傳校正一則》，《思想戰線》1989年第1期，第94頁。

言曰寨，「吉」，華言曰冬葉〔註241〕。職是之故，當以「者吉」為是。

至於《欽定大清一統志》卷三八九於「景東廳」之「關隘」下云：「北吉寨，在廳境。《明史》，洪武十八年，百夷思倫發叛，攻景東之北吉寨。即此地。」〔註242〕此北吉寨，不見於《大明一統志》，明清雲南省志亦無記錄，恐當時修志人員據《明史》而向壁虛造之也。

（二八）（洪武）二十三年，沐英討平思倫發，復景東地，因奏景東百夷要衝，宜置衛。以錦衣衛僉事胡常守之，俄陶仍舊職〔註243〕。

舊考，四庫館臣：「因奏景東百夷要衝，宜置衛。以錦衣衛僉事胡常守之。臣章宗瀛按，是時立景東衛，命陶往鎮，而別以流官掌印、蒞府事。陶至鎮，勤慎守法，因仍復知府，頒賜金帶，且鐫『誠心報國』四字褒之。見《明實錄》。與此小異。謹附考。」〔註244〕

今按，館臣之說出自《蠻司合誌》。辨證如下：

本傳此句之取材，《明太祖實錄》卷二○六洪武二十三年十一月乙卯條：「置景東、蒙化二衛。先是，永昌侯藍玉取大理，命景川侯曹震駐兵楚雄，景東土官俄陶來降，就令為景東知府。後百夷土酋思倫發叛，率眾據景東，俄陶走大理白崖川，西平侯沐英討之，大敗其眾。思倫發懼，請降，遂復景東之地。至是，英奏：『景東乃百夷要衝，蒙化州所管火頭字青等亦梗化不服，俱宜置衛。以錦衣衛指揮僉事胡常守景東，府軍前衛指揮僉事李聚守蒙化。』上從之，命守洱海衛都督僉事祝哲領兵會都督馬誠往置二衛，就以胡常等守之，俄陶仍其舊職。」〔註245〕而四庫館臣所附之另一說，見《蠻司合誌》卷八：「思倫攻景東，陶奔白崖。上為立景東衛，命陶往鎮，而別以流官掌印、蒞府事。陶至鎮，勤慎守法，不敢踰尺寸，夷漢安之。因仍復知府，頒賜金帶，且鐫『誠心報國』四大字褒之。」〔註246〕其更早之源出，則不知也。

〔註241〕景東彝族自治縣人民政府編：《雲南省景東彝族自治縣地名志》，景東彝族自治縣人民政府秘密資料 1985 年，第 155 頁。

〔註242〕〔清〕和珅等：《欽定大清一統志》，《景印文淵閣四庫全書》第 483 冊，臺灣商務印書館 1986 年，第 206 頁。

〔註243〕《明史》卷三一三，清乾隆四年武英殿刻本，葉一二。參見《明史》，中華書局 1974 年，第 8074 頁。

〔註244〕《明史》，《景印文淵閣四庫全書》第 302 冊，第 490 頁。

〔註245〕《明太祖實錄》，第 3071、3072 頁。

〔註246〕《蠻司合誌》，《中國少數民族古籍集成（漢文版）》第二冊，第 193 頁。

（二九）（宣德）六年，大侯土知州刀奉漢侵據孟緬地，敕黔國公
　　　　沐晟遣官撫諭〔註247〕。

舊考，四庫館臣：「大侯土知州刀奉漢。『侯』改『候』，『漢』改『罕』。」
〔註248〕

今按，明代文獻中，「大候」與「大侯」、「刀奉罕」與「刀奉漢」錯出。
庫本統一改「侯」為「候」，改「漢」為「罕」。而中華書局則改「候」為「侯」，
改「罕」為「漢」〔註249〕。又本傳此句之取材，《明宣宗實錄》卷八二宣德六
年八月丙辰條：「行在兵部奏，雲南大候知州刀奉漢強奪景東府土官知府陶瓚
所管孟緬之地，又孟定府土官知府罕顏法與孟璉長官司刀壞罕互侵土地，殺
人掠財。敕總兵官黔國公沐晟及雲南三司會議，遣官諭以威福，俾各歸所侵
掠，安分守職，勿貽後悔。」〔註250〕原作「大候」，作「刀奉漢」。

（三〇）弘治十五年正月，景東衛雲霧黑暗，晝夜不別者凡七日，
　　　　巡撫陳金以聞。命廷臣議考察，以謝天變。南京刑部、
　　　　都察院承旨，考黜文武官千二百員〔註251〕。

舊考，中華書局：「弘治十五年正月景東衛雲霧黑暗。本書卷二八《五行
志》、《國榷》卷四四頁二七九二都繫此事於弘治十五年十一月。」〔註252〕

今按，「景東衛雲霧黑暗，晝夜不別者凡七日」在弘治十五年十一月，是
也。又，「考黜文武官千二百員」是舉其成數而言。考證如下：

《明史·五行志》：「弘治十五年十一月，景東晝晦者七日。」〔註253〕《國
榷》卷四四弘治十五年十一月戊子條：「雲南晝晦七日。有掾吏負稅多，用事
者乘天晦，稱黑眚七日。雲貴山高，天黑常耳，致朝廷以為大變，遣官考察，
盡讞其負。見鄧川僉事楊南金所著《破詭偽文》。」〔註254〕按楊南金所著《稗

〔註247〕《明史》卷三一三，清乾隆四年武英殿刻本，葉一二。參見《明史》，中華
　　　　書局1974年，第8074頁。
〔註248〕《明史考證攟逸》，《續修四庫全書》第294冊，第407頁。
〔註249〕參見《明史》，中華書局1974年，第8125頁。
〔註250〕《明宣宗實錄》，第1904頁。
〔註251〕《明史》卷三一三，清乾隆四年武英殿刻本，葉一二。參見《明史》，中華
　　　　書局1974年，第8074頁。
〔註252〕《明史》，中華書局1974年，第8087頁。
〔註253〕《明史》卷二八，清乾隆四年武英殿刻本，葉三。參見《明史》，中華書局
　　　　1974年，第427頁。
〔註254〕《國榷》，第2792頁。

鄉集》等散佚無存，其《破詭偽》，收錄於沈一貫《喙鳴文集》卷一九《楊南金傳》，可參看〔註255〕。是「景東衛雲霧黑暗，晝夜不別者凡七日」在弘治十五年十一月。

　　檢《明孝宗實錄》卷一九九弘治十六年五月戊子條云：「雲南景東衛自弘治十五年正月以來，畜疫死者不可勝計。至十一月十九日以後，雲霧黑暗，不辨人形，晝夜不別者凡七日……巡撫都御史陳金以聞，因引咎治罪。上曰：『雲南災變非常，所司即議處以聞。』○禮部覆奏……從之，遂命南京刑部左侍郎樊瑩兼都察院左僉都御史，巡視雲南貴州地方。」〔註256〕據《實錄》知本傳繫年錯誤。何以會謬訛如此？檢《明史》之前身《明史稿》云：「弘治十五年景東衛自正月十九日後，雲霧黑暗，不辨人形，晝夜不別者凡七日，巡撫陳金以聞。命廷臣議考察，以謝天變。時南京刑部僉都御史樊瑩承旨，考黜文武官千二百員。」〔註257〕如此則疑問渙然冰釋，《明史稿》抄錄《實錄》時，直接將「十九日」屬於「正月」之下，竟成舛誤。

　　《明孝宗實錄》卷二一一弘治十七年閏四月丁丑條：「兵部奏巡視雲貴侍郎樊瑩考黜二都司并各衛所不職都指揮等官一千一百五十六員，請如例革去見任或替職。從之。」〔註258〕謂考黜官員數量為一千一百五十六員。雲南方志中亦錄此事。《（正德）雲南志》：「弘治十四年夏五月，以南京刑部左侍郎樊瑩兼都察院左僉都御史旅雲南山川，及考文武官，罷黜者一千二百五十有八員。」〔註259〕《（萬曆）雲南通志》：「弘治間，景東忽然昏黑三日，往來相值，面目莫辨，若夜行然。有司聞於朝，上命廷臣集議行考察法，南京刑部左侍郎兼都察院右僉都御史樊瑩承德意，考察罷黜文武官一千一百員有奇。」〔註260〕《明實錄》除以上所引諸條記載外，尚有此事件其他相關記錄〔註261〕，最為詳審，

〔註255〕〔明〕楊南金：《破詭偽》，〔明〕沈一貫：《喙鳴文集》，《四庫禁燬書叢刊》
　　　　集部第176冊，北京出版社1997年，第359頁。

〔註256〕《明孝宗實錄》，臺灣史語所，1962年，第3692、3693頁。按，樊瑩，原作
　　　　「樊營」，據《校勘記》「樊營，舊校改營作瑩」改。見《明孝宗實錄校勘記》，
　　　　臺灣史語所，1962年，第713頁。

〔註257〕《明史稿》第七冊，第118頁。

〔註258〕《明孝宗實錄》，第3943頁。

〔註259〕《（正德）雲南志》，《天一閣藏明代方志選刊續編》第70冊，第623頁。

〔註260〕《（萬曆）雲南通志》，《大理叢書・方志篇》卷一，第595頁。

〔註261〕參見《明孝宗實錄》卷二一○弘治十七年四月甲午條：「戶部主事席書上
　　　　疏言：近以雲南晝晦、雷火、地震之異，命南京刑部左侍郎樊瑩巡視雲貴。
　　　　瑩奏黜貴州參政等官三百餘員。」見《明孝宗實錄》，第3901頁。又卷二

當以《明實錄》為準。《(正德)雲南志》誤十六年為十四年，至於一千二百五十有八員，不知之後是否有赦免者，尚可討論之。《(萬曆)雲南通志》時年代已遠，故只略舉其數矣。實際考黜官員數量，當為《實錄》所云之一千一百五十六員。本傳此句是舉其成數而言。

《萬曆野獲編·弘治異變》記此事與《明孝宗實錄》相同，唯在考黜人數上云：「上命南京刑部左侍郎樊瑩，兼僉都御史，往巡視雲貴，奏不職大小文武官共一千七百餘人。」〔註262〕與《實錄》不同，姑錄於是，以資考異。

廣南

（三一）元至元間，立廣南西道宣撫司〔註263〕。

舊考，四庫館臣：「立廣南西道宣撫司。『道』改『路』。按廣南西路，此誤『路』為『道』。據《元史·地理志》改。」〔註264〕

今按，是也。考證如下：

《元史·地理志》：「廣南西路宣撫司。闕。」〔註265〕《明史·地理志》：「廣南府。元廣南西路宣撫司。洪武十五年十一月改置廣南府。」〔註266〕是以，當作「廣南西路」。本傳此句，源出《大明一統志》卷八七：「宋時名特磨道，儂智高之裔居之。元至元間，立廣南西道宣撫司，領路城等五州。後來安

一一弘治十七年閏四月丙子條：「南京刑部左侍郎兼都察院左僉都御史樊瑩巡視雲貴回，以事竣告，命復原任。」見同上，第3943頁。又卷二一一弘治十七年閏四月丁丑條：「兵部奏巡視雲貴侍郎樊瑩考黜二都司并各衛所不職都指揮等官一千一百五十六員，請如例革去見任或替職。從之。」見同上，第3943頁。又卷二一二弘治十七年五月戊戌條：「初雲南景東衛指揮吳勇侵盜官銀千餘兩，圖所以自脫者，因其時有雲霧昏晦，遂張大其事，稱是日天黑晝晦，居民瞑目凍餓。鎮守太監劉昶等皆信而奏之，遂遣南京刑部左侍郎樊瑩往巡視，有發其偽者，瑩具以聞。命逮治之，布政使李韶、按察使王弁等以勘報稽違，各罰俸一月，昶等貸之。」見同上，第3968頁。又卷二一二弘治十七年五月辛丑條云：「吏部議覆，巡視雲貴南京刑部左侍郎樊瑩，考察雲南文職官員之奏，老疾者九十三員，才力不及者三員，不謹者四十八員，罷軟者二十七員，請俱照例罷黜。」見同上，第3969頁。

〔註262〕《萬曆野獲編》，第739頁。
〔註263〕《明史》卷三一三，清乾隆四年武英殿刻本，葉一三。參見《明史》，中華書局1974年，第8075頁。
〔註264〕《明史考證攟逸》，《續修四庫全書》第294冊，第407頁。
〔註265〕《元史》，第1464頁。
〔註266〕《明史》卷四六，清乾隆四年武英殿刻本，葉六。《明史》，中華書局1974年，第1179頁。

路奪其路城、上林、羅佐三州，惟領安寧及富二州。」〔註267〕原作「廣南西道」，誤。本傳此句沿襲其誤。

（三二）洪武十七年歸附，改廣南府，以土官儂郎金為同知〔註268〕。

舊考，四庫館臣：「洪武十七年歸附，改廣南府。『七』改『五』。按廣南府置於洪武十五年十一月。見《明實錄》，《地理志》同。此作十七年誤。」〔註269〕

今按，「歸附，改廣南府」在洪武十五年。又識，「以土官儂郎金為同知」，權為代理在洪武十五年，正式任命為洪武十七年。又考，儂郎金，一作「儂郎今」。考證如下：

《明太祖實錄》卷一五〇洪武十五年十一月是月條云：「革故元廣西路宣撫司，置廣南府，以土酋儂郎今為同知。」〔註270〕《明史·地理志》：「廣南府。元廣南西路宣撫司。洪武十五年十一月改置廣南府。」〔註271〕是以，改廣南府在洪武十五年。至於雲南方志資料繫年於洪武十六年者，見《（景泰）雲南圖經志》卷三於「廣南府」下云：「洪武十六年改為廣南府。」〔註272〕《（萬曆）雲南通志》卷四於「廣南府」下云：「皇明洪武十六年歸附，改為廣南府。」〔註273〕蓋改廣南府之命令在十五年末，其正式施行已是十六年初矣。

以土官儂郎金為同知時間，上所引《明太祖實錄》卷一五〇洪武十五年十一月是月條〔註274〕，以為洪武十五年。而《明太祖實錄》卷一六五洪武十七年九月己酉條云：「以雲南和曲州土酋豆沠為知州，尋甸軍民府土酋沙琛為知府，廣南府土酋儂郎金為同知。」〔註275〕則以為洪武十七年。《實錄》前後似相互牴牾，其實非是。檢《土官底簿》：「儂郎金，洪武十七年任本府土官同知。」〔註276〕蓋洪武十五年廣南歸附，改為府，使故元土官儂郎金權為代理，至於十

〔註267〕《大明一統志》，第1327頁。
〔註268〕《明史》卷三一三，清乾隆四年武英殿刻本，葉一三。參見《明史》，中華書局1974年，第8075頁。按「十七年」，點校本已改作「十五年」。
〔註269〕《明史考證攟逸》，《續修四庫全書》第294冊，第407頁。
〔註270〕《明太祖實錄》，第2366頁。
〔註271〕《明史》卷四六，清乾隆四年武英殿刻本，葉六。《明史》，中華書局1974年，第1179頁。
〔註272〕《（景泰）雲南圖經志》，《大理叢書·方志篇》卷一，第69頁。
〔註273〕《（萬曆）雲南通志》，《大理叢書·方志篇》卷一，第307頁。
〔註274〕《明太祖實錄》，第2366頁。
〔註275〕《明太祖實錄》，第2543頁。
〔註276〕《土官底簿》，《景印文淵閣四庫全書》第599冊，第401頁。

七年纔正式任命。故《土官底簿》所記者為正式任命時間。檢《明史》前身《明史稿》云：「洪武十七年歸附，革故元廣西路宣撫司，置廣南府，以土官儂郎金為同知。」〔註277〕顯係取材上所引《明太祖實錄》卷一五〇洪武十五年十一月是月條〔註278〕，而改其時間為「十七年」者，蓋惑於《明太祖實錄》卷一六五洪武十七年九月己酉條〔註279〕，而不知一為地方權署，一為朝廷冊命也。

儂郎金，一作「儂郎今」，此需附考者。上所引《明太祖實錄》卷一六五洪武十七年九月己酉條〔註280〕，作「郎金」。又《明太祖實錄》卷一七二洪武十八年三月庚午條云：「雲南所屬廣南諸府土官儂郎金等來朝，詔賜錦綺鈔錠各有差。」〔註281〕亦作「郎金」。上所引《土官底簿》亦作「儂郎金」〔註282〕。而《明太祖實錄》卷一五〇洪武十五年十一月是月條〔註283〕，作「郎今」。其《校勘記》云：「儂郎今，各本今作金。」〔註284〕似作「儂郎金」無疑。然檢《（天啟）滇志》於「土司官氏」云：「不花生儂郎今，天兵南下，歸附，守土同知。」〔註285〕正作「郎今」。《滇志》之「土司官氏」，採雲南布政使司檔案，材料可據。未可輕言孰是孰非。

（三三）降郎金為府通判〔註286〕。

今考，「郎金」誤，當作「郎舉」。又識，降為府通判在洪熙元年。又考，「儂貞佑」或作「儂真祐」、「儂禎祐」。考證如下：

《明太祖實錄》卷二四二洪武二十八年十月是月條云：「雲南都指揮同知王俊城廣南，土官儂貞佑叛，禽之。」〔註287〕其後詳述叛亂始末，即本傳「二十八年」至「械送京師」之所本。《土官底簿》卷下於「廣南府同知」下云：「儂郎金，洪武十七年任本府土官同知，頑拗，不服粮差，官軍剿殺間逃亡。

〔註277〕《明史稿》第七冊，第 118 頁。
〔註278〕《明太祖實錄》，第 2366 頁。
〔註279〕《明太祖實錄》，第 2543 頁。
〔註280〕《明太祖實錄》，第 2543 頁。
〔註281〕《明太祖實錄》，第 2626 頁。
〔註282〕《土官底簿》，《景印文淵閣四庫全書》第 599 冊，第 401 頁。
〔註283〕《明太祖實錄》，第 2366 頁。
〔註284〕《明太祖實錄校勘記》，臺灣史語所 1962 年，第 533 頁。
〔註285〕《（天啟）滇志》，《大理叢書·方志篇》卷三，第 473 頁。
〔註286〕《明史》卷三一三，清乾隆四年武英殿刻本，葉一三。《明史》，中華書局 1974 年，第 8075 頁。
〔註287〕《明太祖實錄》，第 3525 頁。

十九年，男儂真祐襲。二十九年，又為開設廣南衛，守寨不服，官軍擒殺。永樂六年，儂郎金赴京自首，比先詐死逃匿，首要改過自新，欽蒙放去遼東住坐。里老火頭何安等先保儂真祐男儂郎舉係，儂真祐等叛，屬難准襲，用將節次奏過緣由。永樂二十二年十二月初九日，本部官題，奉聖旨：『儂真祐犯的事，在大赦以前了。他的兒子儂郎舉，土人每既保他好，吏部行文書著他知道。等他來朝時，與他官職去，欽此。』續該本人到部。洪熙元年正月奉聖旨：『這事都在大赦以前了，准黔國公說，著儂郎舉做廣南府通判，欽此。』」〔註288〕《（天啟）滇志》云：「土官儂郎恐，元時為宣撫。有二子，長不花，次禎祐。不花生儂郎今。天兵南下，歸附，守土同知。死，無嗣，禎祐襲，後以他事罷罪死。洪武二十九年，鎮守臣請官其子，襲郎舉。高皇帝曰：『儂禎祐犯事，在大赦已前，饒他。兒子儂郎舉，土人你們既保他也好，吏部行文書着他知道，等他來朝時與他職。』至仁廟時，鎮臣具疏再請得旨：『准國公說，着儂郎舉做廣南府通判職事。』」〔註289〕

　　比照三條材料，再聯繫《明史》原文及上則考證，可略知儂氏之始末。其中互有訛謬，須辨明之。儂郎金以洪武十五年權為代理廣南府土同知，至十七年正式任命，十八年朝見。《土官底簿》「頑拗，不服糧差，官軍剿殺間逃亡」、「詐死逃匿」，蓋在洪武十八年，或儂貞佑襲職之十九年。以「詐死逃匿」，故《滇志》云：「死，無嗣。」至於真佑與郎金之關係，《土官底簿》稱「男儂真祐」，《滇志》述世系甚明，以真佑為郎金之叔父，即本傳所謂「郎金父貞佑」〔註290〕是也。當從《滇志》之說。洪武十九年儂貞佑襲職，二十八年叛亂被擒殺（據《實錄》，事在二十八年末，故《土官底簿》繫在二十九年）。《土官底簿》與《滇志》並載之「儂真祐犯的事，在大赦以前了……」之聖旨，文字大同小異，然則繫年，一云在「永樂二十二年十二月初九日」，一云在「高皇帝」「洪武二十九年」時，似當以紀年月日清晰之《土官底簿》為準，繫年於永樂二十二年十二月。彼時成祖已崩，仁宗當朝，故次年即仁宗之洪熙元年，「著儂郎舉做廣南府通判」（《土官底簿》，即《滇志》之「仁廟時」）亦可理解。貞佑之子儂郎舉降為府通判，其時間在洪熙元年，諸書無異議。又按

〔註288〕《土官底簿》，《景印文淵閣四庫全書》第599冊，第401頁。
〔註289〕《（天啟）滇志》，《大理叢書・方志篇》卷三，第473頁。
〔註290〕《明史》卷三一三，清乾隆四年武英殿刻本，葉一三。《明史》，中華書局1974年，第8075頁。

《明宣宗實錄》卷二一宣德元年九月己亥條云：「雲南廣南府土官通判儂郎舉等，及嘉河等衛女直指揮僉事猛哥，來朝貢馬。」〔註291〕仁宗洪熙只有一年，次年即宣德元年，亦可為輔證。職是之故，降為府通判者「郎金」誤，當作「郎舉」。

上引諸書可見「儂貞佑」或作「儂真祐」、「儂禎祐」，未詳孰是，闕疑待考。

廣西

（三四）廣西，隋屬牂州，後為東爨烏蠻等部所居〔註292〕。

舊考，四庫館臣：「後為東爨烏蠻等部所居。『爨』改『爨』。按《元史‧地理志》作『東爨』，此作『東爨』誤。」〔註293〕

今按，是也，然「東爨烏蠻」後當增「彌鹿」二字。考證如下：

本傳此句，源出《大明一統志》：「隋屬牂州，唐時東爨烏蠻等部所居。」〔註294〕原作「東爨烏蠻」。《元史‧地理志》：「廣西路，下。東爨烏蠻彌鹿等部所居。」〔註295〕亦作「東爨烏蠻」。檢《明史》前身《明史稿》，正作「後為東爨烏蠻等部所居」〔註296〕，當《明史》刪潤《明史稿》時，訛「爨」為「爨」矣。

據《蠻書》卷四《名類》：「西爨，白蠻也。東爨，烏蠻也。當天寶中，東北自曲靖州，西南至宣城，邑落相望，牛馬被野，在石城、昆川、曲軛、晉甯、喻獻、安寧至龍和城，謂之西爨。在曲靖州、彌鹿川、升麻川、南至步頭，謂之東爨，風俗名爨也。」〔註297〕南蠻有二爨，分西爨白蠻、東爨烏蠻。故「東爨烏蠻」為民族大類，包括多部，謂之「東爨烏蠻等部」，殊為奇怪。莫若《元史‧地理志》之「東爨烏蠻彌鹿等部」〔註298〕貼切。《（萬曆）雲南通志》卷三於「廣西府」下亦曰：「後為東爨烏蠻彌鹿等部所居。」〔註299〕此

〔註291〕《明宣宗實錄》，第552頁。

〔註292〕《明史》卷三一三，清乾隆四年武英殿刻本，葉一五。參見《明史》，中華書局1974年，第8077頁。

〔註293〕《明史考證攟逸》，《續修四庫全書》第294冊，第408頁。

〔註294〕《大明一統志》，第1328頁。

〔註295〕《元史》，第1478頁。

〔註296〕《明史稿》第七冊，第119頁。

〔註297〕〔唐〕樊綽撰，向達校注：《蠻書校注》，中華書局1962年，第82頁。

〔註298〕《元史》，第1478頁。

〔註299〕《（萬曆）雲南通志》，《大理叢書‧方志篇》卷一，第295頁。

彌鹿部為東爨烏蠻下之一部，《蠻書》之「彌鹿川」當由其得名〔註300〕。《（景泰）雲南圖經志》卷三於「廣西府」下云：「蠻云必羅籠。」〔註301〕其「彌鹿」之同音異寫乎？職是之故，「東爨烏蠻」後當增「彌鹿」二字。

又識，中華書局點校本改為：「廣西，隋屬牂州，後為東爨、烏蠻等部所居。」〔註302〕是也，但標點「東爨、烏蠻」有誤，宜作「東爨烏蠻」，不應點斷。

（三五）洪武十四年歸附，以土官普德署府事〔註303〕。

舊考，四庫館臣：「洪武十四年歸附。改『洪武十五年為府』。按《明實錄》，廣西之改路為府，以土官普德署府事，其事在十五年三月。《地理志》同，此僅稱『十四年歸附』，而未詳改路為府，下句署府事無根。」〔註304〕

今按，此話有理。然云「以土官普德署府事，其事在十五年三月」，則無證據，據《明實錄》，洪武十六年四月，普德受命權署府事。考證如下：

《明太祖實錄》卷一四三洪武十五年三月己未條云：「師宗、彌勒、維摩屬廣西府。」〔註305〕《明史‧地理志》云：「廣西府，元廣西路，洪武十五年三月為府。」〔註306〕則廣西之改路為府，在洪武十五年三月。

《明太祖實錄》卷一五三洪武十六年四月戊子條云：「以土官普德權署雲南廣西府事。」〔註307〕洪武十六年四月，普德受命權署府事。至於其受命正式管理府事在何時，則未可知也。

（三六）（洪武）二十年，普德及彌勒知州赤善、師宗知州阿的各遣人貢馬，詔賜文綺鈔錠〔註308〕。

今考，此三土官入貢繫年在洪武二十年誤，當在二十一年。又，彌勒知州「赤善」為「赤喜」之訛，阿的應為師宗州同知。考證如下：

〔註300〕向達謂「彌鹿川當因彌鹿部得名也」。見《蠻書校注》，第82頁。

〔註301〕《（景泰）雲南圖經志》，《大理叢書‧方志篇》卷一，第66頁。

〔註302〕《明史》，中華書局1974年，第8077頁。

〔註303〕《明史》卷三一三，清乾隆四年武英殿刻本，葉一五。參見《明史》，中華書局1974年，第8077頁。

〔註304〕《明史考證》，第2476頁。

〔註305〕《明太祖實錄》，第2251頁。

〔註306〕《明史》卷四六，清乾隆四年武英殿刻本，葉六。參見《明史》，中華書局1974年，第1179頁。

〔註307〕《明太祖實錄》，第2398頁。

〔註308〕《明史》卷三一三，清乾隆四年武英殿刻本，葉一五。參見《明史》，中華書局1974年，第8077頁。

本傳此句之取材，《明太祖實錄》卷一九〇洪武二十一年四月庚午條云：「雲南廣西府知府普德、彌勒州知州赤喜、師宗州知州阿的各遣人貢馬，詔賜文綺鈔錠。」〔註309〕繫該事在洪武二十一年，且云彌勒州知州赤喜、師宗州知州阿的。檢《土官底簿》卷上於「彌勒州知州」下云：「赤喜……二十一年赴京，五月實授。」〔註310〕又於「師宗州同知」下云：「阿的……二十一年赴京朝覲，除本州同知。」〔註311〕《（天啟）滇志》云：「師宗州土官阿的……至的歸附，授州同知，協州事。」〔註312〕以此知三土官入貢繫年在洪武二十一年，彌勒知州為「赤喜」。至於「阿的」之官職，《土官底簿》、《（天啟）滇志》皆以為師宗州同知，獨《實錄》謂知州者，當誤也。是以，「阿的」為師宗同知。後二項，龔蔭曾論及之〔註313〕。

（三七）（洪武）二十四年，布政使張紞奏：「維摩、雲龍、永寧、浪渠、越、順等州縣蠻民頑惡，不遵政教，宜置兵戍守，以控制之。」〔註314〕

舊考，四庫館臣：「『浪渠』改『滇纂』。按《一統志》、《地理志》皆作『滇纂』。」〔註315〕

今按，竊以為不必要。「浪渠」，一作「滇纂」。考證如下：

《大明一統志》：「領北勝、滇纂、永寧三州。」〔註316〕《土官底簿》有「滇纂州知州」一節〔註317〕。是作「滇纂」者。《明太祖實錄》卷一四三洪武十五年三月己未條，其時「更置雲南布政司所屬府、州、縣」，「永寧、浪渠、順州屬北勝府」〔註318〕。《明太祖實錄》卷二一一洪武二十四年八月己未條：「雲南右布政使張紞奏，維摩、雲龍、永寧、浪渠、越、順等州蠻民，頑惡不遵政教，宜置兵戍守以控制之。上報曰，蠻民習俗，自昔與中國不同，

〔註309〕《明太祖實錄》，第2869頁。

〔註310〕《土官底簿》，《景印文淵閣四庫全書》第599冊，第367頁。

〔註311〕《土官底簿》，《景印文淵閣四庫全書》第599冊，第367頁。

〔註312〕《（天啟）滇志》，《大理叢書·方志篇》卷三，第469頁。

〔註313〕《明史雲南土司傳箋注》，第65頁。

〔註314〕《明史》卷三一三，清乾隆四年武英殿刻本，葉一五。參見《明史》，中華書局1974年，第8077頁。

〔註315〕《明史考證攟逸》，《續修四庫全書》第294冊，第408頁。

〔註316〕《大明一統志》，第1339頁。

〔註317〕《土官底簿》，《景印文淵閣四庫全書》第599冊，第374頁。

〔註318〕《明太祖實錄》，第2250頁。

為政者羈縻之可也。」〔註319〕是《明太祖實錄》作「浪渠」。《大明清類天文分野之書》卷一五有「浪渠州」〔註320〕。此是作「浪渠」者。蓋時無定寫。「浪渠」，一作「菠藻」。

《大明清類天文分野之書》卷一五記鶴慶府下有「順州」〔註321〕，曲靖軍民府下有「越州」〔註322〕。故知越、順各為一州，中華書局點校本標點為「維摩、雲龍、永寧、浪渠、越順等州縣蠻民頑惡」〔註323〕，誤。

（三八）嘉靖元年設雲南彌勒州十八寨守禦千戶所。

舊識：「設雲南彌勒州十八寨守禦千戶所。臣章宗瀛按，《一統志》，彌勒州西有十八寨山，嘉靖元年二月置守禦千戶所於此。謹附識。」〔註324〕

今按，是也。《明史·地理志》於「彌勒州」下云：「西有十八寨山，嘉靖元年二月置十八寨守禦千戶所於此，直隸雲南都司。」〔註325〕

鎮沅

（三九）其後，金齒僰蠻據之〔註326〕。

舊考，四庫館臣：「其後金齒僰蠻據之。『僰』改『白』。」〔註327〕

今按，雲南僰蠻、白蠻相混久矣。待考。

（四〇）從征八百，又從攻石崖、者達寨，外部整線來降，入貢方物〔註328〕。

今識，外部即外夷之部。考證如下：

〔註319〕《明太祖實錄》，第3134頁。

〔註320〕〔明〕劉基等：《大明清類天文分野之書》，《續修四庫全書》第586冊，上海古籍出版社2002年，第201頁。

〔註321〕《大明清類天文分野之書》，《續修四庫全書》第586冊，第201頁。

〔註322〕《大明清類天文分野之書》，《續修四庫全書》第586冊，第203頁。

〔註323〕《明史》，中華書局1974年，第8077頁。

〔註324〕《明史》，《景印文淵閣四庫全書》第302冊，第491頁。

〔註325〕《明史》卷四六，清乾隆四年武英殿刻本，葉六。參見《明史》，中華書局1974年，第1179頁。

〔註326〕《明史》卷三一三，清乾隆四年武英殿刻本，葉一五。參見《明史》，中華書局1974年，第8077頁。

〔註327〕《明史考證攟逸》，《續修四庫全書》第294冊，第408頁。

〔註328〕《明史》卷三一三，清乾隆四年武英殿刻本，葉一六。參見《明史》，中華書局1974年，第8078頁。

　　《明太宗實錄》卷四九永樂三年十二月戊辰條：「鎮守雲南西平侯沐晟奏：『奉命率師及車里諸宣慰兵至八百境內，破其猛利石崖及者答二寨，又至整線寨。木邦兵破其江下等十餘寨，八百恐懼，遣人詣軍門陳詞伏罪……』奏聞，遂敕遣諭車里、木邦宣慰使刀暹答、波勒馬艮等土官……又敕西平侯沐晟等班師。」〔註329〕記錄此事件。《明史・八百傳》：「西平侯沐晟奏：『奉命率師及車里諸宣慰兵至八百境內，破其猛利石崖及者答二寨，又至整線寨。木邦兵破其江下等十餘寨。八百恐，遣人詣軍門伏罪。』乃以所陳詞奏聞。因遣使敕諭車里、木邦等曰……遂敕晟班師。」〔註330〕據之成文。作「猛利石崖」、「者答」。黃彰健據此云：「『者達』應改作『者答』；『外部整線寨』，文義不明晰，亦當據《實錄》潤色改正。」〔註331〕其實未必然也。

　　檢《讀史方輿紀要》卷一一七於「鎮沅府」下云：「者達寨。在府境。又有石崖等寨。《滇紀》：『永樂初攻石崖、者達寨，外夷整線來降。』又有六谷等三十三寨，亦近府境。」〔註332〕此《滇紀》已佚，據王叔武考證，作者陸姓，約成書於萬曆至崇禎間〔註333〕。《（天啟）滇志》卷三〇：「土官刀平……永樂中從征八百，又從內官都衛楊安、趙忠等攻石崖、者達寨，外夷整線來降，又以方物入貢。」〔註334〕《天下郡國利病書》又抄錄《（天啟）滇志》。當為本傳此句之所本。是以，本傳此句與《明史・八百傳》所述雖一事，而來源並不同。不可據此改彼，亦不可據彼改此。然則，參考「外夷」一詞，可知本傳之「外部」，即外夷之部意。如此，則本傳此句可讀通。據《讀史方輿紀要》，者達寨、石崖寨，皆鎮沅府之寨，而整線寨則非，故整線寨稱「外部」。非但黃彰健不解此，中華書局點校本點作「從征八百，又從攻石崖、者達寨外部。整線來降，入貢方物」〔註335〕，亦不審此意也。

〔註329〕《明太宗實錄》，第737頁。西平侯，原作「平西侯」。諸宣慰兵，原作「諸宣總兵」。遂遣敕諭，原作「遂敕遣諭」。據《校勘記》改。參見《明太宗實錄校勘記》，第223頁。

〔註330〕《明史》卷三一五，清乾隆四年武英殿刻本，葉三四。參見《明史》，中華書局1974年，第8162頁。

〔註331〕《明史纂誤再續》，《臺灣中央研究院歷史語言研究所集刊》，1967年，第537頁。

〔註332〕《讀史方輿紀要》，第5150頁。

〔註333〕《雲南古佚書鈔》，第95頁。

〔註334〕《（天啟）滇志》，《大理叢書・方志篇》卷三，第474頁。

〔註335〕《明史》，中華書局1974年，第8162頁。

（四一）陞為府，以刀平為知府，置經歷、知事各一員〔註336〕。

舊識，四庫館臣：「陞為府。臣章宗瀛按，《明實錄》，鎮沅之陞為府，在永樂四年四月己卯。此概紀於三年之後未晰。謹附考。」〔註337〕

今按，是也。考證如下：

本傳此句之取材，《明太宗實錄》卷五三永樂四年四月己卯條：「陞雲南鎮沅州為鎮沅府，命土官知州刀平為知州，置經歷、知事各一員。時刀平從征八百有功故也。」〔註338〕繫該事於永樂四年。《土官底簿》卷上於「鎮沅府知府」下云：「刀平，百夷人，雲南元江府因遠羅必甸長官司民。世襲土官總管，專一管集操練。洪武三十四年，總兵官奏准開設鎮沅州，陞本州知州。永樂四年陞鎮沅府，刀平陞本府知府。」〔註339〕亦繫該事於永樂四年。是以，鎮沅之陞為府，以刀平為知府，在永樂四年無疑。本傳此句連帶敘述於永樂三年事件後，易誤讀其繫年，故當附識之。

（四二）成化十七年，以地方未平，免鎮沅諸土官朝覲。正統元年
　　　　復免〔註340〕。

舊考，中華書局：「正統元年復免。按正統元年不應敘在成化十七年之後，疑『正統』當作『正德』。」〔註341〕

今按，是也。

永寧

（四三）（洪武二十九年）十二月，土賊卜百如加劫殺軍民，前軍
　　　　都督僉事何福遣指揮李榮等討之。其子阿沙遁入革失瓦
　　　　都寨，官軍齎三日糧，深入追之，會天大雨，眾饑疲，
　　　　引還〔註342〕。

〔註336〕 《明史》卷三一三，清乾隆四年武英殿刻本，葉一六。參見《明史》，中華
　　　　書局 1974 年，第 8078 頁。
〔註337〕 《明史》，《景印文淵閣四庫全書》第 302 冊，第 491 頁。
〔註338〕 《明太宗實錄》，第 795 頁。
〔註339〕 《土官底簿》，《景印文淵閣四庫全書》第 599 冊，第 369 頁。
〔註340〕 《明史》卷三一三，清乾隆四年武英殿刻本，葉一六。參見《明史》，中華
　　　　書局 1974 年，第 8078 頁。
〔註341〕 《明史》，中華書局 1974 年，第 8088 頁。
〔註342〕 《明史》卷三一三，清乾隆四年武英殿刻本，葉一六。參見《明史》，中華
　　　　書局 1974 年，第 8078 頁。

今考，「卜百如加」為「卜八如加」之訛，「大雨」為「大雪」之訛。考證如下：

本傳此句之取材，《明太祖實錄》卷二四八洪武二十九年十二月是月條：「永寧州土賊卜八如加等劫殺軍民，前軍都督僉事何福遣指揮李榮等領兵討之。其子阿沙遁入革失瓦都寨，官軍齎三日糧，深入追之。會天大雪，眾飢疲，賊據險不下，軍乃還。」〔註343〕原作「卜八如加」，「大雪」。《明史稿》云：「十二月，永寧州土賊卜百如加劫殺軍民，前軍都督僉事何福遣指揮李榮等領兵討之。其子阿沙遁入革失瓦都寨，官軍齎三日糧，深入追之，會天大雪，眾飢疲，賊據險不下，軍引還。」〔註344〕則《明史》刪潤《明史稿》時發生訛誤，訛「大雪」為「大雨」，明矣。又按《西平惠襄公沐春行狀》：「（洪武）三十二年二月，永寧卜八如加復通買哈剌寇邊，調何福擒之。」〔註345〕則「卜百如加」為「卜八如加」之訛，《明史稿》採《實錄》發生訛誤，《明史》遂沿成謬。

（四四）宣德四年，永寧蠻寨矢不剌非糾四川鹽井衛土官馬剌非殺各吉八合，官軍撫定之。命卜撒襲知府，復為矢不剌非所殺。已，命卜撒之弟南八襲，馬剌非又據永寧節卜、上、下三村，逐南八，大掠夜白、尖住、促卜瓦諸寨。事聞，帝命都督同知沐昂勒兵諭以禍福，並移檄四川行都司下鹽井衛諭馬剌非還所據村寨〔註346〕。

今考，本傳此段云：「永寧蠻寨矢不剌非糾四川鹽井衛土官馬剌非殺各吉八合，官軍撫定之。命卜撒襲知府，復為矢不剌非所殺」，分作先殺各吉八合，卜撒替襲，後殺卜撒，誤矣。各吉八合老病，卜撒於永樂十二年替襲。永樂十五年，永寧蠻寨矢不剌非糾四川鹽井衛土官剌馬非入侵，殺各吉八合與卜撒。永樂二十年，命卜撒之弟南八襲。考證如下：

本傳此句，取材《蠻司合誌》卷九：「永寧蠻寨矢不剌非，于宣德四年科合四川鹽井衛土官馬剌非，殺永寧土知府各吉八合去。官軍撫諭之。已，命

〔註343〕《明太祖實錄》，第3603頁。

〔註344〕《明史稿》第七冊，第120頁。

〔註345〕《西平惠襄公沐春行狀》，《國朝獻徵錄》，《明代傳記叢刊》第109冊，第153頁。

〔註346〕《明史》卷三一三，清乾隆四年武英殿刻本，葉一六。參見《明史》，中華書局1974年，第8079頁。

卜撒襲知府職。矢不剌非復殺之。已，命卜撒弟南八又襲。而馬剌非據永寧節卜、上、下三村，逐南八，大掠夜白、尖住、促卜瓦諸寨。事聞，上命雲南三司撫矢不剌非，並移檄四川行都司下鹽井衛諭馬剌非還所據村寨。」〔註347〕故本傳此句有「永寧蠻寨矢不剌非糾四川鹽井衛土官馬剌非殺各吉八合，官軍撫定之。命卜撒襲知府，復為矢不剌非所殺」之說法。

《蠻司合誌》此段不知何據，細玩其文字，係取材於《明宣宗實錄》卷五九宣德四年十月丁亥條云：「雲南總兵官黔國公沐晟奏：『曩者永寧府蠻人矢不剌非，糾合四川鹽井衛土官馬剌非等，殺前知府各吉八合與今任知府卜撒，剽掠村寨，已擒其黨解京。朝廷已命卜撒弟南八襲為知府。今馬剌非率眾又據永寧節卜、上、下三村，大肆殺劫，南八脫走，馬剌非又據其尖住、夜白等十村，塞攻圍促卜瓦寨。屢遣官撫諭不服，請令四川行都司下鹽井衛禁約馬剌非還所據村寨。』上從之，命行在兵部移文雲南、四川三司撫諭禁約。」〔註348〕然取材後，敘事甚為粗略隨意。如殺各吉八合事，雖記錄於《實錄》宣德四年下，但前有「曩者」，未必是四年事，而《蠻司合誌》謂宣德四年，可見其疏忽。

檢《土官底簿》云：「（各吉八合）老病，卜撒告替。永樂十二年閏九月引奏准替。十五年，各吉八合、卜撒被土官千戶剌馬非等殺死。弟南八該黔國公沐晟等保襲，二十年十二月奉令旨：『是，敬此。』。」〔註349〕《（天啟）滇志》：「後八吉老疾，替襲于其子卜撒。為四川鹽井土官剌馬非所侵，父子俱被殺。卜撒妻訴于鎮守，三司逮剌馬非赴京，道卒。因疆理其地，以卜撒弟南八嗣其職。」〔註350〕是各吉八合老病，卜撒替襲。而非各吉八合被殺，卜撒替襲。據此重審《明宣宗實錄》卷五九宣德四年十月丁亥條：「曩者永寧府蠻人矢不剌非，糾合四川鹽井衛土官馬剌非等，殺前知府各吉八合與今任知府卜撒，剽掠村寨，已擒其黨解京。」〔註351〕以各吉八合老病，卜撒替襲，故稱各吉八合為「前知府」，稱「卜撒」為今任知府。綜合三文來看，知剌馬非（本傳作馬剌非誤，語在下則考證中）入侵時，各吉八合、卜撒父子一齊被殺。

《蠻司合誌》不明各吉八合老病，卜撒替襲之故，困於「前知府」與「今任知府」語，遂強解《實錄》「殺前知府各吉八合與今任知府卜撒」，以為「永

〔註347〕《蠻司合誌》，《中國少數民族古籍集成（漢文版）》第二冊，第197頁。

〔註348〕《明宣宗實錄》，第1406頁。

〔註349〕《土官底簿》，《景印文淵閣四庫全書》第599冊，第369頁。

〔註350〕《（天啟）滇志》，《大理叢書·方志篇》卷三，第474頁。

〔註351〕《明宣宗實錄》，第1406頁。

寧蠻寨矢不剌非，于宣德四年糾合四川鹽井衛土官馬剌非，殺永寧土知府各吉八合去。官軍撫諭之。已，命卜撒襲知府職。矢不剌非復殺之」，分作兩次入侵，各自被殺，謬矣。而《明史》又因襲之，當訂正。

結合上所引《土官底簿》文，可知事件之繫年：各吉八合老病，卜撒於永樂十二年替襲。永樂十五年，永寧蠻寨矢不剌非糾四川鹽井衛土官剌馬非入侵，殺各吉八合與卜撒。永樂二十年，命卜撒之弟南八襲。

（四五）正統二年，馬剌非為南八所攻，拔烏節等寨，南八亦言馬剌非殺害。詔鎮巡官驗問，令各歸侵地，乃寢〔註352〕。

今考，「馬剌非」為「剌馬非」之訛。本應論於上條考證中，為避行文繁瑣，故證於此處。考證如下：

本傳此句，取材《明英宗實錄》卷二八正統二年三月丁酉條：「敕四川三司巡按御史等官曰：比聞鹽井衛土官千戶剌馬非累為雲南永寧土官知府南八等擾害，及攻烏節等寨，掠去人畜財產。南八亦嘗奏，剌馬非擁眾殺掠，侵奪境土。朕未究其曲直安在。已敕雲南總兵官太傅黔國公沐晟等，會集爾等公同驗問，如兩失相當，俾各歸其侵地，奉公守職，如各執一詞，不從撫諭，即相機剿捕之，毋宥。」〔註353〕作「剌馬非」。按上則考證所引之《明宣宗實錄》卷五九宣德四年十月丁亥條作「馬剌非」〔註354〕，《明史》蓋據之有意改正，其實謬矣。

檢《明實錄》，除上所述兩條有關剌馬非之材料外，尚有：《明宣宗實錄》卷十洪熙元年十月乙未條：「行在兵部奏四川鹽井衛土官千戶阿抄妻葉甲初，謀殺土官板必他。又土官千戶剌馬非令妻男阿白等，劫掠祿得等村人畜，侵占地方。」〔註355〕《明宣宗實錄》卷七一宣德五年十月甲午條：「雲南總兵官黔國公沐晟奏：奉敕撫諭鹽井衛土官千戶剌馬非，還所侵掠永寧府土地人民，已令都督同知沐昂勒兵，諭以禍福，今遵依敕旨，悉已歸還，事妥民安。」〔註356〕《明英宗實錄》卷一〇六正統八年七月丁卯條：「陝西岷州衛東撒簇

〔註352〕《明史》卷三一三，清乾隆四年武英殿刻本，葉一七。參見《明史》，中華書局1974年，第8079頁。
〔註353〕《明英宗實錄》，臺灣史語所，1962年，第558頁。
〔註354〕《明宣宗實錄》，第1406頁。
〔註355〕《明宣宗實錄》，第293頁。
〔註356〕《明宣宗實錄》，第1671頁。

刺麻剳失堅銼、雙城衛野人女直伯羊加、四川鹽井衛土官千戶刺馬非、廣東東莞縣猺首阮善活等，貢馬及方物，賜彩幣絹布有差。」〔註357〕《明英宗實錄》卷一五三正統十二年閏四月辛巳條：「雲南永寧府故土官知府卜撒男安住、雲南縣赤石崖土官巡檢李周奴、四川鹽井衛故土官千戶刺馬非舍人刺馬白湖、廣施州衛木冊長官司副長官譚溫遣舍人文俊、陝西寧夏衛僧官司彌陀寺刺麻勻思吉領占等，來朝貢馬及方物，賜彩幣並鈔有差。」〔註358〕此四條有關馬刺非或刺馬非之《實錄》記載，皆作「刺馬非」。檢《校勘記》知各本皆如此，無異記者。黃彰健曾論及之〔註359〕。

　　嘉靖年間，鹽井衛與永寧爭地，朝廷下令公斷會勘，所成之合同文書載於《六詔紀聞》曰：「立合同地方刺馬仁，係四川鹽井衛左所土官千戶。」〔註360〕又曰：「刺馬仁男刺馬恩。」〔註361〕此鹽井衛左所土官千戶刺馬仁，當刺馬非之後。父子名中皆有「刺馬」者，蓋其姓也，是亦可證「馬刺非」為「刺馬非」之訛。

　　職是之故，本傳之「馬刺非」為「刺馬非」之訛。至於《明宣宗實錄》卷五九宣德四年十月丁亥條作「馬刺非」者〔註362〕，當係誤倒爾。《蠻司合誌》云：「時為語曰：土官數奇，逢兩刺非。」〔註363〕蓋毛檢討修史時語。又，《明史·建昌衛傳》：「其子刺馬非復貢馬赴京，授本所副千戶。」〔註364〕亦可為輔證。然中華書局點校本改之作「馬刺非」，並云：「據本書卷三一三《永寧傳》及《宣宗實錄》卷五九宣德四年十月丁亥條改。」〔註365〕則是以錯改正，未之審也。

〔註357〕《明英宗實錄》，第2155頁。

〔註358〕《明英宗實錄》，第3000頁。

〔註359〕《明史纂誤再續》，《臺灣中央研究院歷史語言研究所集刊》，1967年，第538頁。

〔註360〕〔明〕彭汝實《六詔紀聞》，《四庫全書存目叢書》子部第162冊，齊魯書社，1995年，第391頁。

〔註361〕《六詔紀聞》，《四庫全書存目叢書》子部第162冊，第392頁。

〔註362〕《明宣宗實錄》，第1406頁。

〔註363〕《蠻司合誌》，《中國少數民族古籍集成（漢文版）》第二冊，第197頁。

〔註364〕《明史》卷三一一，清乾隆四年武英殿刻本，葉二二。參見《明史》，中華書局1974年，第8021頁。按《鹽井衛傳》附於《建昌衛傳》下，故題作《建昌衛傳》，他皆仿此。

〔註365〕《明史》，中華書局1974年，第8036頁。

（四六）領長官司四，曰剌次和，曰魯瓦之，曰革甸，曰香羅〔註366〕。

舊考，魯瓦之，庫本作「瓦魯之」〔註367〕。

今按，是也。考證如下：

《大明一統志》於「永寧府」下云：「領長官司四。」並列其名曰，「剌次和長官司」、「革甸長官司」、「香羅長官司」、「瓦魯之長官司」〔註368〕。本傳此句當源出於此，原作「瓦魯之」。《明史・地理志》於「永寧府」下亦云：「領長官司四。」並列其名曰，「剌次和長官司」、「革甸長官司」、「香羅甸長官司」、「瓦魯之長官司」〔註369〕。作「瓦魯之」。檢《明史》之前身《明史稿》亦作「瓦魯之」〔註370〕。職是之故，當以「瓦魯之」為是。本傳此句作「魯瓦之」者，當《明史》刪潤《明史稿》時誤倒。

順寧

（四七）元泰定間始內附。天曆初，置順寧府并慶甸縣〔註371〕。

舊考，「元泰定間始內附。天曆初，置順寧府并慶甸縣」，庫本作「元泰定間內附。置順寧府并寶通州、慶甸縣」〔註372〕。

今按，竊以為不必要。考證如下：

楊寶康謂：「以元泰定四年置說為是。」〔註373〕是與四庫館臣之說同。其所據之有力證據有二。一是《元史》卷三〇《泰定帝本紀》：「（泰定四年十一月辛卯）雲南蒲蠻來附，置順寧府、寶通州、慶甸縣。」〔註374〕二是《明史・地理志》：「順寧府。元泰定四年十一月置。」〔註375〕至於楊氏稱，元泰定四年十

〔註366〕《明史》卷三一三，清乾隆四年武英殿刻本，葉一七。參見《明史》，中華書局1974年，第8079頁。

〔註367〕《明史》，《景印文淵閣四庫全書》第302冊，第485頁。

〔註368〕《大明一統志》，第1329頁。

〔註369〕《明史》卷四六，清乾隆四年武英殿刻本，葉一一。參見《明史》，中華書局1974年，第1187頁。

〔註370〕《明史稿》第七冊，第120頁。

〔註371〕《明史》卷三一三，清乾隆四年武英殿刻本，葉一七。參見《明史》，中華書局1974年，第8079頁。

〔註372〕《明史》，《景印文淵閣四庫全書》第302冊，第485頁。

〔註373〕楊寶康：《明史雲南土司傳校正一則》，《史學月刊》1992年第6期，第66頁。

〔註374〕《元史》，第683頁。

〔註375〕《明史》卷四六，清乾隆四年武英殿刻本，葉一四。參見《明史》，中華書局1974年，第1190頁。

一月置順寧府之說又見於《明太祖實錄》卷一四三及一五九〔註376〕，筆者未檢得。蓋四庫館臣亦據《元史》及《明史‧地理志》，而對本傳此句作出改動。

　　本傳此句，源出《大明一統志》：「元泰定間始內附。天曆初，置順寧府，并置慶甸縣。」〔註377〕又《（景泰）雲南圖經志》卷四於「順寧府」曰：「蠻名慶甸，乃蒲蠻所居之地。漢唐不通中國，恃險負固，雖蒙段之強，亦不能制。元泰定間，始從撫諭。天曆元年，立為順寧府，領寶通州、慶甸縣。後因民少，革州縣，併為府。今因之。」〔註378〕亦同本傳此句。蒲蠻來附，已是泰定四年年末，明年九月即改元天曆。下發詔令與實際施行又不可能同步，不排除天曆元年方真正施行設置順寧府之可能。況天曆元年置府，亦有《大明一統志》及《（景泰）雲南圖經志》為據，故以為本傳此句不必更改。與《明史‧地理志》兩存之，可也。

（四八）洪武十五年，順寧歸附，以土酋阿悅貢署府事。十七年命阿日貢為順寧知府〔註379〕。

　　今考，「阿日貢」為「阿曰貢」之訛，即阿悅貢。考證如下：

　　本傳此二句，分別取材《明太祖實錄》卷一四三洪武十五年三月庚戌條：「置順寧府，以土酋阿悅貢署府事。」〔註380〕以及《明太祖實錄》卷一五九洪武十七年正月壬子條：「以雲南土酋……阿日貢為順寧府知府。」〔註381〕似無誤。然檢《土官底簿》卷上於「順寧府知府」下云：「阿曰貢，雲南順寧府蒲人，本府土知府。洪武十九年，故。本年男猛哀承襲。」〔註382〕只有阿曰貢，無阿日貢，且阿曰貢作知府時間為明軍平雲南至洪武十九年。則阿曰貢、阿日貢、阿悅貢為一人。「日」、「曰」形近，「曰」、「悅」音近，故知「阿日貢」為「阿曰貢」之訛，「阿悅貢」為「阿曰貢」之異寫。至於何以十五年署府事，而十七年又受職？則一為暫時代理，一為正式任命，明初土官首先

〔註376〕楊寶康：《明史雲南土司傳校正一則》，《史學月刊》1992年第6期，第66頁。

〔註377〕《大明一統志》，第1330頁。

〔註378〕《（景泰）雲南圖經志》，《大理叢書‧方志篇》卷一，第86頁。

〔註379〕《明史》卷三一三，清乾隆四年武英殿刻本，葉一七。參見《明史》，中華書局1974年，第8079頁。

〔註380〕《明太祖實錄》，第2247頁。

〔註381〕《明太祖實錄》，第2458頁。土酋，原作「土首」。據《校勘記》改。參見《明太祖實錄校勘記》，第551頁。

〔註382〕《土官底簿》，《景印文淵閣四庫全書》第599冊，第374頁。

授予職位者之常例也。

《(民國)新纂雲南通志》:「按阿曰貢即阿悅貢,曰、悅音同,實一人也。洪武十五年以悅貢署府事,十七年命為知府,蓋由署而即真,次第顯然。《明史》認為二人,誤。」〔註383〕是也。

(四九)宣德中,大侯土舍奉赦、奉學兄弟不相能〔註384〕。

舊考,中華書局:「萬曆中,大侯土舍奉赦、奉學兄弟不相能。萬曆中,原作『宣德中』。按奉學與兄奉赦不相能,日構兵事,《蠻司合誌》卷一一稱在『萬曆中』。撫按以聞,朝廷命猛廷瑞擒獻奉學,見《神宗實錄》卷三一三萬曆二十五年八月甲申條。此作『宣德中』誤,今改正。」〔註385〕

今按,是也。考證如下:

《蠻司合誌》卷一一:「萬曆中,順寧猛廷瑞與兄猛思賢爭襲相攻殺,而大侯奉赦、奉學兄弟亦然。學嘗與赦分州治,各設官署,稱上、下二衙。雖赦居上衙,學居下衙,顧相抗無次第。有司雖知之,亦不問。而廷瑞者,奉學壻也。」〔註386〕敘此事在「萬曆中」。《數馬集》卷四七收有《資德大夫正治上卿巡撫雲南都察院右都御史兼兵部右侍郎加一品俸毓台陳先生暨配夫人趙氏墓誌銘》,為當時巡撫陳用賓之墓志銘,述此事曰:「大侯州上官奉赦世守其地,其族奉學分管雲夢等十三寨,謀奪州印。連結順寧府土舍孟獲之後猛廷瑞,興兵攻奉赦,焚州治及所賜勅書,發其墳墓,燬瀾滄、雲龍二橋。先生上疏,欲令廷瑞執學贖罪。不從則以兵臨之。廟議許先生便宜行事……順寧平。乃改土為流,設一知府。而奉赦則仍知州號,改州為雲州,設一州,同與之分理。無何,十三寨復叛,又討平之。時先著奉旨逮問至京,行撫按勘明,未擬罪,病卒詔獄。而先生奉旨陞右都御史兼兵部右侍郎,照舊巡撫,廕一子錦衣衛百戶,世襲。嘗銀五十兩,大紅紵絲四表裏。後以平十三寨功,又陞俸一級。賞銀四十兩,紵絲三表裏,原廕兒男陞一級,世襲。」〔註387〕敘在萬曆二十四年稍後。其中「欲令廷瑞執學贖罪」者,當即《明神宗實錄》卷三一三萬曆二十五年八月甲申條:

〔註383〕 《(民國)新纂雲南通志》卷一七三,葉二三。

〔註384〕 《明史》卷三一三,清乾隆四年武英殿刻本,葉一七。參見《明史》,中華書局1974年,第8079頁。

〔註385〕 《明史》,中華書局1974年,第8088頁。

〔註386〕 《蠻司合誌》,《中國少數民族古籍集成(漢文版)》第二冊,第216頁。

〔註387〕 〔明〕黃克纘:《數馬集》,《四庫禁燬書叢刊》集部第180冊,北京出版社1997年,第567頁。

「雲南大俁部夷奉學勾連猛廷瑞焚劫煽亂，撫按以聞。上以奉學罪在不赦，責廷瑞擒獻自贖。」〔註388〕是以，事在萬曆年間。本傳此句作「宣德中」誤。

（五〇）順寧附境有猛猛、猛撒、猛緬，所謂三緬也〔註389〕。

舊考，四庫館臣：「所謂三緬也。『緬』改『猛』。按《地理志》作『三猛』。」〔註390〕

今按，是也。考證如下：

《滇略》卷九《夷略》：「猛緬、猛猛、猛撒，所謂三猛也。」〔註391〕《（天啟）滇志》卷三〇「土司官氏」〔註392〕摘錄之，《天下郡國利病書》〔註393〕又錄《滇志》之文。皆作「三猛」。又《萬曆野獲編》卷三〇《大俁州》下云：「所謂三猛者，曰猛緬，曰猛猛，曰猛撒。」〔註394〕亦作「三猛」。《明史·地理志》：「有大猛麻、又有猛撒二土巡檢司，與猛緬稱為『三猛』。」〔註395〕作「三猛」。職是之故，當作「三猛」。《明史稿》〔註396〕採《天下郡國利病書》時訛「三猛」為「三緬」，故《明史》因襲其誤。

蒙化

（五一）永樂九年，土知州左禾、正千夫長阿束來朝，貢馬，賜予如例〔註397〕。

今識，阿束為麗江軍民府正千夫長，此處未註明，易誤讀作蒙化州正千夫長。考證如下：

按《明太宗實錄》卷一二二永樂九年十二月癸丑條：「雲南麗江軍民府正

〔註388〕《明神宗實錄》，第5861頁。

〔註389〕《明史》卷三一三，清乾隆四年武英殿刻本，葉一八。參見《明史》，中華書局1974年，第8080頁。

〔註390〕《明史考證攟逸》，《續修四庫全書》第294冊，第408頁。

〔註391〕〔明〕謝肇淛：《滇略》，《景印文淵閣四庫全書》第494冊，臺灣商務印書館1983年，第229頁。

〔註392〕《（天啟）滇志》，《大理叢書·方志篇》卷三，第474頁。

〔註393〕《天下郡國利病書》，《續修四庫全書》第597冊，第495頁。

〔註394〕《萬曆野獲編》，第768頁。

〔註395〕《明史》卷四六，清乾隆四年武英殿刻本，葉一五。參見《明史》，中華書局1974年，第1191頁。

〔註396〕《明史稿》第七冊，第121頁。

〔註397〕《明史》卷三一三，清乾隆四年武英殿刻本，葉一八。參見《明史》，中華書局1974年，第8081頁。

千夫長阿束並蒙化等州土官知州左禾令等來朝貢馬，賜鈔幣有差。」〔註398〕知《明史》此句表達未晰，當作麗江軍民府正千夫長阿束。檢《土官底簿》、《（天啟）滇志》，皆未有麗江軍民府與蒙化州正千夫長之記錄。然《明太祖實錄》卷一五九洪武十七年正月壬子條云：「左禾為蒙化州判官，施生為蒙化州正千夫長。」〔註399〕《明史》因之為文：「洪武十七年以土酋左禾為蒙化州判官、施生為正千夫長。」〔註400〕知蒙化州正千夫長是施姓，非阿束，亦可為輔證。

（五二）成化十七年，巡撫奏地方未寧，免蒙化土官明年朝貢。正統元年詔復免〔註401〕。

舊考，中華書局：「正統元年詔復免。按上文已見正統，不應重出，也不應敘在成化之後，疑『正統』當作『正德』。」〔註402〕

今按，是也。

（五三）萬曆四十八年，雲龍土知州段龍死，子嘉龍立，養子進忠殺嘉龍爭襲，流劫殺掠。官軍進討，進忠從間道欲趨大理，官軍禽誅之，改設流官，授段氏世吏目一人〔註403〕。

今考，本傳此事附在《蒙化傳》下誤，當附於《大理傳》下。又，段嘉龍之父為段綬，本傳此句作「段龍」者誤。考證如下：

《明史·地理志》於「大理府」下云：「雲龍州，洪武十七年改為州，來屬。正統間屬蒙化府，後仍來屬。」〔註404〕《（萬曆）雲南通志》：「皇明置雲龍州，隸大理府。」〔註405〕由是知明代雲龍州長期屬於大理府，只正統間屬蒙化府。而《（萬曆）雲南通志》修纂於萬曆四年左右〔註406〕，其時雲龍州已

〔註398〕《明太宗實錄》，臺灣史語所，1962年，第1541頁。按左禾令，當作「左禾」，「令」係衍字。
〔註399〕《明太祖實錄》，第2459頁。
〔註400〕《明史》卷三一三，清乾隆四年武英殿刻本，葉一八。參見《明史》，中華書局1974年，第8080頁。
〔註401〕《明史》卷三一三，清乾隆四年武英殿刻本，葉一九。參見《明史》，中華書局1974年，第8081頁。
〔註402〕《明史》，中華書局1974年，第8088頁。
〔註403〕《明史》卷三一三，清乾隆四年武英殿刻本，葉一九。參見《明史》，中華書局1974年，第8081頁。禽，中華書局點校本徑改作「擒」。
〔註404〕《明史》卷四六，清乾隆四年武英殿刻本，葉一〇。參見《明史》，中華書局1974年，第1185頁。
〔註405〕《（萬曆）雲南通志》，《大理叢書方志篇》卷一，第246頁。
〔註406〕參見《雲南史料目錄概說》，第429頁。

復屬大理府，則萬曆四十八年，雲龍屬大理府無疑。因此，不論從長期隸屬關係視之，或從事件發生時間考慮，本傳此事都不該附在《蒙化傳》下，當附於《大理傳》。

此事不見於《明實錄》。《（天啟）滇志》云：「雲龍州土酋段進忠殺其姪應襲段嘉龍。」〔註407〕顧炎武《天下郡國利病書》取之〔註408〕，故黃雲眉先生據以曰：「養子進忠殺嘉龍爭襲，與《滇志》言段嘉龍為段進忠之姪不同。」〔註409〕此外，《滇志》亦云：「沿至段綬，卒，子嘉龍襲。其妻縱虐失夷心，族舍進忠計誘漕澗夷，殺嘉龍而篡之。庚申（按即萬曆四十八年）秋，道府誘禽進忠，械繫省城，論死。以其地為流官治，給嘉龍子綵冠帶，鈐束其眾。」〔註410〕《（雍正）雲龍州志》云：「綬子嘉龍。」〔註411〕《雲龍記往·段保世職傳》：「萬曆二十五年，綬卒，子嘉龍二十七年襲。」〔註412〕職是之故，段嘉龍之父當為段綬，此作「段龍」誤。

又識，《滇略》卷七《事略》：「（萬曆）三十七年，多安民伏誅，隴川平。是歲，雲龍州土官段嘉龍縱妻虐夷，為族舍段進忠所殺。」〔註413〕又曰：「（萬曆）四十八年，雲龍州平。段進忠既弒其主，時議務羈縻之，而進忠愈肆猖獗，逼脅州官，殺掠無忌。於是巡撫中丞召諸道兵，欲勦之。進忠窘，急從間道趨永平。至龍尾關，分守道與大理守謀，誘入關而擒之。檻送軍門，散其餘黨數百人。疆理其地，定賦稅焉。」〔註414〕《國榷》卷八一萬曆三十七年是年條：「雲龍州土知州段嘉龍殺妻虐眾，為族舍段進忠所殺。」〔註415〕《滇略》謂段進忠縱妻，而《國榷》謂其殺妻。據毛堪《臺中疏略》卷三《雲龍州改設流官裁革五井提舉疏》：「土舍段嘉龍貪昧不振，縱妻肆虐，益失夷心。族舍段進忠因之，以暗結諸悍夷，乘隙而殺之。其部落莫適為主，莫不願立

〔註407〕《（天啟）滇志》，《大理叢書·方志篇》卷二，第49頁。

〔註408〕《天下郡國利病書》，《續修四庫全書》第597冊，462頁。

〔註409〕《明史考證》，第2476頁。

〔註410〕《（天啟）滇志》，《大理叢書方志篇》卷三，第462頁。

〔註411〕〔清〕陳希芳：《（雍正）雲龍州志》，郭惠青、李公等《大理叢書·方志篇》卷二，民族出版社2007年，第223頁。

〔註412〕〔清〕王鳳文：《雲龍記往》，〔清〕王崧《雲南備徵志》，成文出版社1967年，第1269頁。

〔註413〕《滇略》，《景印文淵閣四庫全書》第494冊，第186頁。

〔註414〕《滇略》，《景印文淵閣四庫全書》第494冊，第186頁。

〔註415〕《國榷》，第5015頁。

流官，此正可乘之機，而不容不更化之會也。」〔註416〕則當以「縱妻」為是。結合上所引材料，可知萬曆二十五年，段綬卒。萬曆二十七年，子段嘉龍襲職。段嘉龍貪昧不振，縱妻肆虐，萬曆三十七年為族舍段進忠殺死。萬曆四十八年，道府誘擒進忠，論死。

孟艮

（五四）（永樂）六年，土知府刀交遣弟刀哈哄貢象及
　　　　金銀器〔註417〕。

今考，哈哄，《明實錄》作「哈哈哄」。考證如下：

本傳此句之取材，《明太宗實錄》卷八六永樂六年十二月己卯條：「雲南孟艮府土官知府刀交遣弟哈哈哄貢象及金銀器皿。」〔註418〕作「哈哈哄」。《校勘記》云：「遣弟哈哄。廣本、抱本『弟』下有『刀』字。」〔註419〕不知廣本、抱本作「刀哈哄」，抑作「刀哈哈哄」。俟考。

（五五）雲南知府趙混一嘗入其境，待之禮慢。後無復至者〔註420〕。

今考，「趙混一」誤，當作「趙渾」。考證如下：

此事件的相關記載，不見於《明實錄》、《土官底簿》、《蠻司合誌》。《滇略》云：「正德間，雲南知府趙渾曾以撫夷入其地，自後無人至者。」〔註421〕《（天啟）滇志》云：「雲南知府趙渾曾以撫夷入其地，酋長偃蹇，不以使命禮遇之。後無人至者。」〔註422〕其云知府趙渾，與本傳異。檢《（康熙）雲南府志》，無「趙混一」之記錄，有「趙渾，福建漳州人，弘治間任知府，政尚寬平，人咸懷之」〔註423〕之語，可知明時雲南府有知府趙渾。職是之故，此處

〔註416〕〔明〕毛堪：《臺中疏略》，《四庫禁燬書叢刊》史部第 57 冊，北京出版社 1997 年，第 604 頁。

〔註417〕《明史》卷三一三，清乾隆四年武英殿刻本，葉一九。參見《明史》，中華書局 1974 年，第 8081 頁。

〔註418〕《明太宗實錄》，第 1137 頁。

〔註419〕《明太宗實錄校勘記》，第 390 頁。

〔註420〕《明史》卷三一三，清乾隆四年武英殿刻本，葉一九。參見《明史》，中華書局 1974 年，第 8082 頁。

〔註421〕《滇略》，《景印文淵閣四庫全書》第 494 冊，第 231 頁。

〔註422〕《（天啟）滇志》，《大理叢書方志篇》卷三，第 479 頁。

〔註423〕〔清〕范承勳等《（康熙）雲南府志》，《中國地方志集成·雲南府縣志輯》第 1 冊，鳳凰出版社、上海書店、巴蜀書社，2009 年，第 294 頁。

當以「趙渾」為是。那麼，本傳此句何以訛「趙渾」為「趙混一」？檢《明史稿》云：「雲南知府趙渾一入其境，待之禮慁，後無復至者。」〔註424〕蓋《明史稿》云「趙渾」「一入其境」，而刪潤成《明史》時，誤屬「一」於「渾」下連讀，又訛「渾」為「混」，遂成此謬。

孟定（耿馬安撫司附）

（五六）洪武三十五年，土酋刀名扛來朝，貢方物，賜綺帛鈔幣，設孟定府，以刀渾立為知府〔註425〕。

舊考，四庫館臣：「洪武三十五年土酋刀名扛來朝貢方物賜綺帛鈔幣設孟定府。臣章宗瀛按，《明實錄》，洪武十五年三月己未設雲南五十二府，孟定已居其一，此稱洪武三十五年設孟定府，互異。謹附考。」〔註426〕

今按，是也。又識，刀名扛與刀渾立或即一人。考證如下：

據《明太祖實錄》卷一四三洪武十五年三月己未條，設雲南五十二府，孟定居其一〔註427〕。《明史・地理志》於「孟定禦夷府」曰：「洪武十五年三月為府。」〔註428〕《大明清類天文分野之書》卷一六於「孟定府」下云：「本朝洪武十五年置。」〔註429〕《大明一統志》：「本朝洪武十五年改置孟定府。」〔註430〕《（萬曆）雲南通志》：「皇明洪武十五年改置孟定府。」〔註431〕此皆云洪武十五年設置孟定府者。《大明清類天文分野之書》成書於洪武十七年，其云「洪武十五年置」，則確有洪武十五年置孟定事。

本傳此句，分別取材《明太宗實錄》卷一二下洪武三十五年九月戊戌條：「車里軍民宣慰使司宣慰使刀暹答及老撾土官刀線歹、八百土官刀板面、孟定府土官刀名扛、威遠州土官刀算黨，各遣人來朝，貢象齒、犀角、孔雀尾、西洋布、紅花絲幔帳及金銀器。賜刀暹答等錦綺紗羅有差，其來使俱賜

〔註424〕《明史稿》第七冊，第122頁。

〔註425〕《明史》卷三一三，清乾隆四年武英殿刻本，葉一九。參見《明史》，中華書局1974年，第8082頁。

〔註426〕《明史》，《景印文淵閣四庫全書》第302冊，第491頁。

〔註427〕《明太祖實錄》，第2251頁。

〔註428〕《明史》卷四六，清乾隆四年武英殿刻本，葉一七。參見《明史》，中華書局1974年，第1194頁。

〔註429〕《大明清類天文分野之書》，《續修四庫全書》第586冊，第216頁。

〔註430〕《大明一統志》，第1344頁。

〔註431〕《（萬曆）雲南通志》，《大理叢書・方志篇》卷一，第318頁。

鈔幣。」〔註432〕《明太宗實錄》卷一五洪武三十五年十二月丙辰條:「設雲南孟養、木邦、孟定三府,威遠、鎮沅二州,以土官頭目刀木旦為孟養知府,罕的法為木邦知府,刀渾立為孟定知府,刀算黨為威遠知州,千夫長刀平為鎮沅知州。」〔註433〕《實錄》於十二月云設孟定府,而云九月已稱孟定府土官刀名扛,殊為奇怪。又,《土官底簿》卷上於「孟定府知府」下云:「三十四年開設衙門,除(刀名扛)孟定府知府,就賜冠帶。」〔註434〕又云是「三十四年」開設衙門。《(景泰)雲南圖經志》:「孟定府,舊名景麻。元時立軍民總管府,屬大理金齒等處宣慰使司都元帥府。今洪武十七年歸附,後改孟定府。」〔註435〕則云洪武十七年歸附,改孟定府更在其後。蓋洪武十五年設府,是明廷於雲南之整體部署。而土人歸附在洪武十七年,衙門開設在洪武十四年(建文三年),正式下令設府在洪武三十五年(建文四年)。

又識,上所引《明太宗實錄》卷一二下洪武三十五年九月戊戌條,謂「孟定府土官刀名扛」來朝〔註436〕。《明太宗實錄》卷一五洪武三十五年十二月丙辰條,則以「刀渾立為孟定知府」〔註437〕。本傳此句據以成文,似來朝者為刀名扛,授知府者為刀渾立。但《土官底簿》卷上於「孟定府知府」下云:「刀名扛替父管軍,後調孟定,殺獲有功。三十四年開設衙門,除孟定府知府,就賜冠帶。西平侯奏稱:『刀名扛見守孟定地方,他處土官已有冠帶。若備奏回,恐蠻人疑惑。就將印信冠帶,方纔具奏,于法有違。』三十五年十二月奉聖旨:『既有蠻夷去處,准他。欽此。』」〔註438〕云洪武三十四年,刀名扛除孟定知府。又,《明太宗實錄》卷二八永樂二年二月庚寅條:「遣內官楊真童等往孟定、木邦二府,頒賜土官刀名扛等綵幣。」〔註439〕《明太宗實錄》卷八二永樂六年八月丙子條:「孟定府土官知府刀名扛、灣甸州土官知州刀景發、同知曩光各遣頭目刀怕旺等貢方物,賜之文綺表裏。」〔註440〕《明太宗實錄》卷一一八永樂九年八月甲辰條:「孟定府土官知府刀名扛、灣甸州土官

〔註432〕《明太宗實錄》,第219頁。
〔註433〕《明太宗實錄》,第271頁。
〔註434〕《土官底簿》,《景印文淵閣四庫全書》第599冊,第372頁。
〔註435〕《(景泰)雲南圖經志》,《大理叢書·方志篇》卷一,第122頁。
〔註436〕《明太宗實錄》,第219頁。
〔註437〕《明太宗實錄》,第271頁。
〔註438〕《土官底簿》,《景印文淵閣四庫全書》第599冊,第372頁。
〔註439〕《明太宗實錄》,第510頁。
〔註440〕《明太宗實錄》,第1094頁。

知州刀景發遣人貢馬及方物。」〔註441〕《明太宗實錄》卷一四五永樂十一年十一月辛丑條：「孟定府知府刀名扛、灣甸州知州刀景發，遣人貢方物。賜刀名扛等錦綺紗羅各十疋。」〔註442〕《明太宗實錄》卷一六六永樂十三年七月癸丑條：「雲南木邦宣慰使司宣慰使罕賓法、孟定府土官知府刀名扛特令土官班野，灣甸州土官知州刀景發各遣人，貢馬及金銀器，賜鈔幣有差。」〔註443〕表明永樂二年至十三年之孟定知府為刀名扛。是以，疑刀名扛與刀渾立或即一人。龔蔭以刀渾立為刀名扛子，刀景發為刀渾立子〔註444〕。恐非。

（五七）永樂二年，孟定土官刀景發遣人貢馬，賜鈔羅綺〔註445〕。

今考，時刀景發為灣甸長官司長官，此作「孟定土官」誤。理由如下：

本傳此句取材《明太宗實錄》卷三〇永樂二年四月己丑條：「孟定府土官知府刀景發遣頭目刀罕來朝貢馬，賜鈔及羅綺。」〔註446〕稱刀景發為孟定府土官。然據上則考證，永樂二年之孟定知府為刀名扛。又據上則考證所引《明太宗實錄》，刀景發在永樂六年至十三年間任灣甸州土官知州。據《明史·地理志》：「灣甸禦夷州。本灣甸長官司。永樂元年正月析麓川平緬地置，直隸都司。三年四月升為州。直隸布政司。」〔註447〕則灣甸在永樂二年是長官司。檢《土官底簿》卷上「灣甸州知州」：「刀景發，孟定人，充孟定招剛。思倫法取充灣甸陶孟。洪武三十年赴雲南西平侯處回還。三十三年，除長官司職事，給與冠帶衣服。後姪男刀怕額等赴京朝覲，狀告：思倫法在時，想著我每與孟地刀名扛、木邦罕的法、孟養刀木〔旦〕（且）都一般做大陶孟。想孟定也做知府，木邦、孟養也做宣慰司，教我刀景發止做長官司。告禮部與我皇帝前奏。據告，永樂三年四月奏皇帝：這灣甸地方差發比孟定那幾處都少，當初他做長官司，衙門也小了，如今陞做灣甸州，長官刀景發陞做知州，與他金帶。副長官曩光陞做同知，與他花銀帶。都與他誥。著禮部鑄印去。欽此。

〔註441〕 《明太宗實錄》，第 1497 頁。

〔註442〕 《明太宗實錄》，第 1718 頁。

〔註443〕 《明太宗實錄》，第 1860 頁。

〔註444〕 《明史雲南土司傳箋注》，第 83 頁

〔註445〕 《明史》卷三一三，清乾隆四年武英殿刻本，葉二〇。參見《明史》，中華書局 1974 年，第 8082 頁。

〔註446〕 《明太宗實錄》，第 551 頁。

〔註447〕 《明史》卷四六，清乾隆四年武英殿刻本，葉一八。參見《明史》，中華書局 1974 年，第 1195 頁。

故。男刀景項，永樂二十二年正月襲。」〔註448〕知永樂二年，刀景發為灣甸長官司長官。《明太宗實錄》卷三〇永樂二年四月己丑條誤稱刀景發為「孟定土官知府」。《明史》沿襲其誤。

曲靖

（五八）至元初，置磨彌部萬戶〔註449〕。

舊考，四庫館臣：「至元初置磨彌部萬戶。『至元初』改『元憲宗時』。按《元史・地理志》，憲宗六年立磨彌部萬戶，至元八年改為中路，十三年改為曲靖路。此以置磨彌部為至元初事，誤。」〔註450〕

今按，「至元初」有歧義，或理解為至於元朝初年，或理解為至元（年號）時期的初年。置磨彌部萬戶實乃元憲宗六年之事，宜去掉「至」字，作「元初，置磨彌部萬戶」則佳。考證如下：

《元史・地理志》云：「元憲宗六年，立磨彌部萬戶。至元八年，改為中路。十三年，改曲靖路總管府。二十年，以隸皇太子。二十五年，升宣撫司。」〔註451〕由是可知置磨彌部萬戶乃元憲宗六年之事。檢《大明一統志》云：「元初，置磨彌部萬戶，至元間改中路，後改為曲靖路，陞宣慰司。」〔註452〕本傳此處當刪採自《明一統志》，修史館臣多添一「至」字，誤則不誤，易誤讀爾。

（五九）洪武十四年，征南將軍下雲南，元曲靖宣慰司征行元帥張麟、行省平章劉輝等來降。十五年改曲靖千戶所為曲靖軍民指揮使司，置曲靖軍民府〔註453〕。

今考，「元曲靖宣慰司征行元帥張麟、行省平章劉輝等來降」不該繫在十四年下，當在洪武十五年。考證如下：

本傳此句之取材，《明太祖實錄》卷一四一洪武十五年正月壬午條云：「元曲靖宣慰司征行元帥張麟、行省平章劉輝、樞密院同知怯烈該、傳尉高仁……

〔註448〕《土官底簿》，《景印文淵閣四庫全書》第 599 冊，第 370 頁。

〔註449〕《明史》卷三一三，清乾隆四年武英殿刻本，葉二〇。參見《明史》，中華書局 1974 年，第 8083 頁。

〔註450〕《明史考證攟逸》，《續修四庫全書》第 294 冊，第 408 頁。

〔註451〕《元史》，第 1476 頁。

〔註452〕《大明一統志》，第 1330 頁。

〔註453〕《明史》卷三一三，清乾隆四年武英殿刻本，葉二一。參見《明史》，中華書局 1974 年，第 8083 頁。

詣征南左副將軍永昌侯藍玉、右副將軍西平侯沐英降，獻金銀銅印七十四、金符七、馬一萬二千五百六十四。」〔註454〕則張麟、劉輝等來降，在洪武十五年正月。「征南將軍下雲南」在洪武十四年，但張麟、劉輝等來降不在十四年，故不該繫在十四年下，當在洪武十五年。

（六〇）（洪武）十五年改曲靖千戶所為曲靖軍民指揮使司，置曲靖軍民府〔註455〕。

舊考，四庫館臣：「十五年改曲靖千戶所為曲靖軍民指揮使司置曲靖軍民府。臣章宗瀛按，《地理志》，曲靖於洪武十五年三月為府，二十七年四月升為軍民府。與此小異。謹附考。」〔註456〕

今按，《明史・地理志》有誤，當以本傳所述為是。考證如下：

《明史・地理志》：「曲靖府。元曲靖路。洪武十五年三月為府。二十七年四月升為軍民府。」〔註457〕洪武二十七年升軍民府之說，與本傳此句異，不見於《明實錄》，不識何據。

《明太祖實錄》卷一四三洪武十五年閏二月己亥條：「改曲靖千戶所為曲靖軍民指揮使司。」〔註458〕又卷一四三洪武十五年三月己未條，設雲南五十二府，曲靖居其一〔註459〕。本傳此句蓋據以成文。《明太祖實錄》卷一四三洪武十五年三月己未條，並未區分軍民府與府，統稱作府〔註460〕。然《明太祖實錄》卷一八七洪武二十年十二月戊辰條：「……曲靖軍民府越州土官阿資，各貢馬及方物。」〔註461〕稱「曲靖軍民府」，是曲靖軍民府之設在洪武二十年十二月以前。復檢《大明清類天文分野之書》卷一五於「曲靖軍民府」下云：「元至元十三年，改為曲靖路。二十五年，升宣慰司，兼管軍萬戶府。本朝洪武十五年改為曲靖軍民府。」〔註462〕是書成於洪武十七年，其云「洪武

〔註454〕《明太祖實錄》，第2222頁。

〔註455〕《明史》卷三一三，清乾隆四年武英殿刻本，葉二一。參見《明史》，中華書局1974年，第8083頁。

〔註456〕《明史》，《景印文淵閣四庫全書》第302冊，第491頁。

〔註457〕《明史》卷四六，清乾隆四年武英殿刻本，葉二。參見《明史》，中華書局1974年，第1173頁。

〔註458〕《明太祖實錄》，第2246頁。

〔註459〕《明太祖實錄》，第2251頁。

〔註460〕《明太祖實錄》，第2251頁。

〔註461〕《明太祖實錄》，第2806頁。

〔註462〕《大明清類天文分野之書》，《續修四庫全書》第586冊，第204頁。

十五年改為曲靖軍民府」，當可信。且曲靖在元時為「宣慰司，兼管軍萬戶府」，入明又「為曲靖軍民指揮使司」，有為軍民府之歷史基礎。職是之故，當以本傳所述之洪武十五年置曲靖軍民府之說為是。

（六一）（洪武）二十年，越州土酋阿資與羅雄州營長發束等叛。阿資者，土官龍海子也。越州，蠻呼為苦麻部。元末，龍海居之，所屬俱羅羅斯種。王師征南時，英駐兵其地之湯池山。龍海降，遂遣子入朝，詔以龍海為知州。尋為亂，英禽之，徙遼東，至蓋州病死。阿資繼其職，益桀驁，至是叛。帝命英會征南將軍傅友德進討。道過平夷，以其山險惡，宜駐兵屯守，遂遷其山民往居卑午村，留神策衛千戶劉成等將千人置堡其地，後以為平夷千戶所。阿資等率眾寇普安，燒府治，大肆剽掠。友德率兵擊之，斬其營長〔註463〕。

今考，事在洪武二十一年，此繫在二十年誤。考證如下：

本傳此段文字源於《明實錄》。《明太祖實錄》卷一九三洪武二十一年九月癸巳條：「越州土酋阿資與羅雄州營長發束等叛，命總兵官西平侯沐英會征南將軍潁國公傅友德將兵討之。阿資者，土官龍海子也，越州夷言為苦麻部，元末龍海居之，部屬俱羅羅種。王師征南時，英駐兵其地之湯池山，諭降之，龍海遂遣子入朝，詔以龍海為是州知州。尋即為亂，英以計擒之，徙居遼東，至蓋州病死，阿資繼其職，益桀驁梗化，至是叛。」〔註464〕《明太祖實錄》卷一九四洪武二十一年十一月庚子條：「征南將軍傅友德等將兵討阿資，道過平夷，以其山勢峭險，密邇龍海，宜築堡駐兵屯守，以捍蠻夷，遂遷其山民往居卑午村，留神策衛千戶劉成等領兵千人，樹柵置堡，其地後以為平夷千戶所。」〔註465〕《明太祖實錄》卷一九四洪武二十一年十二月是月條：「越州叛酋阿資等率眾寇普安，燒府治，大肆剽掠，征南將軍潁國公傅友德等率兵擊之，斬其營長者滿已青。」〔註466〕是為本傳此段文字之所有取材，《明太祖實錄》原繫其事洪武二十一年。

《明史》其他部分亦繫此事件於洪武二十一年。《明史·太祖本紀》：「（洪

〔註463〕《明史》卷三一三，清乾隆四年武英殿刻本，葉二一。參見《明史》，中華書局1974年，第8083、8084頁。禽，中華書局點校本徑改作「擒」。
〔註464〕《明太祖實錄》，第2906頁。
〔註465〕《明太祖實錄》，第2916頁。
〔註466〕《明太祖實錄》，第2920頁。

武二十一年九月）癸巳，越州蠻阿資叛，沐英會傅友德討之。」〔註467〕《明史・傅友德傳》：「（洪武）二十一年，東川蠻叛，復為征南將軍，帥師討平之。移兵討越州叛酋阿資，明年破之於普安。」〔註468〕

《黔甯昭靖王祠堂碑》：「二十一年冬十月，廣西平，誅者滿矣，獻俘五千餘人。明年，平越叛阿資。」〔註469〕《國朝獻徵錄・黔國公沐英傳》：「（洪武二十一年）冬十月，廣西阿赤部酋長者滿矣情結越州土酋阿資叛，英自將直擣阿赤部，者滿矣情皆俘誅，俘男女五千餘口，牛馬如之，阿資降。」〔註470〕《（嘉靖）普安州志》：「洪武二十一年，故適參繼子知府普旦，因越州阿資，與本府馬乃等，連兵叛亂，襲陷舊普安，事平被削。」〔註471〕是亦可見阿資之反在洪武二十一年，討平在洪武二十二年，可為《實錄》之證。職是之故，本傳此段所述事件在洪武二十一年。

（六二）英乃請置越州、龍馬二衛，扼其險要〔註472〕。

舊考，中華書局：「英乃請置越州馬龍二衛。馬龍，原作『龍馬』。據《明史稿》傳一八七《曲靖傳》、《寰宇通志》卷一一二、《明一統志》卷八七改。按『馬龍』一作『馬隆』，見《太祖實錄》卷一九五洪武二十二年二月『是月』條、《國榷》卷九頁六九四。本書卷四六《地理志》曲靖府馬龍州注云：『北有馬隆守禦千戶所，本馬隆衛，洪武二十三年七月置。』」〔註473〕

今按，是也。《滇考》卷下《明三將軍定雲南》：「因請置馬龍、越州二衛，扼其衝要。」〔註474〕作「馬龍」。《明史稿》正作「馬龍」〔註475〕。當以「馬龍」為是。本傳此句作「龍馬」，誤倒。

〔註467〕《明史》卷三，清乾隆四年武英殿刻本，葉七。參見《明史》，中華書局1974年，第45頁。

〔註468〕《明史》卷一二九，清乾隆四年武英殿刻本，葉九。參見《明史》，中華書局1974年，第3803頁。

〔註469〕《國朝王景常黔甯昭靖王祠堂碑》，《（萬曆）雲南通志》，《大理叢書・方志篇》卷一，第559頁。

〔註470〕《國朝獻徵錄》，《明代傳記叢刊》第109冊，第150頁。

〔註471〕〔明〕高廷愉：《（嘉靖）普安州志》，《天一閣藏明代方志選刊》，上海古籍書店1961年，第15頁。

〔註472〕《明史》卷三一三，清乾隆四年武英殿刻本，葉二二。參見《明史》，中華書局1974年，第8084頁。

〔註473〕《明史》，中華書局1974年，第8088頁。

〔註474〕《滇考》，《中華文史叢書》之二二，第276頁。

〔註475〕《明史稿》第七冊，第123頁。

（六三）英等以陸涼西南要地，請設衛屯守。命洱海衛指揮僉事滕聚
於古魯昌築城，置陸涼衛指揮使司。英又言：「曲靖指揮
千戶哈剌不花，乃故元守禦陸涼千戶。今陸涼置衛，宜調於
本衛鎮守，庶絕後患。」詔從之。帝以平夷尤當要衝，四面
皆諸蠻部落，乃遣開國公常昇往辰陽集民間丁壯五千人，
統以右軍都督僉事王成，即平夷千戶所改置衛〔註476〕。

今考，此三事發生於洪武二十三年，此繫在二十二年誤。又，哈剌不花
之官職曲靖指揮千戶，《明實錄》原作曲靖衛副千戶。考證如下：

本傳此段所述三事，一為置陸涼衛，二為調哈剌不花於陸涼衛，三為改
置平夷衛。後有「二十三年」之文，且其前所述為洪武二十二年事，是本傳將
此段所述三事繫年於洪武二十二年矣。

本傳此段文字源於《明實錄》。置陸涼衛，源出《明太祖實錄》卷二〇〇
洪武二十三年二月癸亥條：「置陸涼衛指揮使司。初，越州阿資叛，西平侯沐
英等討平之，以陸涼西南要衝之地，請設衛屯守。至是，命雲南指揮僉事方
用、洱海衛指揮僉事滕聚于古魯昌築城置衛，守之。」〔註477〕改置平夷衛，
見《明太祖實錄》卷二〇一洪武二十三年四月戊申條：「改平夷千戶所為平夷
衛指揮使司。上以雲南列置戍兵，平夷尤當南北要衝，四面皆蠻夷部落，必
置衛屯兵鎮守，乃命開國公常昇往辰陽，集民間丁壯凡五千人，遣右軍都督
僉事王成、千戶盧春統赴平夷置衛。」〔註478〕調哈剌不花於陸涼衛，見《明
太祖實錄》卷二〇三洪武二十三年八月壬午條：「西平矦沐英……又言：『曲
靖衛副千戶哈剌不花乃故元守禦六涼州千戶，改授前職，今置六涼衛，宜調
本官於本衛鎮守，庶絕後患。』詔從之。」〔註479〕以此知，此三事皆發生於
洪武二十三年。且改平夷衛事，實發生於調哈剌不花於陸涼衛事之前。蓋為
承接置陸涼衛事，遂將調哈剌不花於陸涼衛跟於其後，需識之。

檢《明史・地理志》云：「平夷衛，本平夷千戶所，洪武二十一年十一月
置，二十三年四月改為衛。」〔註480〕又云：「陸涼衛，洪武二十三年二月以古

〔註476〕《明史》卷三一三，清乾隆四年武英殿刻本，葉二二。參見《明史》，中華
書局1974年，第8084頁。
〔註477〕《明太祖實錄》，第3000頁。
〔註478〕《明太祖實錄》，第3009頁。
〔註479〕《明太祖實錄》，第3047頁。
〔註480〕《明史》卷四六，清乾隆四年武英殿刻本，葉三。參見《明史》，中華書局
1974年，第1174頁。

魯昌地置。」〔註481〕亦以置陸涼衛、改置平夷衛皆發生於洪武二十三年。職是之故，本傳此段所述三事發生於洪武二十三年，此繫在二十二年誤。

檢《明史》前身《明史稿》，本傳「英等以」至「於置陸涼衛指揮使司」句，即置陸涼衛事，在《史稿》，其前有「二月」字樣，上文已有「（洪武二十二年）二月」，重出，知其混亂。本傳「帝以平夷」至於「平夷千戶所改置衛」，即改置平夷衛事，在《明史稿》中緊跟於置陸涼衛事後。本傳「英又言」至於「詔從之」，即調哈剌不花於陸涼衛事，在《明史稿》中置於「二十三年七月」事件之後〔註482〕。蓋以其發生在洪武二十三年八月，故置於此也。以此可推知致誤之由，《明史稿》採《明太祖實錄》時，置陸涼衛、改置平夷衛二事之繫年「二十三年」脫落。故至《明史》刪潤《明史稿》時，見其前「二月」，與上文之「（洪武二十二年）二月」重出，遂刪去「二月」字樣，而誤以為是洪武二十二年事矣。

又，據上所引《明太祖實錄》卷二〇三洪武二十三年八月壬午條：「曲靖衛副千戶哈剌不花乃故元守禦六涼州千戶。」〔註483〕哈剌不花之官職，原作曲靖衛副千戶。而本傳此句作「曲靖指揮千戶」。

（六四）西南有木蓉菁，賊常出沒處，復調普安衛官軍置寧越堡鎮之〔註484〕。

舊考，四庫館臣：「西南有木蓉菁。『蓉菁』改『容箐』。按《一統志》，木容箐，山名，在馬龍州東南。《地理志》同。此作『蓉菁』誤。」

今按，竊以為「蓉菁」改「蓉箐」即可。考證如下：

《大明一統志》卷八七於「曲靖軍民府」下曰：「木容箐山，在馬龍州東南六十里，下有木容箐溪。」〔註485〕《明史·地理志》於「曲靖府」「馬龍州」下云：「東南有木容箐山，洪武二十四年十二月置寧越堡於此。」〔註486〕是此山作「木容箐」。本傳此句之取材，《明太祖實錄》卷二一四洪武二十四

〔註481〕《明史》卷四六，清乾隆四年武英殿刻本，葉三。參見《明史》，中華書局1974年，第1174頁。

〔註482〕《明史稿》第七冊，第123頁。

〔註483〕《明太祖實錄》，第3047頁。

〔註484〕《明史》卷三一三，清乾隆四年武英殿刻本，葉二二。參見《明史》，中華書局1974年，第8084頁。

〔註485〕《大明一統志》，第1331頁。

〔註486〕《明史》卷四六，清乾隆四年武英殿刻本，葉三。參見《明史》，中華書局1974年，第1174頁。

年十二月辛巳條：「西南有木蓉箐，實蠻人出沒之所，復調普安衛指揮劉玉領兵置寧越堡鎮之。」〔註 487〕原作「木蓉箐」。《（景泰）雲南圖經志》卷二於「曲靖軍民府」下曰：「瀟湘江，在府治南……出馬龍州木蓉箐。」〔註 488〕亦作「木蓉箐」。是以，木容箐，一作木蓉箐。《明史稿》正作「木蓉箐」〔註 489〕。本傳作「蓉菁」者，「菁」為「箐」之訛，而「蓉」字本於《實錄》不誤，故以為「蓉菁」改「蓉箐」即可。

（六五）初，曲靖土軍千戶阿保、張琳所守地，與越州接壤，部眾多相與貿易〔註 490〕。

今考，張琳，《明實錄》原作「張麟」。考證如下：

《明太祖實錄》卷二三六洪武二十八年正月甲子條：「初，阿資遁去。時曲靖土軍千戶阿保、張麟所守之地，與越州相接，其部屬多與之貿易。」〔註 491〕原作「張麟」。《明史稿》已作「張琳」〔註 492〕。蓋為防止與本傳開頭之「元曲靖宣慰司征行元帥張麟」〔註 493〕相混，而改「麟」為「琳」矣。

（六六）時霑益土知州安世鼎死，妻安索儀署州事，亦提兵赴調〔註 494〕。

舊考，四庫館臣：「妻安索儀署州事。『索』改『素』。按下十二行作安素儀，與《蠻司合誌》同。」〔註 495〕

今按，是也。《明史稿》正作「安素儀」〔註 496〕。

〔註 487〕 《明太祖實錄》，第 3165 頁。
〔註 488〕 《（景泰）雲南圖經志》，《大理叢書・方志篇》卷一，第 45 頁。
〔註 489〕 《明史稿》第七冊，第 123 頁。
〔註 490〕 《明史》卷三一三，清乾隆四年武英殿刻本，葉二二。參見《明史》，中華書局 1974 年，第 8085 頁。
〔註 491〕 《明太祖實錄》，第 3446 頁。
〔註 492〕 《明史稿》第七冊，第 123 頁。
〔註 493〕 《明史》卷三一三，清乾隆四年武英殿刻本，葉二二。參見《明史》，中華書局 1974 年，第 8085 頁。
〔註 494〕 《明史》卷三一三，清乾隆四年武英殿刻本，葉二三。參見《明史》，中華書局 1974 年，第 8085 頁。
〔註 495〕 《明史考證攟逸》，《續修四庫全書》第 294 冊，第 409 頁。
〔註 496〕 《明史稿》第七冊，第 124 頁。

《明史》卷三百十四
（列傳第二百二）考證

雲南土司二

姚安

（一）西平侯沐英奏以土官高保為姚安府同知、高惠為姚安州同知〔註1〕。

今考，「高惠為姚安州同知」表達不準，當云「高惠為姚州同知」。考證如下：

《明太祖實錄》卷一五九洪武十七年正月壬子條：「高保為姚安府同知，高惠為姚州同知。」〔註2〕作「姚州」。《土官底簿》於《姚州同知》下云：「高義，僰人，係世職土官知州，洪武十六年歸附，總兵官將男高惠劄任本州同知，十七年實授。」〔註3〕《（天啟）滇志・土司官氏》：「姚州土官高義，在元為土知州。子高惠，國初歸附，授州同知。與府同知高氏同城，每徵調則二氏並驅，其戰士可三百人。」〔註4〕是亦不言高惠為「姚安州同知」，而言其為「姚州同知」。則本傳「姚安州」實指「姚州」無疑。

按《明史・地理志》，「姚安軍民府」（洪武十五年三月為府。二十七年四

〔註1〕《明史》卷三一四，清乾隆四年武英殿刻本，葉一。參見《明史》，中華書局1974年，第8091頁。
〔註2〕《明太祖實錄》，第2459頁。
〔註3〕《土官底簿》，《景印文淵閣四庫全書》第599冊，第361頁。
〔註4〕《（天啟）滇志》，《大理叢書・方志篇》卷三，第469頁。

月升軍民府）下領「姚州」〔註5〕。地方志書《（景泰）雲南圖經志》〔註6〕、《（正德）雲南志》〔註7〕同之。又據《（景泰）雲南圖經志》述軍民府沿革云：「唐武德中，立姚州，治姚城縣……麟德間置姚州都督府，段氏改為統矢邏，後改姚府。元初立千戶，隸大理萬戶，後為姚州，隸大理路。又後陞為姚安路軍民總管府，領姚州。今洪武十五年改為姚安軍民府，領州、縣各一，曰姚州，曰大姚縣，其縣則州所治也。」〔註8〕述姚州沿革云：「元以高明為總管，遂陞州為姚安路軍民總管府，仍以其弟高長為知州，而別置姚州于府之近治。」〔註9〕由是可知，「姚州」方為正式稱呼。且《實錄》明言「姚州」。是以，當改本傳此句「姚安州」為「姚州」。

（二）（洪武）二十六年，保以襲職，遣其弟貢馬謝恩〔註10〕。

今識，《實錄》繫此事於洪武二十五年十二月，然此云二十六年者亦無誤。考證如下：

按《明太祖實錄》卷二二三洪武二十五年十二月是月條：「姚安軍民府同知高保以襲職，遣弟高勝貢馬謝恩。」〔註11〕似乎此事當繫於二十五年十二月。然則《明太祖實錄》卷二二四洪武二十六年正月丁未條又云：「洪武二十六年春正月丁未朔，上御奉天殿受朝賀，大宴羣臣。○朝鮮國權知國事李成桂遣同知密直司事盧嵩，安南國遣大夫阮宗亮，廣西思明府土官知府黃廣平、霑益州知州阿索、姚安軍民府同知高保、四川播州宣慰使楊鏗、烏撒軍民府知府穆卜、東川軍民府女土官攝賽、水西女土官奢香、平茶洞長官楊再勝、楚雄府同知高政、芒部軍民府女土官、金筑安撫司、平伐長官司各遣使貢馬及方物，暹羅斛國王參烈寶毗牙遣其臣李三齊德奉金葉表，貢方物，詔賜宴于會同館，仍各賜文綺、鈔有差。」〔註12〕是為元旦日太祖接受土官朝覲之記錄。又檢《大明會典》卷一○八：「湖廣、廣西、四川、雲南、貴州腹裏土

〔註5〕《明史》卷四六，清乾隆四年武英殿刻本，葉八。參見《明史》，中華書局1974年，第1181頁。
〔註6〕《（景泰）雲南圖經志》，《大理叢書・方志篇》卷一，第82頁。
〔註7〕《（正德）雲南志》，《天一閣藏明代方志選刊續編》第70冊，第402頁。
〔註8〕《（景泰）雲南圖經志》，《大理叢書・方志篇》卷一，第81頁。
〔註9〕《（景泰）雲南圖經志》，《大理叢書・方志篇》卷一，第82頁。
〔註10〕《明史》卷三一四，清乾隆四年武英殿刻本，葉一。參見《明史》，中華書局1974年，第8091頁。
〔註11〕《明太祖實錄》，第3270頁。
〔註12〕《明太祖實錄》，第3273頁。

官，遇三年朝覲，差人進貢一次。俱本布政司給文起送，限本年十二月終到京。慶賀限聖節以前。謝恩無常期。貢物不等。」〔註13〕由是知，明制，土官朝覲須於十二月到京，則洪武二十六年元旦土官朝覲之使已於二十五年十二月到京。謝恩無常期，而高保謝恩在十二月，與朝覲同期，知高保之謝恩與朝覲二事合併辦理。《實錄》言二十五年十二月者，以其到京言之，以與其他土官之朝覲相區別。《明史》言二十六年者，則以實際面聖言之。

（三）嘉靖三十年，土官高鵠當元江之變布政司徐樾遇害，奮身赴救，死之〔註14〕。

今考，「布政司徐樾」表達不準，當云「布政使徐樾」。考證如下：

《明史稿》：「嘉靖三十年，土官高鵠當元江之變布政使徐樾遇害，奮身赴救，死之。」〔註15〕《明史》刪採自《明史稿》，文字有異者，或為館臣有意改訂，或為無意訛誤。然布政司是官署名，為「承宣布政司」之簡稱，又簡稱為布政使司，按《明史·職官志》，布政使是職官名，秩從二品，掌一省行政事務，宣達朝廷政令於府州。每個布政司設左右布政使各一人〔註16〕。又查徐樾之職務，《明史·元江土司傳》：「左布政徐樾以督餉至南羨。」〔註17〕此傳述元江之變，及徐樾遇害之經過。《（萬曆）雲南通志》云：「嘉靖三十年，元江之變，布政徐樾遇害，鵠奮身赴救，死之。」〔註18〕又云：「徐樾，字子直，江西貴谿縣人。進士，任左布政使。嘉靖辛亥征元江，死於王事，贈光祿少卿。」〔註19〕又云：「其年（三十年）征元江，布政使徐樾死之。」〔註20〕則徐樾之職務為雲南左布政使。官署名後接人名，頗不合史書敘述通例，且「布政使徐樾」之表達無誤。是以，知「使」之作「司」，乃館臣無意訛成，

〔註13〕〔明〕申時行等修，〔明〕趙用賢等纂：《大明會典》，《續修四庫全書》第791冊，上海古籍出版社2002年，第101頁。

〔註14〕《明史》卷三一四，清乾隆四年武英殿刻本，葉二。參見《明史》，中華書局1974年，第8092頁。

〔註15〕《明史稿》第七冊，第125頁。

〔註16〕《明史》卷七五，清乾隆四年武英殿刻本，葉九。參見《明史》，中華書局1974年，第1838、1839頁。

〔註17〕《明史》卷三一四，清乾隆四年武英殿刻本，葉一一。參見《明史》，中華書局1974年，第8101頁。

〔註18〕《（萬曆）雲南通志》，《大理叢書·方志篇》卷一，第476頁。

〔註19〕《（萬曆）雲南通志》，《大理叢書·方志篇》卷一，第426頁。

〔註20〕《（萬曆）雲南通志》，《大理叢書·方志篇》卷一，第590頁。

當云「布政使徐樾」。

《萬曆野獲編·徐方伯死事》亦載此事，始末甚詳，並錄時人之嘲曰：「可憐二品承宣使，只值元江象八條。」而云徐樾歷官雲南右布政司，繫其年於嘉靖庚戌（二十九年）〔註21〕。《本朝分省人物考》卷六十亦以徐樾為云南左布政使，卻繫其年於嘉靖壬子（三十一年）〔註22〕。與本傳不同，姑錄於此，以資考異。

（四）萬曆中，同知高金以征緬功，賜四品服〔註23〕。

今考，「高金」為「高金宸」之訛。考證如下：

《明神宗實錄》卷二〇七萬曆十七年正月戊午條：「以擒斬緬賊功，加姚安軍民府土同知高金宸四品服色，管事照舊。陞永昌府管下烏邑寨土舍莽承業為千戶長。給武定府和曲州目把偰世功冠帶。俱從雲南撫鎮官請也。」〔註24〕《校勘記》：「抱本宸作震。」〔註25〕則抱本外，《明實錄》諸版本皆作「高金宸」，與本傳「高金」不同。按《（天啟）滇志·土司官氏》云：「萬曆中，高金宸以征緬功，晉秩四品服。金宸死，高光裕襲。」〔註26〕高氏之家乘《姚郡世守高氏源流總派圖》〔註27〕、《高氏族譜·宗枝圖》〔註28〕，俱載其四十八世祖為「高金宸」。由是知《明實錄》抱本訛誤，知本傳「高金」不確，當以《明實錄》之「高金宸」為是。

《明史稿》：「萬曆中，同知高金曾以征緬功，賜四品服。」〔註29〕較《明史》多一「曾」字。蓋修《明史稿》時，以「曾」、「宸」音近，訛「宸」為

〔註21〕《萬曆野獲編》，第569、570頁。

〔註22〕〔明〕過庭訓：《本朝分省人物考》，《續修四庫全書》第534冊，上海古籍出版社2002年，第659頁。

〔註23〕《明史》卷三一四，清乾隆四年武英殿刻本，葉二。參見《明史》，中華書局1974年，第8092頁。

〔註24〕《明神宗實錄》，臺灣史語所1962年校印本，第3868頁。

〔註25〕《明神宗實錄校勘記》，臺灣史語所1962年校印本，第882頁。

〔註26〕《（天啟）滇志》，《大理叢書·方志篇》卷三，第469頁。

〔註27〕《姚郡世守高氏源流總派圖》，方國瑜：《雲南史料叢刊》第5卷，雲南大學出版社2001年，第472頁。按此《總派圖》，由雲龍得高氏家藏舊本，1924年收入《滇錄》，記事至雍正七年（1729）四月二十日。

〔註28〕《高氏族譜·宗枝圖》，《雲南史料叢刊》第5卷，第479頁。此《宗枝圖》為今人周瓊鈔自姚安縣博物館，稿前為雍正七年（1729）四月二十日高德懷遷徙江南之文書，此後之世系，似為增補者也。

〔註29〕《明史稿》第七冊，第125頁。

「曾」，其後刪潤《史稿》以成《明史》，乃讀「曾」為「曾經」之「曾」，嫌其臃腫，遂去之。

鶴慶

（五）（洪武）十七年以董賜為知府、高仲為同知、賜子節為安寧知州、楊奴為劍川知州〔註30〕。

今考，董節並非董賜之親男，實乃董賜之姪男。考證如下：

本傳此句，取材《明太祖實錄》卷一五九洪武十七年正月壬子條：「高仲為鶴慶府同知，阿這為大理府鄧川州知州，楊奴為劍川州知州，左禾為蒙化州判官，施生為蒙化州正千夫長，楊奴為雲南縣丞，阿散為太和縣正千夫長，李朱為副千夫長，董賜為鶴慶府知府，賜之子節為安寧州知州，賜鈔一千七百四十錠。」〔註31〕言董節為董賜之子。此外，《實錄》言及董節與董賜關係者，《明太祖實錄》卷一七〇洪武十八年正月壬辰條：「王師入雲南，率眾來降，復從大軍討賊有功，詔授中順大夫鶴慶府世襲知府，其子節授奉訓大夫安寧州知州。」〔註32〕該條為本傳下文「十八年以賜」至「其毋再辭」之取材，亦言董節為董賜之子。以此知《明太祖實錄》以董節為董賜之子。

《（天啟）滇志·土司官氏》：「安寧州土官董通，洪武中率眾從傅穎國為鄉導，供資糧。後元遺孽作亂，通保境拒之，及錄其子董節奉訓大夫安寧州土知州。設流以來，政歸有司，每徵調，則清鄉氓、充行伍焉。今沿至應襲董九成。」〔註33〕以董節為董通之子。檢《土官底簿》云：「董節，雲南府安寧州人，叔祖董賜，前本州世襲土知州。」〔註34〕以董節為董賜之從孫。然則據《土官底簿》之後文，董節乃為董賜之從子。後文云：「（董賜）十八年正月，賜赴京謝恩，改除雲南前衛世襲指揮僉事。無子，奏准令節在閑操習聽襲……賜有續生庶長男董保襲職，節原授職事奏奪……參照，董節係是土官董賜姪男。比先冒作親男，襲任安寧州知州。後因董賜退讓知府，改除指揮僉事。已蒙欽依，著令閑了。到今十八年餘，一向不曾告明改正。及董賜自有

〔註30〕《明史》卷三一四，清乾隆四年武英殿刻本，葉二。參見《明史》，中華書局1974年，第8092頁。
〔註31〕《明太祖實錄》，第2459頁。
〔註32〕《明太祖實錄》，第2591頁。
〔註33〕《（天啟）滇志》，《大理叢書·方志篇》卷三，第460頁。
〔註34〕《土官底簿》，《景印文淵閣四庫全書》第599冊，第332頁。

庶生男董保襲職，董節繞稱董賜姪男。又以先前征進有功，備馬朝賀，仍求定奪知州原職。緣比先冒作董賜男，係在赦前免問外。所奏董賜世襲知府，查係流官。及查董節，止是著他閑了，亦無聽襲緣由，所奏功蹟亦難稽考。」〔註35〕觀其文字，為當時處理土官官職文件之摘鈔，可信。且謂董節為董賜之姪男，與《滇志》以董節為董通之子相合。蓋董節乃董通之親男，董賜之姪男。洪武十七年，董賜以無子故，冒稱董節為其親男，董賜、董節分別受封。十八年，董賜乞還父子所受官，自為安寧知州。朝廷遂免董節之官，而改董賜為雲南前衛指揮僉事。冒稱父子關係後，董賜生董保。及董賜卒，董賜親男董保襲職，董節繞稱是董賜姪男。由於先前董賜、董節冒稱父子，故《明太祖實錄》記其為父子關係，實見欺於董賜叔姪。《明史》又沿襲該說，當訂正。

（六）（洪武）十八年以賜為雲南前衛世襲指揮僉事。賜，安寧州人，世為酋長。大軍入滇，率眾來降，復從軍討賊有功，故與子節並有世襲知府、知州之命。及賜來朝，以父子俱受顯榮，無以仰報，子幼沖，不達政治，乞還父子所授官，而自為安寧知州〔註36〕。

今識，董賜、董節並有世襲知府、知州之命。實授時，董賜之鶴慶知府改為流官。考證如下：

本傳此句之取材，《明太祖實錄》卷一七〇洪武十八年正月壬辰條：「以雲南鶴慶府土官知府董賜為雲南前衛世襲指揮僉事。賜，雲南府安寧州人，世守其土。及王師入雲南，率眾來降，復從大軍討賊有功，詔授中順大夫鶴慶府世襲知府，其子節授奉訓大夫安寧州知州。至是，賜來朝，自以父子俱受榮顯，無以補報，而其子幼沖，不達政治，乞還父子所授官，而自為安寧州知州。」〔註37〕黃彰健據此曰：「記其事僅言世襲知府，未言其子之安寧知州亦係世襲。」〔註38〕檢《土官底簿》云：「（洪武）十七年正月，授（董賜）鶴慶軍民府世襲土知府，節授安寧州世襲土知州。」〔註39〕是董賜、董節並

〔註35〕《土官底簿》，《景印文淵閣四庫全書》第599冊，第333頁。
〔註36〕《明史》卷三一四，清乾隆四年武英殿刻本，葉二。參見《明史》，中華書局1974年，第8092頁。
〔註37〕《明太祖實錄》，第2591頁。
〔註38〕《明史纂誤再續》，《臺灣中央研究院歷史語言研究所集刊》，1967年，第540頁。
〔註39〕《土官底簿》，《景印文淵閣四庫全書》第599冊，第332頁。

有世襲知府、知州之命。《土官底簿》又云：「節奏太祖皇帝聖旨：『安寧土官董節做本州世襲知州，鶴慶府知府董賜，與他實授流官。欽此。』」〔註40〕後云：「所奏董賜世襲知府，查係流官，及查董節，止是著他閑了，亦無聽襲緣由，所奏功蹟亦難稽考。」〔註41〕是實授時，董賜之鶴慶知府改為流官。

董節實是董賜姪男，董賜無子，故冒作董賜親男。說見上則考證。董賜在元為安寧世襲土知州。逮及明朝，董賜想繼續做安寧知州。無子，為襲職便，冒稱董節為親男。不意洪武十七年，朝廷授董賜鶴慶世襲土知府，董節授安寧世襲土知州。後朝廷以董節既除安寧土知州，則董賜無可襲職之子，故改授董賜為流官知府。董賜未能如願做安寧知州，又只實授流官知府，便於洪武十八年上言，希望還父子所授官，自為安寧知州。蓋以將來董節襲其職，故董節亦從其命。非《實錄》所記，董賜自言之「父子俱受榮顯，無以補報，而其子幼沖，不達政治」也。然則朝廷終不遂其願，改董賜雲南前衛世襲指揮僉事，又免董節之官，俾其將來襲董賜職。天意窈冥，無子之董賜生董保。親男董保襲職，董節為求官職，方告明其關係。

（七）（正統）八年，鶴慶民楊仕潔妻阿夜珠告倫謀殺其子，復命法司移文勘驗。已而大理衛千戶奏報，倫擅率軍馬欲謀害親母，又稱其母告倫不孝及私斂民財，多造兵器，殺戮軍民，支解梟令等罪。遂敕黔國公沐晟等勘覆。及奏至，言倫所犯皆實，罪應死。倫復屢訴，因與叔宣爭襲，又與千戶王蕙爭娶妾，以致挾仇誣陷。所勘殺死，皆病死及強盜拒捕之人。倫母楊亦訴倫無不孝，實由宣等陷害。復敕晟及御史嚴恭確訪。既而奏當倫等皆伏誅。高氏族人無可繼者，帝命於流官中擇人，以綏遠蠻。乃擢瀘州知府林道節為知府。鶴慶之改流官自此始〔註42〕。

今識，此數事全繫於八年之下，又無明顯表示過去發生之詞語，易誤導讀者。試考證如下：

本傳「鶴慶民楊」至「御史嚴恭確訪」，取材《明英宗實錄》卷八〇正統六年六月乙亥條：「敕行在都察院右僉都御史丁璿曰：『往者，鶴慶軍民府

〔註40〕《土官底簿》，《景印文淵閣四庫全書》第 599 冊，第 332 頁。
〔註41〕《土官底簿》，《景印文淵閣四庫全書》第 599 冊，第 333 頁。
〔註42〕《明史》卷三一四，清乾隆四年武英殿刻本，葉三。參見《明史》，中華書局1974 年，第 8093 頁。

民楊仕傑妻阿夜珠，告土官知府高倫謀殺其子觀，即命法司移文勘驗。既而大理衛千戶王蕙勘報，倫擅率軍馬，欲謀害親母楊氏，又稱其母告倫不孝及倫私斂民財，多造兵器，殺戮軍民，支解梟令等罪。遂敕黔國公沐晟、都督沐昂同雲南三司、巡按御史體覆。後各官皆奏倫所犯為實。及倫赴京訴冤，蕙又奏，其妻劉氏與百戶劉剛等，協同為惡。都察院已逮各犯問擬，重刑聽決。今倫累訴，止因與叔宣爭襲官職，宣教令阿夜珠妄告，及因與蕙爭娶周氏為妾，蕙挾讎誣陷。其所勘殺死者，多是病死，其中亦有強盜拒捕之人，亦有家人佃戶今尚存者。倫母楊氏後亦至京，訴稱倫無不孝之事，實為宣等陷害，朝廷累次行勘，其總兵三司官，或利倫之田產，或納宣等賄賂，皆未嘗躬詣體勘，惟遣人代行，所遣之人亦豈復有公道。今蕙逮至京師，即輸款，與倫同詞。除釋剛等六人，械繫倫蕙以俟體實外，今特敕爾及御史嚴恭，宜潛自為計，或令嚴恭，托以他事，親詣鶴慶地方公幹，設法密訪鄉邨軍民夷人，務得倫所犯及原勘保官陷害實情，奏來區處。此是申理土官冤抑重情，朕以爾二人廉能，故密命爾，爾須體朕至意，存心正大，毋有偏徇，以妨朝廷公道。』」〔註43〕其中，本傳「鶴慶民楊仕潔妻阿夜珠告倫謀殺其子，復命法司移文勘驗」，即取上所引《實錄》「鶴慶軍民府民楊仕傑妻」至「法司移文勘驗」文〔註44〕；本傳「已而大理衛千戶奏報，倫擅率軍馬欲謀害親母，又稱其母告倫不孝及私斂民財，多造兵器，殺戮軍民，支解梟令等罪。遂敕黔國公沐晟等勘覆。及奏至，言倫所犯皆實，罪應死」，即取上所引《實錄》「既而大理衛千戶」至「官皆奏倫所犯為實」文〔註45〕。《實錄》下文載「及倫赴京訴冤，蕙又奏，其妻劉氏與百戶劉剛等，協同為惡」〔註46〕一事，按《明英宗實錄》卷六四正統五年二月庚辰條：「仍催提千戶王蕙及高倫叔高宣、按察司原監囚犯劉剛等三人，亦解送來京，令與高倫質問，庶免冤抑。」〔註47〕正統五年二月庚辰，劉剛已在獄中，則高倫妻劉氏與劉剛為惡之事，及王蕙之奏，皆在正統五年二月庚辰前。則阿夜珠告高倫謀殺其子及命法司勘驗事、本傳「已而大理衛千戶奏報」至「罪應死」，更在正統五年二月庚辰之前矣。本傳「倫復屢訴，因與叔宣爭襲，又與千戶

〔註43〕《明英宗實錄》，第1587頁。
〔註44〕《明英宗實錄》，第1587頁。
〔註45〕《明英宗實錄》，第1587頁。
〔註46〕《明英宗實錄》，第1587頁。
〔註47〕《明英宗實錄》，第1218頁。

王蕙爭娶妾，以致挾仇誣陷。所勘殺死，皆病死及強盜拒捕之人。倫母楊亦訴倫無不孝，實由宣等陷害。復敕晟及御史嚴恭確訪」（按所敕命者為丁璿與嚴恭，詳見下則考證），即取上所引《實錄》「今倫累訴」至「妨朝廷公道」文。敕〔丁璿〕（晟）及御史嚴恭確訪，在正統六年六月乙亥無疑，而高倫之屢訴，其母至京之訴倫無不孝，則在此前明矣。

本傳「既而奏當倫等」至「林道節為知府」，取材《明英宗實錄》卷一〇一正統八年二月壬辰條：「擢四川瀘州知州林道節為鶴慶軍民府知府。鶴慶本其土人高氏世為知府，至是高倫以罪誅，而其族無可繼者，兵部尚書靖遠伯王驥奏，別推一員以代。上曰，撫綏遠夷，不可以常例拘，其即推選老成廉幹者任之。吏部以道節聞，故有是命。」〔註48〕此方為正統八年所發生者。

（八）復敕晟及御史嚴恭確訪〔註49〕。

今考，所敕命者為丁璿與嚴恭，非沐晟與嚴恭，考證如下：

「復敕晟及御史嚴恭確訪」，在本傳「鶴慶民楊」至「御史嚴恭確訪」中。上則考證已言，本傳「鶴慶民楊」至「御史嚴恭確訪」，取材《明英宗實錄》卷八〇正統六年六月乙亥條〔註50〕，是為明英宗給「行在都察院右僉都御史丁璿」之敕命，敕命中云：「今特敕爾及御史嚴恭，宜潛自為計。或令嚴恭，托以他事，親詣鶴慶地方公幹，設法密訪鄉邨軍民夷人，務得倫所犯及原勘保官陷害實情，奏來區處。此是申理土官冤抑重情，朕以爾二人廉能，故密命爾，爾須體朕至意，存心正大，毋有偏徇，以妨朝廷公道。」〔註51〕故知所敕令確訪者為行在都察院右僉都御史丁璿和御史嚴恭。

《明史》何以誤以所敕命者為沐晟與嚴恭？查《明史稿》於「八年」下有「敕僉都御史丁璿以往者」數字，其下則刪潤採錄敕文之大概，於本傳「復敕晟及御史嚴恭確訪」之對應處云：「今特敕爾及御史嚴恭親詣鶴慶地方，設法密訪，務得倫所犯及陷害實情奏報。」〔註52〕蓋館臣刪潤《明史稿》成《明史》之時，刪去「敕僉都御史丁璿以往者」數字，遂不知「爾」之所指，誤聯繫於

〔註48〕《明英宗實錄》，第 2036 頁。
〔註49〕《明史》卷三一四，清乾隆四年武英殿刻本，葉四。參見《明史》，中華書局 1974 年，第 8094 頁。
〔註50〕《明英宗實錄》，第 1587 頁。
〔註51〕《明英宗實錄》，第 1587 頁。
〔註52〕《明史稿》第七冊，第 126 頁。

《明史稿》敕文中「遂敕黔國公沐晟等勘覆」一句，遂誤以「爾」為沐晟也。

（九）乃擢瀘州知府林道節為知府〔註53〕。

今考，林道節原為瀘州知州，非瀘州知府。考證如下：

《明史》之前身《明史稿》云：「乃擢瀘州知州林道節為知府。」〔註54〕其材料來源《明英宗實錄》卷一〇一正統八年二月壬辰條云：「擢四川瀘州知州林道節為鶴慶軍民府知府。」〔註55〕是皆以林道節原為瀘州知州，而本傳以為「瀘州知府」者，若非有意改訂，即是無心訛誤。

《明史·地理志》云：「瀘州，元屬重慶路，洪武六年直隸四川行省，九年直隸布政司。」〔註56〕《（嘉靖）四川總志》「本朝改直隸四川。」〔註57〕則明代瀘州為直隸州無疑。《（嘉靖）四川總志》又云：「林道節，蒲田人，知瀘。廉介公勤，尤重學校，賢能著文。」〔註58〕知林道節知瀘州。按《明史·職官志》：「府。知府一人，正四品……知府掌一府之政。」〔註59〕又曰：「州。知州一人，從五品……知州掌一州之政。凡州二：有屬州，有直隸州。屬州視縣，直隸州視府，而品秩則同。」〔註60〕如此，則知府、知州不同，知直隸州者為知州，故知林道節為瀘州知州。《廣輿記》言：「王仕忠、林道節，皆瀘州知州，以政績著。」〔註61〕是也。

武定

（一〇）武定，南詔三十七部之一。宋淳熙間，大理段氏以阿歷為羅武部長。三傳至矣格，當元世祖時，為北部土官總管。

〔註53〕《明史》卷三一四，清乾隆四年武英殿刻本，葉四。參見《明史》，中華書局1974年，第8094頁。

〔註54〕《明史稿》第七冊，第126頁。

〔註55〕《明英宗實錄》，第2036頁。

〔註56〕《明史》卷四三，清乾隆四年武英殿刻本，葉一五。參見《明史》，中華書局1974年，第1043頁。

〔註57〕〔明〕劉大謨、楊慎等：《（嘉靖）四川總志》卷一三，嘉靖刻本，葉二七。

〔註58〕《（嘉靖）四川總志》卷一三，葉三六。

〔註59〕《明史》卷七五，清乾隆四年武英殿刻本，葉一九。參見《明史》，中華書局1974年，第1849頁。

〔註60〕《明史》卷七五，清乾隆四年武英殿刻本，葉二〇。參見《明史》，中華書局1974年，第1850頁。

〔註61〕〔明〕陸應陽撰，〔清〕蔡方炳增輯：《廣輿記》，《四庫全書存目叢書》史部第173冊，齊魯書社1997年，第386頁。

至元七年改武定路，置南甸縣〔註62〕。

今考，「置南甸縣」，或為「治南甸縣」之訛。考證如下：

隆慶六年，武定知府劉宗寅、同知鄧時彥，新修府城城墻成，左布政使陳善作《建武定城垣府治記》。文中引《地理志》曰：「按《地理志》：南詔三十七部，武定其一也。宋淳熙間，段氏舉阿而（而，同書卷五作「剽」）者為羅武部長。凡三傳為矣格，元世祖時為北部土官總管，至元七年改武定路。」〔註63〕此《地理志》之內容，與《武定傳》沿革文字大類，當在取材上存在一定聯繫。《土司傳》其他府廳之沿革文字，大多與《大明一統志》類似，此則不同，殊為奇怪。其「三傳至矣格」之語，考《鳳公世系記》：「宋阿而，孝宗淳熙中，段氏舉為羅武部長。矣褥，阿而子，襲前部長，雄冠三十七部。普觶，矣褥子，矣根，普觶子，俱襲父祖部長。元矣格，矣根子，世祖親征，首先歸附，授羅婺萬戶侯。將仁德、于矢二部，統本部名為北路，陞北路土官總管。」〔註64〕

「置南甸縣」，不在所引《地理志》文中。《元史·地理志》：「（武定路軍民府），元憲宗四年內附。七年，立為萬戶，隸威楚。至元八年，併仁德、于矢入本部為北路。十一年，割出二部，改本路為武定。」〔註65〕又云：「南甸，下。路治本縣，蠻曰瀼甸，又稱淎阪籠。至元二十六年改為縣。」〔註66〕不論改武定路時間，抑置南甸縣時間，皆與本傳沿革不同。然本傳所本之《地理志》，亦當有其所本，尚無其他證據，則兩存之。《大明一統志》：「元初內附，置羅婺萬戶府。至元中併仁德、于矢二部入羅婺，更置北路總管府，尋改武定路，治南甸縣。」〔註67〕本傳此句之「置南甸縣」，或為「治南甸縣」之訛。

（一）洪武十四年，雲南下，武定女土官商勝首先歸附〔註68〕。

〔註62〕《明史》卷三一四，清乾隆四年武英殿刻本，葉四。參見《明史》，中華書局1974年，第8094頁。

〔註63〕〔明〕陳善：《建武定城垣府治記》，〔明〕李元陽：《（萬曆）雲南通志》，《大理叢書·方志篇》卷一，第542頁。

〔註64〕〔明〕徐進：《鳳公世系記》，方國瑜：《雲南史料目錄概說》，中華書局1984年，第1195頁。

〔註65〕《元史》，第1462頁。

〔註66〕《元史》，第1462頁。

〔註67〕《大明一統志》，第1334頁。

〔註68〕《明史》卷三一四，清乾隆四年武英殿刻本，葉四。參見《明史》，中華書局1974年，第8094頁。

今識，武定土官事跡有摩崖文字可參照。考證如下：

黃雲眉曰：「按商勝，『弄積（武定府志一名二保奴）妻，洪武十五年克服雲南，自備糧米千石於金馬山，接濟大軍，首先歸附。』見祿勸縣法宜則村摩崖漢文，以雲南之平，在年末年初，故所記有十四年十五年之差異。」〔註69〕黃氏之言，是矣。黃氏考證所據，乃一九六〇年第六期《文物》所載的張傳璽《雲南武定祿勸兩縣彝族的碑記、雕刻與祖筒》〔註70〕。該文雖首次將法宜則村摩崖彝文翻譯並予以介紹，卻未錄其全文，其摩崖漢文亦只予以介紹，摘錄部分內容，而未錄全篇。故黃氏實未見摩崖漢文全文。

一九五二年，繆鸞和往祿勸縣調查民族情況，回來後作成《祿勸縣民族調查》，附錄此兩篇摩崖漢文。今《雲南史料叢刊》收入此調查報告，卻略去一篇摩崖漢文，只收一篇〔註71〕。方國瑜《雲南史料目錄概說》轉錄此兩篇摩崖，可資參照也〔註72〕。商勝歸附一事，刻石時間稍微晚於弘治十三年（1500）的《武定軍民府土官知府鳳世襲腳色》云：「洪武十四年〔十〕二月內，大軍光復雲南，蒙總兵官差張撫前來本府招諭曾祖婆商勝，安撫人民。洪武十五年內，奉鈞旨差徐千戶領軍齎榜到府守禦，彼時曾祖婆令把事阿也等，將元所授金牌及本府印信，送付徐千戶處繳納，後自備米糧一千石，帶領把通，接濟大軍，開通道路，前赴雲南金馬山投拜歸附。蒙總兵官鈞旨，委任本府，招諭人民。」〔註73〕刻石於嘉靖十二年（1533）的《鳳公世系記》云：「本朝商勝，弄積妻，洪武十五年，克復雲南，自備糧米千石於金馬山，接濟大軍，首先歸附朝覲，行至四川瀘州納溪縣，遇蒙欽給印信金帶，領受，即赴謝恩，頒賜世襲誥命，授中順大夫、武定軍民府土官知府。」〔註74〕今聊為附識於此。

又按黃氏注「弄積」云：「《武定府志》，一名二保奴。」蓋筆誤矣。《鳳

〔註69〕《明史考證》，第 2478 頁。

〔註70〕張傳璽：《雲南武定祿勸兩縣彝族的碑記、雕刻與祖筒》，《文物》1960 年 06 期，第 56～61 頁。

〔註71〕繆鸞和：《祿勸縣民族調查》，方國瑜：《雲南史料叢刊》第 13 卷，雲南大學出版社 2001 年，第 434～462 頁。

〔註72〕《雲南史料目錄概說》，第 1192～1196 頁。

〔註73〕〔明〕佚名：《武定軍民府土官知府鳳世襲腳色》，方國瑜：《雲南史料目錄概說》，第 1193 頁。

〔註74〕《鳳公世系記》，《雲南史料目錄概說》，第 1195 頁。

公世系記》：「弄積，一名三保奴。」《（康熙）武定府志》：「弄積，一名三保奴。」〔註75〕

（一二）（正德）三年，土知府鳳英以從征功，進秩右參政，仍知府事，請賜金帶，部議不可。帝以英有軍功，給之〔註76〕。

今考，賜金帶事在正德二年，此作「三年」誤。又識，鳳英從征在弘治十五年，陞參政在正德元年。考證如下：

本傳此句，取材《明武宗實錄》卷二六正德二年五月甲辰條：「雲南武定軍民府知府土官鳳英，以有軍功，陞布政司右參政，仍知本府事。至是，請乞金帶，禮部查無例。上以英既累有軍功，准賞鈒花金帶一束，不為例。」〔註77〕原繫年於「正德二年」。《鳳公世系記》亦云：「正德丁卯，奉征師宗州豆溫鄉捷報偉績，欽賜盡心報國金帶一束。」〔註78〕作「正德丁卯（二年）」賜金帶。職是之故，本傳此句當繫於正德二年下，此作「三年」誤。黃雲眉曾論及之〔註79〕。

若本傳此句之「三年」改作「二年」，則下文「明年，英貢馬謝恩，賜如例」〔註80〕之「明年」，不再表示「四年」之意，當逕改為「四年」。所以者何？《明武宗實錄》卷四六正德四年正月甲寅條：「雲南武定軍民府土官知府鳳英，以授右參政職銜，差把事等貢馬謝恩，賜彩段寶鈔如例。」〔註81〕繫其事在正德四年。《明史稿》亦作「四年」〔註82〕。

又識，前論及賜金帶事在正德二年。而鳳英陞參政事，在正德元年。見《明武宗實錄》卷一六正德元年八月壬子條：「陞雲南武定府土官知府鳳英為雲南布政司右參政，仍知府事，錄其率兵從征叛賊福佑、米魯之功也。」〔註83〕而其率兵從征叛賊福佑、米魯，在弘治十五年。見《鳳公世系記》

〔註75〕〔清〕王清賢修，〔清〕陳淳纂：《（康熙）武定府志》卷三，清康熙二十八年刻本，葉二六。
〔註76〕《明史》卷三一四，清乾隆四年武英殿刻本，葉四。參見《明史》，中華書局1974年，第8094頁。
〔註77〕《明武宗實錄》，第685頁。
〔註78〕《鳳公世系記》，《雲南史料目錄概說》，第1196頁。
〔註79〕《明史考證》，第2478頁。
〔註80〕《明史》卷三一四，清乾隆四年武英殿刻本，葉四。參見《明史》，中華書局1974年，第8094頁。
〔註81〕《明武宗實錄》，第1051頁。
〔註82〕《明史稿》第七冊，第127頁。
〔註83〕《明武宗實錄》，臺灣史語所1962年校印本，第484頁。

云：「弘治壬戌（十五年），奉征貴州普安，豐功昭著。」〔註84〕按福佑、米魯之亂，乃由土官內部矛盾激化，仇恨相殺而釀成禍患，米魯者，貴州普安州土官隆暢之妾。

（一三）（嘉靖七年）五月，黔國公沐勛疏言〔註85〕。

舊考，沐勛，庫本作「沐紹勛」〔註86〕。

今按，是也。考證如下：

本傳此句之取材，《明世宗實錄》卷八八嘉靖七年五月甲申條：「鎮守雲南黔國公沐紹勛上疏言。」〔註87〕原作「沐紹勛」。《（嘉靖）尋甸府志》卷下《遷尋甸府事狀》：「總兵黔國沐公紹勛、巡撫都御史歐陽公重、巡按御史沈公教皆以為然。」〔註88〕《明臣諡考》卷下：「敏靖。沐紹勛，黔國公，嘉靖年諡。應事有功，寬樂令終。南直隸定遠縣人。」〔註89〕皆作「沐紹勛」。本傳此句脫「紹」字。

（一四）朝文計無所出，絕普渡而走，官兵追及，復敗之。朝文率家奴數人，取道霑益州，奔至東川之湯郎箐，為追兵所及，磔死〔註90〕。

今考，「東川之湯郎箐」疑有訛誤。理由如下：

本傳此句，取材《明世宗實錄》卷八九嘉靖七年六月丁卯條：「朝文計無所出，絕普渡河而走，官兵追及，復敗之。朝文率親信家奴數人，取道霑益州，擬奔東川，至地名湯郎箐，為追兵所及，裂其屍而死。」〔註91〕細玩文字，《實錄》所載「湯郎箐」，不一定屬於東川，乃奔東川途中之一地名。不知館臣以之屬東川何據。查「湯郎箐」之名，《（民國）祿勸縣志》載有「湯郎

〔註84〕 《鳳公世系記》，《雲南史料目錄概說》，第 1196 頁。

〔註85〕 《明史》卷三一四，清乾隆四年武英殿刻本，葉五。參見《明史》，中華書局 1974 年，第 8095 頁。

〔註86〕 《明史》，《景印文淵閣四庫全書》第 302 冊，第 495 頁。

〔註87〕 《明世宗實錄》，第 1999 頁。

〔註88〕 〔明〕王尚用修，〔明〕陳梓纂：《（嘉靖）尋甸府志》卷下，明嘉靖刻本，葉一一。

〔註89〕 〔明〕鮑應鰲：《明臣諡考》，《景印文淵閣四庫全書》第 651 冊，臺灣商務印書館 1983 年，第 449 頁。

〔註90〕 《明史》卷三一四，清乾隆四年武英殿刻本，葉五。參見《明史》，中華書局 1974 年，第 8095 頁。

〔註91〕 《明世宗實錄》，臺灣史語所 1962 年校印本，第 2045 頁。

箐」〔註92〕，然則去此時代遠矣，不知是否同一地點。

又，此句所述「取道霑益州」，殊為奇怪。武定東北是東川，霑益更在東川外，何可取道？俟考。

（一五）繼祖遂大發兵圍府，行劫和曲、祿勸等州縣，殺傷調至土官王心一等兵〔註93〕。

今考，「王心一」為「王一心」之訛。考證如下：

本傳此句之取材，《明世宗實錄》卷五一九嘉靖四十二年三月辛卯條云：「繼祖遂大發兵圍府，行劫和曲、祿勸等各州縣，格傷各路調至土官王一心等兵。」〔註94〕作「王一心」。黃雲眉曾論及之〔註95〕。據《（康熙）武定府志》，繼祖作亂之時，有王一心。當巡撫敖宗慶討繼祖之際，繼祖「潛奔四川會里州，陰結姚安土官高欽、高鈞，易門土官王一心等為羽翼」〔註96〕。《平黔三記》亦載：「武定府土官養子鳳繼祖，禁錮主母，內聯姚安府土同知高欽，與其弟高鈞，易門縣土縣丞王一心，外結貴州宣慰安萬銓，四川指揮鳳氏，謀為叛逆。」〔註97〕《國朝典彙》云：「惟易門縣土官縣丞王一心，陰與繼祖合約為內應，會事露，為百戶韓世賢弟生員世任所擒，與繼祖捷音先後列上。」〔註98〕則王一心為易門縣土縣丞，陽為朝廷驅調，而陰與繼祖內應。由是可知《明實錄》無誤，故本傳「王心一」為「王一心」之訛。

（一六）臨安通判胡文顯督百戶李鰲、土舍王德隆往援，至雞溪子隘，遇伏，鰲及德隆俱死〔註99〕。

今考，「雞溪子」為「雞街子」之訛。理由如下：

本傳此句之取材，《明世宗實錄》卷五六三嘉靖四十五年十月庚辰條：「臨

〔註92〕〔民國〕許實：《（民國）祿勸縣志》卷二，民國十四年鉛印本，葉二八。

〔註93〕《明史》卷三一四，清乾隆四年武英殿刻本，葉六。參見《明史》，中華書局1974年，第8096頁。

〔註94〕《明世宗實錄》，第8508頁。

〔註95〕《明史考證》，第2479頁。

〔註96〕《（康熙）武定府志》卷一，葉二一。

〔註97〕〔明〕趙汝濂：《平黔三記》，《四庫全書存目叢書》史部第49冊，齊魯書社1997年，第651頁。

〔註98〕〔明〕徐學聚：《國朝典彙》，《四庫全書存目叢書》史部第266冊，齊魯書社1997年，第682頁。

〔註99〕《明史》卷三一四，清乾隆四年武英殿刻本，葉六。參見《明史》，中華書局1974年，第8096頁。

安府通判胡文顯，督百戶李鰲、土舍王德隆等兵進援。至雞街子隘，道遇伏，鰲及德隆等俱敗死。」〔註100〕原作「雞街子」。《國朝典彙》述此事曰：「先是，繼祖與尋甸土舍鄭竑等爭襲，參政盧岐嶷使使諭解不聽。反執殺竑，而發兵圍武定府城。不克，還襲通判胡文顯、周良卿等兵於雞街子、陸塊山。僉事張澤死之。」〔註101〕亦作「雞街子」。查武定府境，無「雞溪子」之名，轄下和曲州，有險要曰「雞街子」。《（康熙）武定府志》：「雞街子。城南七十里，接富民縣界，為武陽雄關，滇西鎖鑰，撥兵汛防。」〔註102〕以是知「雞溪子」為「雞街子」之訛。

（一七）姚縣土官高繼先復禽其餘黨，姚安府同知高欽及弟鈞，謀主趙士傑等皆伏誅〔註103〕。

今考，「趙士傑」蓋為「趙時傑」之訛。理由如下：

本傳此句之取材，《明世宗實錄》卷五六四嘉靖四十五年閏十月丙申條：「至是，賊帥者色遂赴紹先營降，斬繼祖以獻。餘黨姚安府同知高欽及其弟高鈞，並謀主趙時傑等，亦為姚州土官高繼先所擒。」〔註104〕《五邊典則》嘉靖四十五年閏十月條〔註105〕，與此丙申條完全相同，唯少一「而」字爾，蓋引自《實錄》者。故本傳「趙士傑」蓋為「趙時傑」之訛。

（一八）城中嚴備不能入，退屯魯壚〔註106〕。

今考，魯壚，當作「魯虛」。理由如下：

本傳此句之取材，《明穆宗實錄》卷三四隆慶三年閏六月壬子條：「聚眾稱思堯為知府，夜襲府城，城中嚴備不能入，退屯魯虛。」〔註107〕作「魯虛」。《（萬曆）雲南通志》：「魯虛橋，在祿勸州西北十里，弘治間建。」〔註108〕

〔註100〕《明世宗實錄》，第9024、9025頁。
〔註101〕《國朝典彙》，《四庫全書存目叢書》史部第266冊，第681～682頁。
〔註102〕《（康熙）武定府志》卷二，葉一二。
〔註103〕《明史》卷三一四，清乾隆四年武英殿刻本，葉七。參見《明史》，中華書局1974年，第8096頁。禽，中華書局點校本逕改作「擒」。
〔註104〕《明世宗實錄》，第9042頁。
〔註105〕〔明〕徐日久：《五邊典則》，《四庫禁燬書叢刊》史部第26冊，北京出版社1997年，第655頁。
〔註106〕《明史》卷三一四，清乾隆四年武英殿刻本，葉七。參見《明史》，中華書局1974年，第8097頁。
〔註107〕《明穆宗實錄》，臺灣史語所1962年校印本，第880頁。
〔註108〕《（萬曆）雲南通志》，《大理叢書‧方志篇》卷一，第302頁。

《（雍正《雲南通志》)》述祿勸州義學云：「一在魯虛。」〔註109〕《萬山綱目》：「清甯山，在祿勸縣北十里魯虛境。」〔註110〕是武定有地名「魯虛」。故當從《實錄》作「魯虛」。

（一九）追至馬剌山，禽鳳曆〔註111〕。

今考，「馬剌山」，當作「罵剌山」。理由如下：

本傳此句之取材，《明穆宗實錄》卷三四隆慶三年閏六月壬子條：「追至罵剌山，擒曆。」〔註112〕原作「罵剌山」。《五邊典則》隆慶三年閏六月壬子條〔註113〕，與《實錄》同，蓋引自《實錄》者，亦作「罵剌山」。《萬曆野獲編》於《武定三叛》中敘其事，至此亦曰：「宗寅夜出兵，斫其營。賊潰，追至罵剌山，擒曆以聞，時隆慶三年也。」〔註114〕則本傳「馬剌山」，當作「罵剌山」。又，「禽」，中華書局點校本徑改作「擒」〔註115〕。

尋甸

（二〇）尋甸，古滇國地。獽剌蠻居之，號仲箚溢源部〔註116〕。

舊考，四庫館臣：「獽剌蠻居之。『獽』改『獠』。」〔註117〕

今按，竊以為不可輕易改動，考證如下：

《元史·地理志》：「仁德府，昔獠剌蠻居之，無郡縣。其部曰仲扎溢源。」〔註118〕《大明一統志》：「古滇國地，昔獠剌蠻居此，號仲剳溢源部。」〔註119〕《（正德）雲南志》：「古滇國地，昔獠剌蠻居之，無郡縣，其部曰仲剳溢

〔註109〕〔清〕鄂爾泰監修，〔清〕靖道謨編纂：《（雍正）雲南通志》，《景印文淵閣四庫全書》第569冊，臺灣商務印書館1986年，第239頁。

〔註110〕〔清〕李誠：《萬山綱目》，《四庫未收書輯刊》第9輯第6冊，北京出版社1997年，第658頁。

〔註111〕《明史》卷三一四，清乾隆四年武英殿刻本，葉七。參見《明史》，中華書局1974年，第8097頁。

〔註112〕《明穆宗實錄》，第881頁。

〔註113〕《五邊典則》，《四庫禁燬書叢刊》史部第26冊，第656、657頁。

〔註114〕《萬曆野獲編》，第753頁。

〔註115〕《明史》，中華書局1974年，第8097頁。

〔註116〕《明史》卷三一四，清乾隆四年武英殿刻本，葉七。參見《明史》，中華書局1974年，第8097頁。

〔註117〕《明史考證攟逸》，《續修四庫全書》史部第294冊，第409頁。

〔註118〕《元史》，第1470頁。

〔註119〕《大明一統志》，第1335頁。

源。」〔註120〕《（嘉靖）尋甸府志》引之。〔註121〕由此可見，本傳此句作「獲剌蠻」，與眾書「僰剌蠻」不同。此蓋四庫館臣改字之由。然本傳「獲剌蠻」與眾書「僰剌蠻」不同，並非無意訛誤。蓋其所本之書，實作「獲、剌蠻」。所以者何？《（萬曆）雲南通志》：「古滇國地，昔獲猁蠻居之，其部曰仲剒溢源。」〔註122〕《（萬曆）雲南通志》從《（正德）雲南志》來，而於此處變「僰剌」為「獲猁」。由於《（萬曆）雲南通志》後文沿革表中，亦在「漢」下填「獲猁蠻據」〔註123〕，知非無意訛誤，而是有意改訂者。故本傳之「獲剌蠻」或有根據，不可輕易改動。

（二一）後為烏蠻裔斯丁所奪，號斯丁部。蒙氏為尋甸，至段氏，改仁德部。元初，置仁德萬戶，後改府〔註124〕。

舊考，烏蠻裔斯丁，庫本作「烏蠻裔新丁」；斯丁部，庫本作「新丁部」；仁德萬戶，庫本作「仁地萬戶」；後改府，庫本作「後改仁德府」〔註125〕。

今按，是也。考證如下：

檢《元史・地理志》：「仁德府，昔僰剌蠻居之，無郡縣。其部曰仲扎溢源，後烏蠻之裔新丁奪而有之。至四世孫，因其祖名新丁，以為部號。語訛為仁地。憲宗五年內附。明年立本部為仁地萬戶。至元初復叛，四年降之，仍為萬戶。十三年，改萬戶為仁德府。」〔註126〕《（景泰）雲南圖經志》：「蠻名新丁，又名尋甸部，訛為仁地，又為仁德部。蒙氏因名尋甸，段氏因名仁德。元初立萬戶，後改為府。」〔註127〕《大明一統志》：「古滇國地，昔僰剌蠻居此，號仲剒溢源部。後烏蠻名新丁者奪之，其後遂號新丁部。後語又訛，為仁地部。或云，蒙氏為尋甸，段氏改仁德部。元至元初置仁地萬戶府。後改仁德府。」〔註128〕《（正德）雲南志》：「古滇國地，昔僰剌蠻居之，無郡縣，其部

〔註120〕　《（正德）雲南志》，《天一閣藏明代方志選刊續編》第70冊，第455、456頁。
〔註121〕　〔明〕王尚用修，〔明〕陳梓纂：《（嘉靖）尋甸府志》卷上，明嘉靖刻本，葉一。
〔註122〕　《（萬曆）雲南通志》，《大理叢書方志篇》卷一，第298頁。
〔註123〕　《（萬曆）雲南通志》，《大理叢書方志篇》卷一，第298頁。
〔註124〕　《明史》卷三一四，清乾隆四年武英殿刻本，葉七。參見《明史》，中華書局1974年，第8097頁。
〔註125〕　《明史》，《景印文淵閣四庫全書》第302冊，第496頁。
〔註126〕　《元史》，第1470頁。
〔註127〕　《（景泰）雲南圖經志》，《大理叢書方志篇》卷一，第51頁。
〔註128〕　《大明一統志》，第1335頁。

曰仲割溢源。後烏蠻之裔新丁，奪而有之，至四世孫，遂因其祖名新丁，以為部號。語訛為仁地。或云，蒙氏為尋甸，段氏改仁德部。元憲宗五年內附。明年立本部為仁地萬戶府。至元十三年改仁德府。」〔註 129〕《（嘉靖）尋甸府志》引之。〔註 130〕《（萬曆）雲南通志》：「古滇國地，昔獚猁蠻居之，其部曰仲割溢源。後烏蠻之裔新丁，奪而有之，至四世孫，遂號新丁部。語訛為仁地部。蒙氏為尋甸，段氏改仁德部。元初置仁德萬戶府，至元間改仁德府。」〔註 131〕由此視之，本傳此句之「烏蠻裔斯丁」與眾書「烏蠻裔新丁」不同，「斯丁部」與「新丁部」不同，「仁德萬戶」與「仁地萬戶」不同。職是之故，筆者以為「烏蠻裔斯丁」為「烏蠻裔新丁」之訛，「斯丁部」為「新丁部」之訛，「仁德萬戶」為「仁地萬戶」之訛，由此「後改府」，亦當改為「後改仁德府」。

（二二）洪武十五年定雲南，仁德土官阿孔等貢馬及方物，改為尋甸軍民府〔註 132〕。

今識，「改為尋甸軍民府」在洪武十六年。理由如下：

按《明太祖實錄》卷一四三洪武十五年三月己未條，其時「更置雲南布政司所屬府、州、縣，為府五十有二」，中有「仁德」府〔註 133〕。《明太祖實錄》卷一五七洪武十六年十月辛未條：「改仁德府為仁德軍民府。」〔註 134〕《明太祖實錄》卷一五七洪武十六年十月丁丑條：「改仁德軍民府為尋甸軍民府。」〔註 135〕此其改仁德軍民府，又改尋甸軍民府之經過。又《明史・地理志》：「尋甸府。元仁德府。洪武十六年十月辛未升為仁德軍民府。丁丑改為尋甸軍民府。成化十二年改為尋甸府。」〔註 136〕《（景泰）雲南圖經志》：「今

〔註 129〕《（正德）雲南志》，《天一閣藏明代方志選刊續編》第 70 冊，第 455、456 頁。

〔註 130〕〔明〕王尚用修，〔明〕陳梓纂：《（嘉靖）尋甸府志》卷上，明嘉靖刻本，葉一。

〔註 131〕《（萬曆）雲南通志》，《大理叢書方志篇》卷一，第 298 頁。

〔註 132〕《明史》卷三一四，清乾隆四年武英殿刻本，葉八。參見《明史》，中華書局 1974 年，第 8097 頁。

〔註 133〕《明太祖實錄》，第 2250 頁。

〔註 134〕《明太祖實錄》，第 2433 頁。

〔註 135〕《明太祖實錄》，第 2434 頁。

〔註 136〕《明史》卷四六，清乾隆四年武英殿刻本，葉三。參見《明史》，中華書局 1974 年，第 1175 頁。

洪武十六年改為尋甸軍民府。」〔註 137〕由是可知，「改為尋甸軍民府」在洪武十六年，此繫在十五年下，誤。黃彰健曾論及之〔註 138〕。

又，本傳「仁德土官阿孔等貢馬及方物」。按《明太祖實錄》卷一八五洪武二十年九月己丑條，阿孔是洪武二十年尋甸軍民府知府沙琛之親叔〔註 139〕，而按《土官底簿》，沙琛是土官安陽之母〔註 140〕。阿孔貢馬及方物一事，《明太祖實錄》於十五年內未提及。檢《明太祖實錄》卷一五五洪武十六年七月辛未條：「雲南仁德府土酋阿孔等貢馬及方物，人賜錦一匹、鈔五錠。」〔註 141〕《明太祖實錄》卷一五六洪武十六年八月庚子條：「尋甸土官安陽等來朝，貢馬三十五匹及虎皮、氈衫等物，詔賜衣服、錦綺、鈔錠。」〔註 142〕《明太祖實錄》卷一五六洪武十六年九月戊午條：「貴州宣慰使靄翠、宋誠、永寧宣撫使祿照、烏撒知府實卜及東川、烏蒙、芒部、普安、仁德、曲靖、普定等府知府俱獻馬。」〔註 143〕是仁德府於十六年七、八、九三月連續貢馬，而十月即「改尋甸軍民府」。不識本傳謂阿孔貢馬，是否指此？果然，則阿孔貢馬亦當繫在十六年下。然文獻不足徵，阿孔或於十五年內，亦嘗貢馬及方物。俟考。

（二三）嘉靖六年，安銓作亂，乃土舍之失職者也〔註 144〕。

今識，此處有曲筆。考證如下：

《蠻司合誌》卷九云：「嘉靖六年，尋甸知府馬性魯徵差發銀，繫馬頭安銓妻于獄，簿比裸下體笞之。銓怒，召眾亂。」〔註 145〕黃雲眉曾論及之〔註 146〕。《（天啟）滇志》亦云：「設流官蒞之，安氏降為馬頭。嘉靖初，知府馬性魯以督徵糧稅，繫安氏餘孽安銓并其妻，裸撻之。銓憤激，遂作亂。」〔註 147〕然則作亂之禍首，實流官知府馬性魯。昔馬燁裸撻奢香，太祖斬之，

〔註 137〕 《（景泰）雲南圖經志》，《大理叢書方志篇》卷一，第 51 頁。
〔註 138〕 《明史纂誤再續》，《臺灣中央研究院歷史語言研究所集刊》，1967 年，第 541 頁。
〔註 139〕 《明太祖實錄》，第 2778 頁。
〔註 140〕 《土官底簿》，《景印文淵閣四庫全書》第 599 冊，第 383 頁。
〔註 141〕 《明太祖實錄》，第 2421 頁。
〔註 142〕 《明太祖實錄》，第 2427 頁。
〔註 143〕 《明太祖實錄》，第 2429 頁。
〔註 144〕 《明史》卷三一四，清乾隆四年武英殿刻本，葉八。參見《明史》，中華書局 1974 年，第 8098 頁。
〔註 145〕 《蠻司合誌》，《中國少數民族古籍集成（漢文版）》第二冊，第 201 頁。
〔註 146〕 《明史考證》，第 2479 頁。
〔註 147〕 《（天啟）滇志》，《大理叢書方志篇》卷三，第 470 頁。

今性魯為惡，史臣胡為隱其罪耶？

麗江

（二四）宋時麼些蠻蒙醋據之〔註148〕。

舊考，四庫館臣：「宋時麼些蠻蒙醋據之。臣章宗瀛按，蒙醋，《明統志》作蒙醋醋，與此小異。謹附考。」〔註149〕

今按，蒙醋，當作「蒙醋醋」。考證如下：

《大明清類天文分野之書》：「宋，南詔衰後，大理莫能有其地，乃麼些蠻蒙醋醋為酋長，世襲據之。」〔註150〕《大明一統志》：「宋時為麼些蠻酋蒙醋醋所據，大理莫能有。」〔註151〕《（正德）雲南志》：「宋時為麼些蠻酋蒙醋醋所據，段氏莫能有。」〔註152〕《（萬曆）雲南通志》同之〔註153〕。《明史》以前，未有作「蒙醋」者，是以知「蒙醋」，當作「蒙醋醋」。

（二五）（洪武）十六年，蠻長木德來朝貢馬〔註154〕。

今考，木德，當作「木得」。考證如下：

本傳此句之取材，《明太祖實錄》卷一五八洪武十六年十二月癸巳條：「雲南麗江等府酋長木德等來朝，賜襲衣有差。」〔註155〕作「木德」。又，《明太祖實錄》卷一五九洪武十七年正月壬子條：「以雲南土首申保為永昌府同知，木德為麗江府知府，羅克為蘭州知州……」〔註156〕《明太祖實錄》卷一六六洪武十七年十月壬午條：「雲南麗江府知府木德貢馬，詔賜錦綺、鈔帛。」〔註157〕《明太祖實錄》卷二〇七洪武二十四年二月癸酉條：「以麗江府知府木德男木初襲父職。」〔註158〕《明實錄》皆作「木德」。《明史》

〔註148〕《明史》卷三一四，清乾隆四年武英殿刻本，葉八。參見《明史》，中華書局1974年，第8098頁。

〔註149〕《明史》，《景印文淵閣四庫全書》第302冊，第514頁。

〔註150〕《大明清類天文分野之書》，《續修四庫全書》第586冊，第202頁。

〔註151〕《大明一統志》，第1336頁。

〔註152〕《（正德）雲南志》，《天一閣藏明代方志選刊續編》第70冊，第469頁。

〔註153〕《（萬曆）雲南通志》，《大理叢書方志篇》卷一，第305頁。

〔註154〕《明史》卷三一四，清乾隆四年武英殿刻本，葉八。參見《明史》，中華書局1974年，第8098頁。

〔註155〕《明太祖實錄》，第2447頁。

〔註156〕《明太祖實錄》，第2458頁。

〔註157〕《明太祖實錄》，第2553頁。

〔註158〕《明太祖實錄》，第3090頁。

依之作「木德」，理固宜然也。

　　然則《木氏宦譜》云：「知府阿甲阿得，官諱木得，字自然，號恒忠。甲之長子。」〔註159〕按木氏，明太祖賜姓木，沿用父子連名制，阿甲阿得，父諱阿烈阿甲，子名阿得阿初（官名木初）。《土官底簿》：「木得，通〔安〕州白沙村軍。」〔註160〕《（正德）雲南志》：「阿得，即木得，土官知府。」〔註161〕《（天啟）滇志》：「土官木得，在元為麗江宣撫司副使，本朝洪武初入貢歸附。後以克石門寨論功，授世官，為土知府。」〔註162〕此不同來源之材料皆作木得，且木氏後人康熙間有名木德者，則此貢馬者作「木得」是。

（二六）（洪武）十六年，蠻長木德來朝貢馬，以木德為知府，羅克為蘭州知州〔註163〕。

　　今識，「以木德為知府，羅克為蘭州知州」，實在洪武十七年。考證如下：

　　本傳此句，分別取材《明太祖實錄》卷一五八洪武十六年十二月癸巳條：「雲南麗江等府酋長木德等來朝，賜襲衣有差。」〔註164〕《明太祖實錄》卷一五九洪武十七年正月壬子條：「以雲南土首申保為永昌府同知，木德為麗江府知府，羅克為蘭州知州……」〔註165〕是《實錄》記木得來朝在十六年十二月，記其授予官職在十七年正月。《明史稿》依《實錄》，分別言之：「十六年，蠻長木德來朝貢馬，賜襲衣有差。十七年正月，以木德為知府，羅克為蘭州知州。」〔註166〕蓋《明史》館臣以為繁冗，便於貢馬後連帶言及授官之事。卻易誤導後人，今附識之。

　　《雲南機務抄黃》錄有洪武十七年正月二十一日，授予木得「中順大夫麗江府知府」之制〔註167〕。可證木得之正式授予知府，在十七年正月。又考《木氏宦譜》云：「知府阿甲阿得，官諱木得，字自然，號恒忠。甲之長子。元末任通安州知州，後復陞，改麗江宣撫司副使。大明洪武拾伍年，天兵南下，克服

〔註159〕《木氏宦譜》，雲南美術出版社 2001 年，第 15 頁。

〔註160〕《土官底簿》，《景印文淵閣四庫全書》第 599 冊，第 379 頁。

〔註161〕《（正德）雲南志》，《天一閣藏明代方志選刊續編》第 70 冊，第 481 頁。

〔註162〕《（天啟）滇志》，《大理叢書方志篇》卷三，第 472 頁。

〔註163〕《明史》卷三一四，清乾隆四年武英殿刻本，葉八。參見《明史》，中華書局 1974 年，第 8098 頁。

〔註164〕《明太祖實錄》，第 2447 頁。

〔註165〕《明太祖實錄》，第 2458 頁。

〔註166〕《明史稿》第七冊，第 129 頁。

〔註167〕《雲南機務抄黃》，《四庫全書存目叢書》史部第 45 冊，第 276 頁。

大理等處。得率眾首先歸附總兵官征南將軍太子太師潁國公傅友德等處。奏聞，欽賜以木姓，移行總兵潁國公傅，擬授職。拾陸年，奉總兵潁國公劄付，擬本府知府，開設麗江府……本年玖月，赴京進貢朝覲。太祖嘉其偉績，授誥命壹道，任本府世襲土官知府職事、中順大夫。」〔註168〕此言洪武十六年九月者，蓋木得離開麗江之時間，此時雖早有土官之銜，只是擬授而已。十二月至京始得貢馬。在京等到次年正月壬子，方由皇帝正式授予職銜，所謂實授也。

（二七）（洪武）十八年，巨津土酋阿奴聰叛，劫石門關，千戶浦泉戰死。吉安侯陸仲亨率指揮李榮、鄭祥討之，賊戰敗，遁入山谷，捕獲誅之。時木德從征，又從西平侯沐英征景東、定邊，皆有功，予世襲〔註169〕。

今考，阿奴聰之叛，在洪武十九年，此繫在十八年下，誤。理由如下：

按《明太祖實錄》卷一七九洪武十九年十二月戊申條：「雲南巨津州土酋阿奴聰叛，襲劫石門關，千戶浦泉戰死。吉安侯陸仲亨率指揮李榮、鄭祥討之，復其關，賊戰敗，遁入山谷，捕獲誅之，並其從四百餘人。」〔註170〕繫於洪武十九年。黃彰健曾論及之〔註171〕。又按《木氏宦譜》：「拾玖年捌月，巨津州土官知州阿奴聰反叛，攻打石門關等寨。領長男阿初等統兵，從吉安侯陸仲亨征，取本寨蒙古和貳處。本賊逃往西番。本年拾貳月，復回巨津州。貳拾年內擒獲本賊，押解赴潁國公總兵官處交割，處決訖。」〔註172〕是以，阿奴聰之叛，當繫於洪武十九年。

（二八）（洪武）二十六年十月，西平侯沐春奏，麗江土民每歲輸白金七百六十兩，皆麼些洞所產，民以馬易金，不諳真偽，請令以馬代輸，從之〔註173〕。

今考，《明實錄》繫此事於洪武二十六年十二月。考證如下：

本傳此句之取材，《明太祖實錄》卷二三〇洪武二十六年十二月己亥條：

〔註168〕《木氏宦譜》，雲南美術出版社2001年，第15頁。
〔註169〕《明史》卷三一四，清乾隆四年武英殿刻本，葉八。參見《明史》，中華書局1974年，第8098頁。
〔註170〕《明太祖實錄》，第2717頁。
〔註171〕《明史纂誤再續》，《臺灣中央研究院歷史語言研究所集刊》，1967年，第541頁。
〔註172〕《木氏宦譜》，雲南美術出版社2001年，第15頁。
〔註173〕《明史》卷三一四，清乾隆四年武英殿刻本，葉八。參見《明史》，中華書局1974年，第8098頁。

「西平侯沐春奏：『麗江府土民每歲輸白金七百六十兩，皆摩些洞所產，土民以馬易金，不諳真偽，請令以馬代輸為便。』許之。」〔註 174〕繫其事於十二月。黃雲眉曾論及之〔註 175〕。《實錄》卷二三〇以「洪武二十六年冬十月癸酉朔」〔註 176〕開篇，蓋修《明史》者，將此「己亥」條，誤繫於十月之下矣。

（二九）永樂十六年，檢校龐文郁言，本府及寶山、巨津、通安、蘭州四川歸化日久，請建學校，從之〔註 177〕。

舊考，川，庫本作「州」〔註 178〕。

今按，是也。《明史稿》作「州」〔註 179〕。《明史》刪潤《明史稿》時，無意訛誤。中華書局點校本徑改之〔註 180〕。

（三〇）成化十一年，知府木嶔奏，鶴慶千夫長趙賢屢糾羣賊越境殺掠，乞調旁衛官軍禽剿，命移知守臣計畫〔註 181〕。

今考，《明實錄》繫此事於成化十年十二月。考證如下：

《明憲宗實錄》卷一三六成化十年十二月乙巳條：「雲南麗江軍民府土官知府木嶔奏，鶴慶軍民府千夫長趙賢累糾群賊越境，困圍九和等里，殺掠人民，乞調旁衛所官軍擒剿之。上命兵部移文雲南守臣，覆按區處。」〔註 182〕繫此事於成化十年十二月。又，「禽」，中華書局點校本徑改作「擒」〔註 183〕。

（三一）（萬曆）三十八年，知府木增以征蠻軍興，助餉銀二萬餘兩，乞比北勝土舍高光裕例，加級。部覆賜三品服色，巡按御史劾其違越，請奪新恩，從之〔註 184〕。

〔註 174〕《明太祖實錄》，第 3368 頁。

〔註 175〕《明史考證》，第 2480 頁。

〔註 176〕《明太祖實錄》，第 3359 頁。

〔註 177〕《明史》卷三一四，清乾隆四年武英殿刻本，葉九。參見《明史》，中華書局 1974 年，第 8099 頁。

〔註 178〕《明史》，《景印文淵閣四庫全書》第 302 冊，第 497 頁。

〔註 179〕《明史稿》第七冊，第 129 頁。

〔註 180〕《明史》，中華書局 1974 年，第 8099 頁。

〔註 181〕《明史》卷三一四，清乾隆四年武英殿刻本，葉九。參見《明史》，中華書局 1974 年，第 8099 頁。

〔註 182〕《明憲宗實錄》，第 2562 頁。

〔註 183〕《明史》，中華書局 1974 年，第 8099 頁。

〔註 184〕《明史》卷三一四，清乾隆四年武英殿刻本，葉一〇。參見《明史》，中華書局 1974 年，第 8099 頁。

今考，高光裕非北勝土舍，乃姚安府土舍。考證如下：

本傳此句之取材，《明神宗實錄》卷五〇二萬曆四十年閏十一月己丑條：「奪原任吏部考功司郎中王宗賢俸半年。故事，土司奏討陞賞必繇撫按代題。先是，萬曆三十八年，雲南麗江府土官知府木增，以從征順、大等夷，助餉二萬餘兩，乞比北勝州土司同知高承祖、姚安府土舍高光裕等事例，加級。宗賢時為驗封員外，遂題覆加三品服色，及撫臣周嘉謨、按臣鄧渼糾其違越，宗賢乃具疏請罪，自悔失于行查。部議，當重加罰治，並追奪新加木增服色如撫按言，以懲薦越，且申明舊例。從之，」〔註185〕《實錄》言「北勝州土司同知高承祖」、「姚安府土舍高光裕」。檢《（天啟）滇志・土司官氏》於「姚安府」下曰：「金宸死，高光裕襲。」〔註186〕又檢《姚郡世守高氏源流總派圖》：「四十九世公光裕，號稱天儲，襲父職，居官恬靜，政不擾民，征調出師，與士卒同甘共苦。」〔註187〕以是知高光裕為姚安土舍。《（萬曆）雲南通志》於「北勝州」下曰：「土官高承祖。」〔註188〕《（乾隆）永北府志》：「高承祖，德子。隆慶三年告襲父職。五年，奉旨襲授北勝州土官府同知。仍管州事。」〔註189〕是高承祖為北勝州土同知無疑。檢《明史稿》云：「乞比北勝州土同知高承祖、土舍高光裕例，加級。」〔註190〕則《明史稿》採《實錄》時脫「姚安府」三字。《明史》刪潤《明史稿》，以為高承祖、高光裕俱屬北勝州，便刪去其一，乃成此誤。職是之故，「北勝土舍高光裕」誤，當云「姚安府土舍高光裕」。

又識，《明神宗實錄》卷四七二萬曆三十八年六月甲申條：「賜麗江府土知府木增加三品服色，從其請也。」〔註191〕是木增從征助餉，賜三品服之事，在萬曆三十八年。而據上所引《明神宗實錄》卷五〇二萬曆四十年閏十一月己丑條〔註192〕，可知本傳「巡按御史劾其違越，請奪新恩，從之」，發生於萬曆四十年。

〔註185〕《明神宗實錄》，第 9535 頁。

〔註186〕《（天啟）滇志》，《大理叢書方志篇》卷三，第 469 頁。

〔註187〕《姚郡世守高氏源流總派圖》，《雲南史料叢刊》第 5 卷，第 472 頁。

〔註188〕《（萬曆）雲南通志》，《大理叢書方志篇》卷一，第 368 頁。

〔註189〕〔清〕陳奇典修，劉慥纂：《（乾隆）永北府志》卷二五，乾隆三十年刻本，葉三。

〔註190〕《明史稿》第七冊，第 130 頁。

〔註191〕《明神宗實錄》，第 8909 頁。

〔註192〕《明神宗實錄》，第 9535 頁。

（三二）天啟二年，增以病告，加授左參政致仕〔註193〕。

今考，「左參政」誤，當作「右參政」。考證如下：

本傳此句之取材，《明熹宗實錄》卷二五天啟二年八月己卯條：「雲南麗江土知府木增，禦虜致疾，告替入山，准加本省本政使司左參政職銜致仕，以勸忠義。」〔註194〕作「加授左參政」。《明史》本之，似無誤。然《明熹宗實錄》卷六三天啟五年九月甲子條：「給雲南麗江軍民府知府、今加布政使司右參政職銜致仕木增誥命，以捐資助餉也。」〔註195〕又云「右參政」。若非木增職位有變動，則是《實錄》記載牴牾。

按木增在世時，囑人作傳《雲南木大夫生白先生忠孝紀》：「上曰：諭木增加布政司右參政職銜致仕。」〔註196〕《木氏宦譜》於木增下載：「本年（天啟二年）差人赴闕陳言十事，捐銀壹千，助國頒賞陣亡忠孝。朝廷褒以忠藎。吏部覆題，欽陞雲南布政使司右參政。叁年叁月拾肆日祗受。肆年告致仕。伍年助銀壹千，解司差人赴京，請給仁字伍佰伍拾伍號誥命壹道，授封中大夫雲南布政使司右參政，妻祿氏為淑人，又二道贈祖父祖母父母貳代。」〔註197〕則木增是「加授右參政致仕」。本傳此句作「左參政」誤。

元江

（三三）又開威遠等處，置威遠睒〔註198〕。

今識，「威遠睒」，《大明一統志》作「威遠瞼」〔註199〕，《（正德）雲南志》作「威遠瞼」〔註200〕。未詳孰是，俟考。然「睒」、「瞼」、「瞼」數字，自來爭議頗多，前人或混為一字，今作一解釋。考證如下：

《新唐書》：「有十瞼，夷語瞼若州。」〔註201〕《蠻書校注》於「六瞼」下

〔註193〕《明史》卷三一四，清乾隆四年武英殿刻本，葉一〇。參見《明史》，中華書局1974年，第8100頁。
〔註194〕《明熹宗實錄》，第1267頁。
〔註195〕《明熹宗實錄》，第2979頁。
〔註196〕〔明〕蔡毅中：《雲南木大夫生白先生忠孝紀》，木光：《木府風雲錄》，雲南民族出版社2006年，第46頁。
〔註197〕《木氏宦譜》，第48、49頁。
〔註198〕《明史》卷三一四，清乾隆四年武英殿刻本，葉一〇。參見《明史》，中華書局1974年，第8100頁。
〔註199〕《大明一統志》，第1337頁。
〔註200〕《（正德）雲南志》，《天一閣藏明代方志選刊續編》第70冊，第485頁。
〔註201〕《新唐書》，第6269頁。

注：「瞼者，州之名號也。韋齊休《雲南行記》有十瞼，字作此瞼字。」是「瞼」由「瞼」訛。《南詔德化碑》：「越賧天馬生郊。」〔註202〕作「賧」。《新唐書》：「越賧之西，多薦草，產善馬，世稱越賧駿。」〔註203〕是「賧」由「賧」訛。

《蠻書校注》於「六瞼」下注：「瞼者，州之名號也。韋齊休《雲南行記》有十瞼。」〔註204〕《新唐書》：「有十瞼，夷語瞼若州。」〔註205〕是可證瞼之意為州。《新唐書》曰：「南詔，或曰鶴拓，或曰龍尾，或曰苴咩，或曰陽劍。」〔註206〕此「陽劍」實為「陽瞼」之訛。《新唐書》曰：「苴咩瞼亦曰陽瞼。」〔註207〕陽瞼為南詔之都城，故以之代稱南詔。是瞼之音近劍。《蠻書校注》「六瞼」下，向達案曰：「今案董衝《唐書釋音》卷二十四，瞼，九儉切。恐以董衝音瞼為正也。」〔註208〕九儉切，則其音近劍。是可證瞼之音近劍。參以白語，《蠻書》曰：「大釐謂之史瞼，澄川謂之賧瞼。」〔註209〕此「十瞼」之「史瞼」，白語謂之 hetjiex（xɯ31ʨie33）。「賧瞼」即澄賧瞼之省稱，在六詔時有澄賧詔也。白語謂之 det dax jiex（tɯ31 tɑ33 ʨie33）。白語讀「瞼」為 ʨie33，正與漢文文獻所反映的瞼之音近劍合。是以，「瞼」讀 ʨie33，為州意。

《中國西南歷史地理考釋》：「《元史·地理志》及《（景泰）雲南志》諸書大都作賧，又作甸。」〔註210〕是「賧」之意與「甸」同。又《南詔德化碑》：「越賧天馬生郊。」〔註211〕越賧產馬，則賧之意當與甸同。是可證賧為甸意。至於其音則未可知。考諸白語。《蠻書》曰：「澄川謂之賧瞼。」〔註212〕此「十瞼」之「賧瞼」，即澄賧瞼之省稱，白語謂之 det dax jiex（tɯ31 tɑ33 ʨie33）。是白語讀賧為 tɑ33。甸，表示一大片平地，白語訓讀作 dax（tɑ33）。是賧、甸二字，在白語同音。在白語同音又同義，後遂用「甸」代「賧」。是以，「賧」讀 tɑ33，為甸意。

〔註202〕《南詔德化碑》，《大理叢書·金石篇》第 10 冊，第 4 頁。
〔註203〕《新唐書》，第 6269 頁。
〔註204〕〔唐〕樊綽撰，向達校注：《蠻書校注》，中華書局 1962 年，第 114 頁。
〔註205〕《新唐書》，第 6269 頁。
〔註206〕《新唐書》，第 6267 頁。
〔註207〕《新唐書》，第 6269 頁。
〔註208〕〔唐〕樊綽撰，向達校注：《蠻書校注》，中華書局 1962 年，第 114 頁。
〔註209〕《蠻書校注》，第 114 頁。
〔註210〕《中國西南歷史地理考釋》，第 443 頁。
〔註211〕《南詔德化碑》，《大理叢書·金石篇》第 10 冊，第 4 頁。
〔註212〕《蠻書校注》，第 114 頁。

《讀史方輿紀要》於「威遠瞼」下注曰：「瞼讀簡，制若中國之州。或曰與睒同，讀淡。」〔註213〕以瞼、睒同義而異其音。其曰「瞼讀簡，制若中國之州」，曰睒「讀淡」，是也。至於等同「瞼」、「睒」則非也，上舉「睒瞼」一詞可證。《蠻書校注》「六瞼」下，向達案曰：「又云瞼（xien），實泰語。」〔註214〕此蓋英人拉古柏里之說，以為「暹羅語 chiang（城）之對音」〔註215〕，以為其「南詔泰族說」立論。恐未若白語解釋之簡明。

（三四）後為麼些徒蠻、阿僰諸部所據〔註216〕。

今識，麼些徒蠻為一部。考證如下：

中華書局點校本作「後為麼些、徒蠻、阿僰諸部所據。」〔註217〕是以麼些、徒蠻各為一部。麼些徒蠻者，方國瑜認為：「麼些徒，或些麼徒……即《（景泰）雲南圖經志書》之……撒摩都，今之稱為撒瀰或散民者，即其遺裔，乃羅羅族之一隻。」〔註218〕羅羅者，今之彝族也。因此，麼些徒蠻為一部。中華書局點校本標點錯誤。龔蔭曾論及之〔註219〕。

（三五）元江府又奏，石屏州洛夾橋，每歲江水衝壞，止令本府修理，民不堪，乞命石屏州協治，從之〔註220〕。

今考，「元江府」，當云「元江軍民府」。「洛夾橋」，《實錄》作「洛矣橋」。考證如下：

本傳此句，取材《明太宗實錄》卷四四永樂三年七月戊午條：「雲南元江軍民府奏，石屏州洛矣橋，每歲江水沖壞，止令本府修理，民力不堪，乞命石屏州相兼修治，從之。」〔註221〕由是知，本傳「元江府」，《實錄》作「元江軍民府」；本傳「洛夾橋」，《實錄》作「洛矣橋」。按《明太宗實錄》卷四四永

〔註213〕〔清〕顧祖禹：《讀史方輿紀要》，中華書局2005年，第5123頁。

〔註214〕〔唐〕樊綽撰，向達校注：《蠻書校注》，中華書局1962年，第114頁。

〔註215〕《中國西南歷史地理考釋》，第443頁。

〔註216〕《明史》卷三一四，清乾隆四年武英殿刻本，葉一〇。參見《明史》，中華書局1974年，第8100頁。

〔註217〕《明史》，中華書局1974年，第8100頁。

〔註218〕方國瑜：《麼些民族考》，李紹明、程賢敏：《西南民族研究論文選》，四川大學出版社1991年，第279頁。

〔註219〕《明史雲南土司傳箋注》，第128頁

〔註220〕《明史》卷三一四，清乾隆四年武英殿刻本，葉一一。參見《明史》，中華書局1974年，第8100頁。

〔註221〕《明太宗實錄》，第701頁。

樂三年七月辛亥條：「賜雲南元江府知府那榮，金帶一丈，綺衣三襲，錦十八匹，銀百五十兩，鈔六百錠，並賜其僚從鈔幣有差。遂陞本府為元江軍民府，給之印信。」〔註222〕知辛亥日已改軍民府，是以《實錄》於戊午日作「軍民府」無誤，當從《實錄》。

（三六）破木龍寨，降甘莊，賊勢漸蹙〔註223〕。

今考，「木龍寨」為「末龍寨」之訛。考證如下：

本傳此句之取材，《明世宗實錄》卷三七四嘉靖三十年六月乙亥條：「破末龍寨，招降甘莊，賊勢漸蹙。」〔註224〕《校勘記》云：「末龍寨，廣本、閣本、歷本末作末。」〔註225〕又《五邊典則》卷二十三嘉靖三十年六月條鈔自《實錄》，作「木龍寨」〔註226〕。是以，有未、末、木三說。按《何文簡疏議》，何孟春巡撫雲南時所上有關元江土官的《強賊激變疏》云：「弘治十四年，因貴州叛賊米魯作亂，蒙調本府官軍前去征勦。該那瑛妾趙氏所管末龍寨朋出兵夫四十名，趙氏不肯出備，致累頭目封愛璽自行顧倩前去。後班師回還，告蒙委官，追斷趙氏，將末龍寨准作封愛璽倩軍之需。」〔註227〕知弘治年間元江有末龍寨。又萬斯同《明史·石簡傳》：「進破賊末龍砦，招甘莊賊降之，鑑勢漸蹙。」〔註228〕此亦作「末龍寨」。職是之故，未、木皆未確，當以「末龍寨」為是。

永昌

（三七）元初，於永昌立三千戶所，隸大理萬戶所〔註229〕。

舊考，四庫館臣：「隸大理萬戶所。『所』改『府』。按《元史·百官志》作萬戶府。」〔註230〕

〔註222〕《明太宗實錄》，第697頁。

〔註223〕《明史》卷三一四，清乾隆四年武英殿刻本，葉一一。參見《明史》，中華書局1974年，第8101頁。

〔註224〕《明世宗實錄》，第6671頁。

〔註225〕《明世宗實錄校勘記》，第1961頁。

〔註226〕《五邊典則》，《四庫禁燬書叢刊》史部第26冊，第643頁。

〔註227〕〔明〕何孟春：《何文簡疏議》，《景印文淵閣四庫全書》第429冊，臺灣商務印書館1986年，第113頁

〔註228〕〔清〕萬斯同：《明史》，《續修四庫全書》第329冊，上海古籍出版社2002年，第105頁。

〔註229〕《明史》卷三一四，清乾隆四年武英殿刻本，葉一三。參見《明史》，中華書局1974年，第8103頁。

〔註230〕《明史考證攟逸》，《續修四庫全書》第294冊，第409頁。

今按，是也。《大明清類天文分野之書》卷一六於「永昌府」下云：「元，丁巳年於永昌立千戶所，屬大理萬戶府。」〔註231〕《寰宇通志》：「元初，於永昌立三千戶所，隸大理萬戶府。」〔註232〕《大明一統志》同之〔註233〕。是本傳此句之「所」為「府」之訛。

（三八）洪武十五年定雲南，立金齒衛〔註234〕。

舊識，四庫館臣：「洪武十五年定雲南立金齒衛。臣章宗瀛按，《明實錄》，永昌，洪武十五年三月己未仍為府，屬布政司。《地理志》所載同。傳未詳。謹附識。」〔註235〕

今按，洪武十五年之有永昌府，無異議。然則「立金齒衛」時間，未詳孰是。考證如下：

檢《明太祖實錄》卷一四三洪武十五年三月己未條，其時「更置雲南布政司所屬府、州、縣，為府五十有二」，中有「永昌」府〔註236〕。《明史·地理志》：「永昌軍民府。元永昌府，屬大理路。洪武十五年三月屬布政司。十八年二月兼置金齒衛，屬都司。」〔註237〕洪武十五年之有永昌府，無異議。

然則「立金齒衛」，說法不一。本傳此句謂洪武十五年，《（景泰）雲南圖經志》：「今洪武十五年置永昌府，立金齒衛以鎮之，二十三年革永昌府，改為軍民指揮使司。」〔註238〕《大明一統志》：「洪武十五年仍置府，又立金齒衛，至二十三年，省府以金齒衛為軍民指揮使司。」〔註239〕同之。《明史·地理志》則謂洪武十八年二月，源出《明太祖實錄》卷一七一洪武十八年二月己未條：「置金齒衛指揮使司。」〔註240〕而李觀之為金齒指揮使在十六年，見下則考證。未詳孰是。蓋設衛之標誌既殊，古文之記述又略，不可知其詳

〔註231〕《大明清類天文分野之書》，《續修四庫全書》第586冊，第213頁。
〔註232〕〔明〕陳循：《寰宇通志》，《玄覽堂叢書續集》第18冊，正中書局1985年，第249頁。
〔註233〕《大明一統志》，第1339頁。
〔註234〕《明史》卷三一四，清乾隆四年武英殿刻本，葉一三。參見《明史》，中華書局1974年，第8103頁。
〔註235〕《明史》，《景印文淵閣四庫全書》第302冊，第514頁。
〔註236〕《明太祖實錄》，第2250頁。
〔註237〕《明史》卷四六，清乾隆四年武英殿刻本，葉一二。參見《明史》，中華書局1974年，第1188頁。
〔註238〕《（景泰）雲南圖經志》，《大理叢書方志篇》卷一，第113頁。
〔註239〕《大明一統志》，第1340頁。
〔註240〕《明太祖實錄》，第2597頁。

矣。姑置於此，以俟新材料。

（三九）以元雲南右丞觀音保為金齒指揮使，賜姓名李觀〔註241〕。

今考，此句繫年於洪武十五年下誤，當繫於洪武十六年。考證如下：

按《明太祖實錄》卷一五二洪武十六年二月庚子條：「征南將軍潁川侯傅友德遣人送故元雲南右丞觀音保、參政劉車車不花及酋長段世等一百六十人至京，獻馬一百七十匹，賜鈔有差，仍各賜其家屬衣服。尋以觀音保為金齒指揮使，賜姓名李觀。」〔註242〕《（康熙）雲南通志》：「（洪武）十六年二月，傅友德送元雲南右丞觀音保、參政車里不花、段世及段寶二孫至京師。上赦之，賜觀音保姓名李觀，授金齒指揮使，寶二孫賜名歸仁、歸義，授武昌、雁門兩衛鎮撫。」〔註243〕則以觀音保為金齒指揮使，賜姓名李觀，在洪武十六年。

黃彰健據《明太祖實錄》卷一七一洪武十八年二月己未條：「置金齒衛指揮使司。」〔註244〕謂：「李觀之任金齒指揮當在洪武十八年。」〔註245〕檢《雲南機務鈔黃》：「洪武十八年正月十二日，欽奉御寶，制諭總兵西平侯等：『雲南係在徼外，金齒亦甚遐荒，曩者諸將平定之後疵焉。於是命指揮李觀率兵撫守。其觀固守忠誠，今年段惠叛而能平定之，朕甚嘉焉。今差人往勞。及首密謀總旗者，爾西平侯等速為用心撫字，使知朕意。如制奉行。欽此。』」〔註246〕為李觀任金齒指揮在十八年以前之明證。故仍當以《明太祖實錄》卷一五二洪武十六年二月庚子條〔註247〕及《（康熙）雲南通志》〔註248〕所記為是，以李觀之任金齒指揮在洪武十六年。

（四〇）置司甸長官司，以土酋阿千為副長官，賜冠帶〔註249〕。

〔註241〕《明史》卷三一四，清乾隆四年武英殿刻本，葉一三。參見《明史》，中華書局 1974 年，第 8103 頁。

〔註242〕《明太祖實錄》，第 2389 頁。

〔註243〕〔清〕范承勳、吳自肅：《（康熙）雲南通志》卷三，康熙三十年刻本，葉三八、三九。

〔註244〕《明太祖實錄》，第 2597 頁。

〔註245〕《明史纂誤再續》，《臺灣中央研究院歷史語言研究所集刊》，1967 年，第 542 頁。

〔註246〕《雲南機務抄黃》，《四庫全書存目叢書》史部第 45 冊，第 277 頁。

〔註247〕《明太祖實錄》，第 2389 頁。

〔註248〕〔清〕范承勳、吳自肅：《（康熙）雲南通志》卷三，康熙三十年刻本，葉三八、三九。

〔註249〕《明史》卷三一四，清乾隆四年武英殿刻本，葉一三。參見《明史》，中華

舊考，四庫館臣：「置司甸長官司以土酋阿千為副長官。『司甸』改『施甸』，『千』改『干』。按《明實錄》，洪武十七年五月己酉，置施甸長官司，以土酋阿干為副長官。」〔註250〕

今按，是也。《明太祖實錄》卷一六二洪武十七年五月己酉條：「置雲南施甸長官司，以土酋阿干為副長官，賜以冠帶。」〔註251〕《明史稿》：「置施甸長官司，以土酋阿干為副長官，賜冠帶。」〔註252〕是「司」為「施」之訛，「千」為「干」之訛。蓋武英殿刻《明史》時發生訛誤。

（四一）（宣德）八年置騰衝州庫扛關、庫刀關、庫勒關、古湧二關〔註253〕。

舊考，四庫館臣：「古湧二關。湧改勇。按《地理志》及《一統志》皆作勇。」〔註254〕

今按，改「湧」為「勇」，未免過武。考證如下：

《大明一統志》云：「古勇關，在司城西一百里古勇甸。」〔註255〕《徐霞客遊記》：「巔塘關南越大山，西南繞古勇關北，分支東突者為尖山。」〔註256〕《明史·地理志》：「西有古勇關。」〔註257〕此則作「古勇」者。蓋四庫館臣據《明史·地理志》及《明統志》等改字。

然《明宣宗實錄》卷一〇六宣德八年九月己丑條：「置雲南騰衝州庫扛關、庫刀關、庫勒關、古湧二關。」〔註258〕原作「古湧」。《明英宗實錄》卷四三正統三年六月辛未條：「革雲南……庫扛關、庫刀關、庫勒關、古湧關……」〔註259〕亦作「古湧」。則《明實錄》作「古湧」。《大明一統志》於

書局1974年，第8103頁。

〔註250〕《明史考證攟逸》，《續修四庫全書》史部第294冊，第410頁。

〔註251〕《明太祖實錄》，第2512頁。

〔註252〕《明史稿》第七冊，第131頁。

〔註253〕《明史》卷三一四，清乾隆四年武英殿刻本，葉一四。參見《明史》，中華書局1974年，第8104頁。

〔註254〕《明史考證攟逸》，《續修四庫全書》史部第294冊，第410頁。

〔註255〕《大明一統志》，第1342頁。

〔註256〕《徐霞客遊記》，第974頁。

〔註257〕《明史》卷四六，清乾隆四年武英殿刻本，葉一三。參見《明史》，中華書局1974年，第1189頁。

〔註258〕《明宣宗實錄》，第2359頁。

〔註259〕《明英宗實錄》，第842頁。按庫刀關，原作庫力關，據《宣宗實錄》及《明史》改正。

「騰衝軍民指揮使司」下云：「後以順江州，及藤越、越甸、古湧三縣省入，隸大理路。」〔註260〕《（萬曆）雲南通志》同之〔註261〕。有「古湧」之地名，則「古湧」關未必錯誤。未詳孰是，恐不得輕易改動。

又識，本傳下文有「其庫扛關等五處」〔註262〕云云，則庫扛關、庫刀關、庫勒關各一，古湧關有二，合而得五，是「古湧二關」之意也。

（四二）乞於五處置巡檢司，以土軍尹黑、張保、李輔、郭節等為巡檢〔註263〕。

今考，「李輔」為「李甫」之訛。考證如下：

本傳此句之取材，《明宣宗實錄》卷一〇六宣德八年九月己丑條：「乞於五處置巡檢司，以土軍尹黑、張保、李甫、郭節為巡檢。」〔註264〕原作「李甫」。查《明史稿》，正作「李甫」〔註265〕。是以知本傳「李輔」為「李甫」之訛。

（四三）嘉靖元年復設永昌軍民府。領州一、縣二。其長官司二，曰施甸，曰鳳谿〔註266〕。

舊考，四庫館臣：「其長官司二。臣章宗瀛按，《地理志》稱永昌所屬長官司三，曰施甸，曰鳳谿，曰茶山。茶山為永樂五年析孟養地置，屬金齒軍民司，嘉靖元年屬府。此所載獨遺茶山，謹畫一增。」〔註267〕

今按，嘉靖後茶山改隸，不屬府，不需增。考證如下：

《明史・地理志》於「永昌軍民府」下云：「嘉靖元年十月罷軍民司，止為衛，復置永昌軍民府。領州一，縣二，安撫司四，長官司三。」〔註268〕下列施甸、鳳溪、茶山三長官司。並云：「茶山長官司。永樂五年析孟養地置，

〔註260〕《大明一統志》，第 1342 頁。

〔註261〕《（萬曆）雲南通志》，《大理叢書方志篇》卷一，第 265 頁。

〔註262〕《明史》卷三一四，清乾隆四年武英殿刻本，葉一四。參見《明史》，中華書局 1974 年，第 8104 頁。

〔註263〕《明史》卷三一四，清乾隆四年武英殿刻本，葉一四。參見《明史》，中華書局 1974 年，第 8104 頁。

〔註264〕《明宣宗實錄》，第 2359 頁。

〔註265〕《明史稿》第七冊，第 132 頁。

〔註266〕《明史》卷三一四，清乾隆四年武英殿刻本，葉一四。參見《明史》，中華書局 1974 年，第 8104 頁。

〔註267〕《明史》，《景印文淵閣四庫全書》第 302 冊，第 514 頁。

〔註268〕《明史》卷四六，清乾隆四年武英殿刻本，葉一二。參見《明史》，中華書局 1974 年，第 1188 頁。

屬金齒軍民司。嘉靖元年屬府。」〔註269〕此四庫館臣之論證也。

《大明一統志》於「金齒軍民使司」下云：「領安撫司一，縣一，長官司二。」〔註270〕無茶山長官司。於「騰衝軍民指揮使司」下云：「北至茶山長官司界二百四十里。」〔註271〕是茶山長官司既不屬金齒軍民使司，亦不屬騰衝軍民指揮使司。此天順間之隸屬情況，在嘉靖元年前。又《（萬曆）雲南通志》於「永昌軍民府」下云：「州一，縣二，安撫司一，長官司二。」〔註272〕無茶山長官司。此萬曆間之隸屬情況，在嘉靖元年後。《徐霞客遊記》：「巔塘之外為茶山長官司，舊屬中國，今屬阿瓦。」〔註273〕此則崇禎間情況。檢《（萬曆）雲南通志》於《建設志》之末附「夷司職官」，中有茶山長官司，云：「土官長官各一人。」〔註274〕於「羈縻差發」中有茶山長官司〔註275〕。《明史‧地理志》又於雲南行省之末別列「茶山長官司」等，云：「皆在西南極邊。俱永樂四年六月置。」〔註276〕蓋茶山長官司在極邊之地，制度不同，歸屬變動，只在嘉靖元年復置永昌軍民府時來屬，嘉靖後，最遲至萬曆時，又改隸，不屬永昌。《明史‧地理志》於「永昌軍民府」下列「茶山」者，恐只因嘉靖元年茶山暫屬永昌故，非明朝最終之隸屬情況。《明史‧土司傳》，於卷三一五別列《茶山長官司傳》。本傳此處，當不必畫一增。

新化

（四四）宣德八年，故長官普賜弟土舍普寧等來朝，貢馬，賜鈔幣〔註277〕。

今考，《實錄》繫此事於宣德九年。考證如下：

按《明宣宗實錄》卷一〇八宣德九年二月癸酉條：「雲南馬龍他郎甸長官

〔註269〕《明史》卷四六，清乾隆四年武英殿刻本，葉一四。參見《明史》，中華書局1974年，第1190頁。

〔註270〕《大明一統志》，第1340頁。

〔註271〕《大明一統志》，第1342頁。

〔註272〕《（萬曆）雲南通志》，《大理叢書方志篇》卷一，第264頁。

〔註273〕《徐霞客遊記》，第975頁。

〔註274〕《（萬曆）雲南通志》，《大理叢書方志篇》卷一，第351頁。

〔註275〕《（萬曆）雲南通志》，《大理叢書方志篇》卷一，第570頁。

〔註276〕《明史》卷四六，清乾隆四年武英殿刻本，葉一九。參見《明史》，中華書局1974年，第1196頁。

〔註277〕《明史》卷三一四，清乾隆四年武英殿刻本，葉一五。參見《明史》，中華書局1974年，第8104頁。

司故副長官普賜弟寧等來朝，貢馬。」〔註278〕此為普寧貢馬之記錄。《明宣宗實錄》卷一〇九宣德九年三月己丑條：「賜四川播州宣慰司長官楊威，湖廣散毛宣撫司把事秦阿送，雲南馬龍他郎甸長官司故土官舍人普寧等鈔幣有差。」〔註279〕此為賜鈔幣之記錄。以是知《實錄》繫此事於宣德九年，與《明史》不同。

威遠

（四五）大理時，為百夷所據〔註280〕。

舊考，四庫館臣：「大理時為百夷所據。『大理』改『段氏』，『百夷』改『白蠻』。按大理之名雖始於段氏，然以地名紀時代未協。且《一統志》稱威遠在段氏為金齒白蠻所據。《元史·地理志》同。此作『百夷』亦誤。」〔註281〕

今按四庫館臣之說，誤。理由如下：

《元史·地理志》：「其後金齒白夷蠻酋阿只步等奪其地。」〔註282〕則《元史·地理志》以為是「白夷」，非「白蠻」。

按威遠，清代屬普洱府，《欽定大清一統志》於「普洱府」下無「金齒白蠻」之記述。威遠北鄰景東直隸廳，《欽定大清一統志》於「景東直隸廳」下言：「唐時，南詔蒙氏立銀生府於此，為六節度之一。尋為金齒白蠻所陷，移府治於威楚，白蠻遂據其地。」〔註283〕檢《大明一統志》於「景東府」下言：「唐時，南詔蒙氏為銀生府之地。舊為濮落雜蠻所居，後金齒白蠻侵奪其地。宋時，大理段氏莫能復。」〔註284〕《大明一統志》於威遠州下云：「唐南詔銀生府之地，舊為濮落雜蠻所居。大理時為白夷所有。」〔註285〕是景東為白蠻，威遠為白夷。

又按《大明清類天文分野之書》於威遠府下曰：「唐，南詔銀生府之地，舊為濮落雜蠻所居。後金齒白夷侵奪其地。宋，大理段氏未能恢復。白夷疆

〔註278〕《明宣宗實錄》，第2432頁。
〔註279〕《明宣宗實錄》，第2447頁。
〔註280〕《明史》卷三一四，清乾隆四年武英殿刻本，葉一五。參見《明史》，中華書局1974年，第8105頁。
〔註281〕《明史考證攟逸》，《續修四庫全書》史部第294冊，第409頁。
〔註282〕《元史》，第1462頁。
〔註283〕《欽定大清一統志》，《景印文淵閣四庫全書》第483冊，第205頁。
〔註284〕《大明一統志》，第1327頁。
〔註285〕《大明一統志》，第1346頁。

盛。有開南州酋長阿只步為首，於遮窮悉遂濮落等蠻徙居山谷，遂有其地。」〔註286〕《正德）雲南志》：「大理時，為白夷所有。」〔註287〕《（萬曆）雲南通志》：「後金齒僰夷侵奪之。」〔註288〕皆以威遠為「白夷」所有。按白夷，又作百夷、擺夷、僰夷、伯夷，是今日傣族等民族之先民。

以是知本傳作「百夷」無誤。蓋四庫館臣不識百夷、白夷是一音之異寫，又等同蠻夷，故讀白夷為白蠻，遂成此誤。

至於以「大理」紀時代，段氏既建大理國，改與不改，無傷文意。

（四六）宣德三年，刀慶罕遣頭目招剛刀著中等來貢〔註289〕。

今議，龔蔭曰：「『招剛』是傣語『中』之意，如稱『招魯』、『招剛』、『招乃』，即是指大、中、小頭目。」〔註290〕中華書局點校本標點作「刀慶罕遣頭目招剛、刀著中等來貢」〔註291〕誤。

（四七）正統六年給威遠土知州刀蓋金牌，命合兵剿麓川叛寇，以捷聞〔註292〕。

舊考，四庫館臣：「給威遠土知州刀蓋金牌命合兵剿麓川叛寇。『蓋』下增『罕』字，『合』下刪『兵』字。」〔註293〕

今按，「蓋」下確當增「罕」字。考證如下：

「合」下刪「兵」字，是為保證增「罕」字後字數不變，此四庫改字之通例。《英宗實錄》卷八一正統六年七月己亥條：「敕雲南威遠州土官知州刀蓋罕。」〔註294〕本傳上文云：「正統二年，土知州刀蓋罕遣人貢馬及銀器，賜綵幣等物，并以新信符給之。」〔註295〕知「蓋」下確當增「罕」字。

〔註286〕《大明清類天文分野之書》，《續修四庫全書》第586冊，第199頁。
〔註287〕《（正德）雲南志》，《天一閣藏明代方志選刊續編》第70冊，第594頁。
〔註288〕《（萬曆）雲南通志》，《大理叢書方志篇》卷一，第311頁。
〔註289〕《明史》卷三一四，清乾隆四年武英殿刻本，葉一五。參見《明史》，中華書局1974年，第8105頁。
〔註290〕《明史雲南土司傳箋注》，第143頁。
〔註291〕《明史》，中華書局1974年，第8105頁。
〔註292〕《明史》卷三一四，清乾隆四年武英殿刻本，葉一六。參見《明史》，中華書局1974年，第8106頁。
〔註293〕《明史考證攟逸》，《續修四庫全書》史部第294冊，第410頁。
〔註294〕《明英宗實錄》，第1611頁。
〔註295〕《明史》卷三一四，清乾隆四年武英殿刻本，葉一六。參見《明史》，中華書局1974年，第8105頁。

（四八）斬其頭目派罕〔註296〕。

舊考，中華書局：「刀派罕，原脫『刀』字，據《英宗實錄》卷八一正統六年七月己亥條、《國榷》卷二五頁一六一二補。」〔註297〕

今按本傳無誤。考證如下：

檢《英宗實錄》卷八一正統六年七月己亥條：「斬其頭目刀派罕。」〔註298〕《國榷》：「己亥，敕雲南威遠州土官知州刀蓋罕：爾母子躬擐甲冑，斬麓川頭目刀派罕，逐賊過江，斬數百級，深足嘉尚。特進爾奉政大夫修正庶尹，封爾母太宜人，賜銀帶綵幣。」〔註299〕皆作「刀派罕」。然「刀」者，姓也。稱名可不稱姓，故知本傳作「派罕」亦無誤。此「刀」字可補可不補。

有關刀之為姓，《萬曆野獲編》於《夷姓》曰：「傳聞西南諸夷，初無氏族。國初黔寧王出鎮，諸夷來降，乞姓者凡三族。黔寧曰：汝輩無他，但怕刀剁耳。即以三字分作三姓，不知果否。今夷姓刀者最多，姓怕者惟孟艮禦夷府土官一家，其剁姓則未之見也。《滇載》又云，雲南夷酋姓，曰刀、曰罕、曰曩者甚多。相傳國初定諸夷時，高皇帝惡其反覆，賜以刀曩斧砍四姓。其砍氏今作罕，亦作坎，但無斧姓者，意其已滅絕耶。夷姓又別有茶只伽卡（可打切）阿絞些眥矣。此等字俱中華所無，其所紀似不妄。然則云黔寧賜怕刀剁三字姓，或是他夷，抑本一事訛為二事也。」〔註300〕順識於此。

（四九）陶孟刀孟經等亦賜賚有差〔註301〕。

今識，龔蔭曰：「陶孟，頭目之意，並非人名。」〔註302〕陶孟，或作「陶猛」。《行邊紀聞》：「陶猛者，猶華言頭目也。」〔註303〕《西園聞見錄》〔註304〕、

〔註296〕 《明史》卷三一四，清乾隆四年武英殿刻本，葉一六。參見《明史》，中華書局1974年，第8106頁。

〔註297〕 《明史》，中華書局1974年，第8124頁。

〔註298〕 《明英宗實錄》，第1611頁。

〔註299〕 〔清〕談遷：《國榷》，中華書局1958年，第1612頁。

〔註300〕 《萬曆野獲編》，第759頁。

〔註301〕 《明史》卷三一四，清乾隆四年武英殿刻本，葉一六。參見《明史》，中華書局1974年，第8106頁。

〔註302〕 《明史雲南土司傳箋注》，第143頁。

〔註303〕 〔明〕田汝成：《行邊紀聞》，《中華文史叢書》之二三，臺灣華文書局1968年，第567頁。

〔註304〕 〔明〕張萱：《西園聞見錄》，《續修四庫全書》第1169冊，上海古籍出版社2002年，第755頁。

《咸賓錄》〔註305〕同之。中華書局點校本斷句作「陶孟、刀孟經等亦賜賚有差」〔註306〕，誤。

（五〇）成化元年，威遠州土舍刀朔罕遣頭目刀昔思貢象馬并金銀器，賜予如例〔註307〕。

今考，「刀昔思」，《明實錄》作「刀昔恩」。考證如下：

《明憲宗實錄》卷一四成化元年二月甲辰條：「雲南孟養地方思洪法遣陶孟刀板慶，並威遠州土官舍人刀朔罕遣頭目刀昔恩等來朝，貢象馬並金銀器皿等物，賜衣服綵段有差。」〔註308〕作「刀昔恩」，與本傳不同。

北勝

（五一）（宣德）十年，土知府高瑛來朝貢，賜鈔幣〔註309〕。

今考，高瑛實為土判官，當改「土知府」為「土判官」。考證如下：

本傳上文言「宣德四年，土判官高琳子瑛來貢方物，請襲父職。」〔註310〕而此處，宣德十年，高瑛卻以土知府身份出現，且北勝一州耳，不當有知府，殊為奇怪。

《土官底簿》於北勝州「判官」下云：「高亮，洪武十六年率領土官接應大軍，總兵官劄任判官。十七年，赴京朝覲，實授。未任，吉安侯差領民兵征取石門關，被賊藥箭射傷身死。男高琳備馬進貢到京，告襲。永樂十一年二月，奉聖旨：『准他著襲了，欽此。』故。宣德四年，男高瑛，奉聖旨：『准他襲，欽此。』老病。成化三年十二月，庶長男高慶，題准行令就彼冠帶襲替訖。」〔註311〕則高瑛當襲判官之職，且任至成化三年。《土官底簿》又於「北勝州知州」下云：「高銘，永樂五年十月，奉聖旨，准他襲知州，

〔註305〕〔明〕羅日褧：《咸賓錄》，《四庫全書存目叢書》史部第255冊，齊魯書社1997年，第691頁。

〔註306〕《明史》，中華書局1974年，第8106頁。

〔註307〕《明史》卷三一四，清乾隆四年武英殿刻本，葉一六。參見《明史》，中華書局1974年，第8106頁。

〔註308〕《明憲宗實錄》，第227頁。

〔註309〕《明史》卷三一四，清乾隆四年武英殿刻本，葉一七。參見《明史》，中華書局1974年，第8107頁。

〔註310〕《明史》卷三一四，清乾隆四年武英殿刻本，葉一七。參見《明史》，中華書局1974年，第8107頁。

〔註311〕《土官底簿》，《景印文淵閣四庫全書》第599冊，第373頁。

還著他來朝，欽此。患病。男高昶保送總督尚書處替職。正統六年，殺賊有功，陞府同知，仍管本州事。」〔註312〕《（乾隆）永北府志》：「高銘，策子，永樂六年本州關奉吏部丑字肆□壹拾貳號勘合，題奉欽依，准襲土知州職。高昶，銘子，正統三年告保，官兵操練，聽候調征，襲替父職。」〔註313〕是宣德十年，北勝州知州由高銘擔任。職是之故，宣德十年，高瑛為土判官。

本傳此句之取材，《明英宗實錄》卷一二宣德十年十二月癸亥條：「雲南騰沖衛守禦千戶所土官汪智，四川平茶洞長官司土官楊通衡，湖廣九溪衛桑植安撫司土官黃潮端，四川播州宣慰司安撫猶恭，雲南瀾滄〔衛〕北勝州土官高瑛，貴州普定衛慕役長官司土官杜宣，俱來朝貢馬，賜彩幣等物有差。」〔註314〕只言高瑛為「北勝州土官」，未言具體職務。而《明史稿》採《實錄》則云：「十年，土官知州高瑛來朝貢，賜鈔幣」〔註315〕憑空增「知州」二字。至於《明史》，則云「土知府高瑛」，又訛「州」為「府」矣。

灣甸

（五二）洪武十七年置灣甸縣〔註316〕。

今考，「灣甸縣」為「灣甸州」之訛。考證如下：

《大明一統志》：「洪武十七年置灣甸州，編戶五里。」〔註317〕與本傳不同。又《（正德）雲南志》：「洪武十七年置灣甸州，編戶五里。」〔註318〕與《明一統志》同。至於《（景泰）雲南圖經志》：「今洪武十七年歸附後，開設灣甸州。」〔註319〕無明確之置州時間。然則本傳後文云：「尋仍改為灣甸州。」〔註320〕則本傳此處當作「灣甸州」也。

〔註312〕《土官底簿》，《景印文淵閣四庫全書》第 599 冊，第 372 頁。

〔註313〕《（乾隆）永北府志》卷二五，乾隆三十年刻本，葉二。

〔註314〕《明英宗實錄》，第 226 頁。

〔註315〕《明史稿》第七冊，第 133 頁。

〔註316〕《明史》卷三一四，清乾隆四年武英殿刻本，葉一七。參見《明史》，中華書局 1974 年，第 8107 頁。

〔註317〕《大明一統志》，第 1346 頁

〔註318〕《（正德）雲南志》，《天一閣藏明代方志選刊續編》第 70 冊，第 595 頁。

〔註319〕《（景泰）雲南圖經志》，《大理叢書·方志篇》卷一，第 123 頁。

〔註320〕《明史》卷三一四，清乾隆四年武英殿刻本，葉一七。參見《明史》，中華書局 1974 年，第 8107 頁。

（五三）永樂元年三月設灣甸長官司，以西平侯沐晟奏地近麓川，
地廣人稠故也〔註321〕。

今考，「三月」，當改為「正月」。考證如下：

本傳此句之取材，《明太宗實錄》卷一六永樂元年正月乙未條：「設者樂
甸、大侯、干崖、灣甸、潞江五長官司，隸雲南都司。時西平侯沐晟言，其地
舊屬麓川平緬，而地廣人稠，宜設長官司治之，故有是命。」〔註322〕繫此事
於永樂元年正月，與本傳不同。《明史·地理志》：「灣甸禦夷州。本灣甸長官
司。永樂元年正月析麓川平緬地置，直隸都司。三年四月升為州。直隸布政
司。」〔註323〕亦繫此事於永樂元年正月。其餘《實錄》所說同時設置之四長官
司，《明史·地理志》亦皆繫年於永樂元年正月：「者樂甸長官司。永樂元年
正月析麓川平緬地置，直隸都司。」〔註324〕「大侯長官司。永樂元年正月析
麓川平緬地置，直隸都司。」〔註325〕「永樂元年正月析置干崖長官司，直隸
都司。」〔註326〕「永樂元年正月析置潞江長官司，直隸都司。」〔註327〕以此
知本傳之「三月」不確，當從《實錄》繫此事於永樂元年正月。黃彰健曾論及
之〔註328〕。

（五四）宣德八年以土官刀景項弟景辦法繼兄職〔註329〕。

今考，《土官底簿》以景辦法為刀景項之子。考證如下：

本傳此句之取材，《明宣宗實錄》卷一〇六宣德八年十月壬子條：「命故

〔註321〕 《明史》卷三一四，清乾隆四年武英殿刻本，葉一七。參見《明史》，中華
書局1974年，第8107頁。

〔註322〕 《明太宗實錄》，第295頁。

〔註323〕 《明史》卷四六，清乾隆四年武英殿刻本，葉一八。參見《明史》，中華書
局1974年，第1195頁。

〔註324〕 《明史》卷四六，清乾隆四年武英殿刻本，葉一八。參見《明史》，中華書
局1974年，第1195頁。

〔註325〕 《明史》卷四六，清乾隆四年武英殿刻本，葉一四。參見《明史》，中華書
局1974年，第1191頁。

〔註326〕 《明史》卷四六，清乾隆四年武英殿刻本，葉一六。參見《明史》，中華書
局1974年，第1193頁。

〔註327〕 《明史》卷四六，清乾隆四年武英殿刻本，葉一三。參見《明史》，中華書
局1974年，第1189頁。

〔註328〕 《明史纂誤再續》，《臺灣中央研究院歷史語言研究所集刊》，1967年，第543
頁。

〔註329〕 《明史》卷三一四，清乾隆四年武英殿刻本，葉一七。參見《明史》，中華
書局1974年，第8108頁。

孟定府罕顏法弟刀祿孟，灣甸知州刀景項弟景辦法各繼兄職。」〔註330〕以景辦法為景項弟。《土官底簿》云：「刀景項，永樂二十二年正月襲。故。男景辦法襲。宣德八年十一月奉宣宗皇帝聖旨，景辦法准襲土官知州刀景項職事，還行文書去體勘，如有不應襲，另有定奪，欽此。」〔註331〕則以景辦法為景項子。龔蔭曾論及之〔註332〕。未詳孰是，存疑待考。

（五五）萬曆十一年，土官景真率弟宗材導木邦叛賊罕虔入寇姚關，宗真死於陣，禽宗材斬之。景真子幼，貸死，降為州判官。後從討猛廷瑞有功，復舊職〔註333〕。

今考，景真，脫「宗」字，當作「景宗真」。考證如下：

從其上文來看，景真，脫「宗」字。龔蔭曾論及之〔註334〕。《（康熙）雲南通志》亦載是事，曰：「萬曆十一年，景宗真率弟宗材導罕虔入寇姚關，宗真死於陣，擒宗材斬之。以宗真子景從幼，姑存之，降為州判。後從討猛廷瑞有功，復陞知州。」〔註335〕作「宗真」，可為之證。是以，當於「景」、「真」間補「宗」字，或改「景真」為「宗真」。又，「禽」，中華書局點校本逕改作「擒」〔註336〕。

鎮康

（五六）（永樂）二十一年，知府刀孟廣來朝，貢馬〔註337〕。

今考，「知府」為「知州」之訛。考證如下：

本傳此句之取材，《明太宗實錄》卷二六四永樂二十一年十月戊辰條云：「木邦宣慰使罕賓法弟罕線法，孟定府土官知府刀名扛，鎮康州土官知州刀孟廣，及灣甸州金齒軍民指揮司，各遣人貢象馬等物。」〔註338〕以刀孟廣為

〔註330〕《明宣宗實錄》，第2371頁。
〔註331〕《土官底簿》，《景印文淵閣四庫全書》第599冊，第370頁。
〔註332〕《明史雲南土司傳箋注》，第148頁。
〔註333〕《明史》卷三一四，清乾隆四年武英殿刻本，葉一八。參見《明史》，中華書局1974年，第8108頁。
〔註334〕《明史雲南土司傳箋注》，第149頁。
〔註335〕〔清〕范承勳、吳自肅：《（康熙）雲南通志》卷二七，康熙三十年刻本，葉一五。
〔註336〕《明史》，中華書局1974年，第8108頁。
〔註337〕《明史》卷三一四，清乾隆四年武英殿刻本，葉一八。參見《明史》，中華書局1974年，第8108頁。
〔註338〕《明太宗實錄》，第2407頁。

知州。黃彰健曾論及之〔註339〕。《土官底簿》於「鎮康州知州」下云:「永樂七年七月,欽設鎮康州,將曩光陞做知州。故。男刀孟廣年方一歲,內府司設監右少監徐光令親弟刀木襖權署。永樂十六年九月,傳奉聖旨:『吏部知道,欽此。』為無保結,本年九月奉聖旨:『若是著他借管,久後爭,只著他兒子襲了罷,欽此。』」〔註340〕亦以刀孟廣襲知州。又查《明史稿》:「二十一年,知州刀孟廣來朝,貢馬。」〔註341〕與《實錄》和《底簿》同。故知《明史》刪採《史稿》之時,將「知州」訛作「知府」。

大侯

(五七)(永樂)六年,長官刀奉偶遣弟不納狂來貢,賜予
　　　　如例〔註342〕。

舊考,四庫館臣:「六年長官刀奉偶遣弟不納狂來貢。按,永樂九年六月刀奉偶遣弟混三等貢馬及方物,賜鈔及文綺襲衣。見《明實錄》。」〔註343〕

今按,不識館臣引此何意。不納狂,《明實錄》作「不納旺」。考證如下:

本傳此句之取材,《明太宗實錄》卷八一永樂六年七月甲戌條:「雲南大侯長官司長官刀奉偶遣其弟不納旺來朝貢馬及方物,賜之鈔幣。」〔註344〕作「不納旺」。

(五八)宣德四年陞大侯長官司為大侯州〔註345〕。

舊考,中華書局:「本書卷四六《地理志》、《宣宗實錄》卷四三宣德三年五月戊午條繫於宣德三年。」〔註346〕

今按,中華書局之說,是也。當改「四年」為「三年」。考證如下:

此句之取材,《宣宗實錄》卷四三宣德三年五月戊午條:「陞雲南大侯長

〔註339〕《明史纂誤再續》,《臺灣中央研究院歷史語言研究所集刊》,1967年,第545頁。

〔註340〕《土官底簿》,《景印文淵閣四庫全書》第599冊,第371頁。

〔註341〕《明史稿》第七冊,第133頁。

〔註342〕《明史》卷三一四,清乾隆四年武英殿刻本,葉一九。參見《明史》,中華書局1974年,第8109頁。

〔註343〕《明史考證攟逸》,《續修四庫全書》史部第294冊,第410頁。

〔註344〕《明太宗實錄》,第1092頁。

〔註345〕《明史》卷三一四,清乾隆四年武英殿刻本,葉一九。參見《明史》,中華書局1974年,第8109頁。

〔註346〕《明史》,中華書局1974年,第8124頁。

官司為大侯州。」〔註347〕《明史・地理志》：「宣德三年五月升為大侯禦夷州，直隸布政司。」〔註348〕俱繫於宣德三年。又據《土官底簿》於《大侯州知州》下云：「刀奉漢，即刀奉罕，襲任大侯長官司長官。宣德三年間具奏，要照灣甸、鎮康二州例，陞做州。本年五月奉聖旨，這長官司陞做大侯州，刀奉罕就陞本州知州，禮部鑄印與他，欽此。」〔註349〕亦繫於宣德三年。故當改本傳之「四年」為「三年」。

（五九）（正統）七年，敕刀奉漢子刀奉送襲大侯知州，賜冠帶、印章、綵段表裏，以奉送能率土兵助討麓川也。十一年，大侯知州奉外法等貢銀器、象馬，賜綵幣、衣服有差〔註350〕。

今議，此一州二土官，刀奉送、奉外法共理州務。考證如下：

龔蔭曰：「弟刀奉送已於正統七年襲職，何以正統十一年還有兄奉外法為知州？據《土官底簿》記弟刀奉送是因征討麓川有功授職，授職後是與兄奉外法同管地方。」〔註351〕其說是也。《土官底簿》：「（刀奉罕）正統四年二月被麓川賊人刀怕縛等殺死。嫡長男奉外法，五年六月奉聖旨：『准他襲，欽此。』奉外法，六年七月被麓川賊寇擄殺不存。弟刀奉送，七年正月奉聖旨：『是，著刀奉送襲知州，賜與冠帶。禮部便鑄印，還寫勅與他，欽此。』雲南會勘。奉外法，七年十二月回還，與弟奉送法同管地方。奉外法病故，長男奉吉利法應襲，送部議，擬將奉吉利法准令襲父職奉外法知州。回還掌印，與知州奉送法同管州事。奉送法終年，子孫不襲。」又據《明英宗實錄》卷一三〇正統十年六月庚申條：「初，雲南大候州土官知州奉外法為思任發所虜，靖遠伯王驥以其弟刀奉送代為知州，麓川既平，奉外法得歸，與刀奉送共理州務。」〔註352〕由於知州奉外法被擄，大侯缺知州，故其弟刀奉送因功代為知州。後奉外法還，遂兄弟一同管事，回還掌印，出現一州二土官現象。奉外法襲父職，故其職事可世襲，刀奉送因功為知州，故不世襲。

〔註347〕《明宣宗實錄》，第 1046 頁。

〔註348〕《明史》卷四六，清乾隆四年武英殿刻本，葉一四。參見《明史》，中華書局 1974 年，第 1191 頁。

〔註349〕《土官底簿》，《景印文淵閣四庫全書》第 599 冊，第 375 頁。按《大侯州知州》一節，「刀」字，原作「刁」，蓋傳寫之誤。

〔註350〕《明史》卷三一四，清乾隆四年武英殿刻本，葉一九。參見《明史》，中華書局 1974 年，第 8109 頁

〔註351〕《明史雲南土司傳箋注》，第 153 頁。

〔註352〕《明英宗實錄》，第 2589 頁。

瀾滄衛

（六〇）弘治十一年，福建布政李韶以前任雲南參議，知土俗事宜，
上疏言四事〔註353〕。

舊考，四庫館臣：「福建布政李韶以前任雲南參議知土俗事宜上疏言四事。
臣章宗瀛按，《明實錄》，李韶是疏在弘治十二年九月乙丑，此作『十一年』。
又，韶前任雲南右參政，此作參議。均誤。謹據改。」〔註354〕

今按，《明實錄》繫該事於弘治十二年，並云李韶是「雲南右參政」。考
證如下：

本傳此句之取材，《明孝宗實錄》卷一五四弘治十二年九月乙丑條：「福
建右布政使李韶，以前任雲南右參政，頗知土俗事宜，上疏言四事。」〔註355〕
繫於十二年，且言職位為參政。至於具體上疏四事，《實錄》下文載之甚詳，
不贅錄。

（六一）請添設兵備副使於瀾滄衛城，以姚安、大羅、賓川、鶴、
麗、大理、洱海、景東諸府州衛所，皆令屬之〔註356〕。

今識，「鶴、麗」指「鶴慶、麗江」。本傳此句之取材，即上則考證所引
《明孝宗實錄》卷一五四弘治十二年九月乙丑條具體上疏四事之一：「請添設
兵備副使於瀾滄城，以姚安、大羅、賓川、鶴慶、麗江、大理、洱海、景東府
州衛所屬之。」〔註357〕知「鶴、麗」指「鶴慶、麗江」。《（正德）雲南志》載
有「鶴慶軍民府」、「麗江軍民府」〔註358〕。中華書局點校本標點為「以姚安、
大羅、賓川、鶴麗、大理、洱海、景東諸府州衛所」〔註359〕，誤。

麓川

（六二）元時皆屬緬甸。緬甸，古朱波地也。宋寧宗時，緬甸、
波斯等國進白象，緬甸之名自此始。緬在雲南之西南，

〔註353〕《明史》卷三一四，清乾隆四年武英殿刻本，葉二〇。參見《明史》，中華
書局1974年，第8110頁。
〔註354〕《明史》，《景印文淵閣四庫全書》第302冊，第515頁。
〔註355〕《明孝宗實錄》，第2736頁。
〔註356〕《明史》卷三一四，清乾隆四年武英殿刻本，葉二〇。參見《明史》，中華
書局1974年，第8111頁。
〔註357〕《明孝宗實錄》，第2736頁。
〔註358〕《（正德）雲南志》，《天一閣藏明代方志選刊續編》第70冊，第21頁。
〔註359〕《明史》，中華書局1974年，第8111頁。

最窮遠。與八百國、占城接境。有城郭室屋，人皆樓居，
地產象馬。元時最強盛。元嘗遣使招之，始入貢。洪武
六年遣使田儼、程斗南、張禕、錢允恭齎詔往諭。至安南，
留二年，以道阻不通。有詔召之，惟儼還，餘皆道卒〔註360〕。

舊考，四庫館臣：「『元時皆屬緬甸』至『餘皆道卒』改『漢時為永昌郡徼
外。麓川之地曰大布茫，曰賧頭附賽，曰賧中彈吉，曰賧尾福祿培，在茫施
東。平緬之地曰驃賧，曰羅必四莊，曰小沙摩弄，曰驃賧頭，在麓川東北。皆
處金沙江之南，故為白蠻所據。其地又有龍川江，為麓川達木邦之路，蠻恃
以為險。元中統初始內附。至元十三年立為路，並隸于金齒宣撫司。洪武』。
按《一統志》及《元史》、《經世大典》、《明史》、《明一統志》、《明史紀事本
末》諸書，麓川、平緬，在元時立兩路，屬金齒宣撫司。此作屬緬甸誤。且以
下接紀緬甸事實，業已詳載彼傳，尤不應複敘。茲據諸書所載麓川、平緬疆
土建置改正。」〔註361〕

今按，四庫館臣之說，「白蠻」當作「白夷」。考證如下：

茲錄其所據諸書載麓川、平緬疆土建置者。《欽定大清一統志》於「隴川宣
撫司」下云：「本漢永昌郡徼外地，其地曰大布茫，曰賧頭附賽，曰賧中彈吉，
曰賧尾福祿培，皆白蠻所居。元中統初內附，隸金齒宣撫司。至元十三年置麓
川路軍民總管府。明洪武十七年置麓川平緬軍民宣慰使司。正統三年土蠻思任
發叛，六年討平之，遂廢。十一年復置於隴把之地，改曰隴川宣撫司，與南甸、
干崖謂之三宣。萬歷間入於緬，已而復歸中國。本朝因之隸永昌府騰越州。」
〔註362〕《元史・地理志》：「平緬路，北近柔遠路。其地曰驃賧，曰羅必四庄，
曰小沙摩弄，曰驃賧頭，白夷居之。中統初內附，至元十三年立為路，隸宣撫
司。麓川路，在茫施路東。其地曰大布茫，曰賧頭附賽，曰賧中彈吉，曰賧尾
福祿培，皆白夷所居。中統初內附，至元十三年立為路，隸宣撫司。」〔註363〕
《明史・地理志》：「隴川宣撫司。本麓川平緬軍民宣慰使司。正統六年廢，九
年九月改置，治隴把。元平緬路，在隴把東北。洪武十五年閏三月置平緬宣慰
使司。三月又改路為府，未幾府廢。十七年八月丙子升司為平緬軍民宣慰使司。

〔註360〕《明史》卷三一四，清乾隆四年武英殿刻本，葉二〇。參見《明史》，中華
　　　　書局1974年，第8111頁。
〔註361〕《明史考證攟逸》，《續修四庫全書》第294冊，第410頁。
〔註362〕《欽定大清一統志》，《景印文淵閣四庫全書》第483冊，第124頁。
〔註363〕《元史》，第1483頁。

甲午改麓川平緬軍民宣慰使司，省麓川路入焉。元麓川路在隴把南，洪武十五年三月為府，未幾府廢。十七年八月為麓川平緬軍民宣慰司治所，正統中，司廢，曰平麓城，亦曰孟卯城，萬曆十二年置宣撫同知於此。」〔註364〕《大明一統志》：「麓川平緬軍民宣慰使司。建置沿革，元置麓川路，本朝洪武中置麓川平緬宣慰司，尋革。今復置軍民隸焉。」〔註365〕《明史紀事本末》，不識涉及麓川、平緬疆土建置者在書中何處。《經世大典》已佚，不錄。

由以上所引諸書，知四庫館臣所改之文，係依照《欽定大清一統志》而來，主要參考《元史‧地理志》。檢《明太祖實錄》卷一六四洪武十七年八月甲午條：「改平緬軍民宣慰使司為麓川平緬宣慰使司。麓川與平緬連境，元時分置為兩路，以統領其所部。至是，以思倫發遣使來貢，乃命兼統麓川之地，故改之。」〔註366〕亦可作「麓川、平緬，在元時立兩路」之證據。

然則「白蠻」，《欽定大清一統志》作「白蠻」，而《元史‧地理志》則作「白夷」。此處《欽定大清一統志》之文，似來源於《元史‧地理志》，則當以「白夷」為是。清人整理關於雲南資料，好將「夷」改作「蠻」，對照《明實錄》與《明史》，可見此種現象。如本卷考證七條《實錄》之「遠夷」，《明史》改作「遠蠻」之類，無傷事實。然則「白夷」、「白蠻」，自是兩種族群，不可妄改矣。

（六三）洪武六年遣使田儼、程斗南、張禕、錢允恭齎詔往諭。至安南，留二年，以道阻不通。有詔召之，惟儼還，餘皆道卒〔註367〕。

今識，田儼等還朝，在洪武六年，其被派遣，在兩年以前。考證如下：

本傳此句取材，《明太祖實錄》卷八六洪武六年閏十一月乙酉條：「田儼等使緬國，不至而還。緬國在雲南之西南，與八百國、占城接境，謂之緬甸。元時最強盛，麓川、平緬皆服屬之。上聞其嘗通貢於元，因遣儼與程斗南、張

〔註364〕《明史》卷四六，清乾隆四年武英殿刻本，葉一七。參見《明史》，中華書局1974年，第1193、1194頁。

〔註365〕〔明〕李賢等：《明一統志》，《景印文淵閣四庫全書》第473冊，臺灣商務印書館1983年，第847頁。三秦出版社1990年影印陝西師範大學圖書館所藏明天順五年司禮監原刻本《大明一統志》，缺「麓川平緬軍民宣慰使司」，「底馬撒軍民宣慰使司」，不識何故。

〔註366〕《明太祖實錄》，第2538頁。

〔註367〕《明史》卷三一四，清乾隆四年武英殿刻本，葉二〇。參見《明史》，中華書局1974年，第8111頁。

禕、錢允恭齎詔往使。儼等至安南，值占城以兵相攻，道阻不通，留二年餘，不得進。有詔召之還。至是，惟儼至，餘皆道卒。」〔註368〕故《明史·緬甸傳》云：「明太祖即位，遣使齎詔諭之。」〔註369〕以此知田儼等還朝，在洪武六年。本傳此句，易誤讀為其被派遣在洪武六年。謹附識。

（六四）詔改平緬宣慰使為平緬軍民宣慰使司〔註370〕。

今考，「平緬宣慰使」後應增一「司」字。考證如下：

「宣慰使」是職官，「宣慰使司」是機構，按《明史·職官志》：「土官，宣慰使司，宣慰使一人，從三品。」〔註371〕職官不能轉為機構。又《明史·地理志》：「洪武十五年閏二月置平緬宣慰使司。三月又改路為府，未幾府廢。十七年八月丙子升司為平緬軍民宣慰使司。」〔註372〕《明太祖實錄》卷一六四洪武十七年八月丙子條：「改平緬宣慰使司為平緬軍民宣慰使司，仍以思倫發為宣慰使。」〔註373〕皆作「宣慰使司」。故於「平緬宣慰使」後應增一「司」字。

（六五）並賜倫發朝服、冠帶及織金文綺、鈔定〔註374〕。

舊考，定，庫本作「錠」。

今按，是也。中華書局點校本徑改之〔註375〕。

（六六）尋改平緬軍民宣慰使司為麓川平緬宣慰使司〔註376〕。

〔註368〕《明太祖實錄》，第1534頁。
〔註369〕《明史》卷三一五，清乾隆四年武英殿刻本，葉一。參見《明史》，中華書局1974年，第8129頁。
〔註370〕《明史》卷三一四，清乾隆四年武英殿刻本，葉二一。參見《明史》，中華書局1974年，第8111頁。
〔註371〕《明史》卷七六，清乾隆四年武英殿刻本，葉二一。參見《明史》，中華書局1974年，第1875頁。
〔註372〕《明史》卷四六，清乾隆四年武英殿刻本，葉一七。參見《明史》，中華書局1974年，第1193頁。閏二月，原作閏三月，茲據《明太祖實錄》卷一四三洪武十五年閏二月乙巳條改。
〔註373〕《明太祖實錄》，第2535頁。「平緬軍民宣慰使司」，「平」字原脫，據《校勘記》補，見《明太祖實錄校勘記》，第565頁。
〔註374〕《明史》卷三一四，清乾隆四年武英殿刻本，葉二一。參見《明史》，中華書局1974年，第8111頁。
〔註375〕《明史》，中華書局1974年，第8129頁。
〔註376〕《明史》卷三一四，清乾隆四年武英殿刻本，葉二一。參見《明史》，中華書局1974年，第8111頁。

舊考，四庫館臣：「為麓川平緬宣慰使司。『緬』下增『軍民』。按《明實錄》作『麓川平緬軍民宣慰使司』。明制，軍民宣慰使司與宣慰使司自別。」〔註377〕

今按，四庫館臣之說，似需要商榷。考證如下：

本句之取材，《明太祖實錄》卷一六四洪武十七年八月甲午條：「改平緬軍民宣慰使司為麓川平緬宣慰使司。」〔註378〕正作「麓川平緬宣慰使司」。又檢《明太祖實錄》的其他條目，卷二三一洪武二十七年正月辛丑條：「雲南麓川平緬宣慰使司宣慰使思倫發及元江府土官知府那榮、因遠羅必甸長官司長官白文玉等五十處土官來朝，各貢馬、象、方物。」〔註379〕又卷二三一洪武二十七年正月丙辰條：「遣京衛千戶郭均英往賜麓川平緬宣慰使司宣慰使思倫發公服、幞頭、金帶、象笏。」〔註380〕又卷二五五洪武三十年九月戊辰條：「麓川平緬宣慰使司刀幹孟叛，逐其宣慰使思倫發。」〔註381〕此三條皆作「麓川平緬宣慰使司」。《明太祖實錄》卷二一四洪武二十四年十二月辛未條：「烏撒軍民府知府卜穆及麓川平緬軍民宣慰使司貢馬、犀、象及方物，各賜鈔有差。」〔註382〕卷二一五洪武二十五年正月癸未條：「播州宣慰使司土官羅欽、麓川平緬軍民宣慰使司宣慰使思倫發等貢犀、象及馬。」〔註383〕此二條作「麓川平緬軍民宣慰使司」。是《明實錄》內部亦不相統一。

檢《大明一統志》：「本朝洪武十七年歸附，置麓川平緬宣慰司。」〔註384〕《（萬曆）雲南通志》：「皇明洪武十七年歸附，置麓川平緬宣慰司」〔註385〕此作「麓川平緬宣慰司」。《明史‧地理志》：「（洪武）十七年八月丙子升司為平緬軍民宣慰使司。甲午改麓川平緬軍民宣慰使司，省麓川路入焉。」〔註386〕作「麓川平緬軍民宣慰使司」，不知何據。未詳孰是，俟考。

〔註377〕《明史考證攟逸》，《續修四庫全書》第294冊，第411頁。
〔註378〕《明太祖實錄》，第2538頁。
〔註379〕《明太祖實錄》，第3371頁。
〔註380〕《明太祖實錄》，第3374頁。
〔註381〕《明太祖實錄》，第3679頁。
〔註382〕《明太祖實錄》，第3164頁。
〔註383〕《明太祖實錄》，第3169頁。
〔註384〕《大明一統志》，第1345頁。
〔註385〕《（萬曆）雲南通志》，《大理叢書‧方志篇》卷一，第319頁。
〔註386〕《明史》卷四六，清乾隆四年武英殿刻本，葉一七。參見《明史》，中華書局1974年，第1193頁。

（六七）（洪武）二十年敕諭西平侯沐英等曰：「近御史李原德歸自平緬，知蠻情詭譎，必為邊患。符到，可即於金齒、楚雄、品甸及瀾滄江中道，葺壘深池，以固營柵，多置火銃為守備。寇來，勿輕與戰。又以往歲人至百夷，多貪其財貨，不顧事理，貽笑諸蠻。繼今不許一人往平緬，即文移亦慎答之，毋忽。」〔註387〕

舊考，中華書局：「近御史李原名歸自平緬。『李原名』，原作『李元德』。《明史稿》傳一八八《麓川傳》、《太祖實錄》卷一八二洪武二十年五月庚申條、《國榷》卷八頁六七〇俱作『李原名』。按本書卷一三六有《李原名傳》，事跡與此合，據改。」〔註388〕

今按，中華書局之說，是也。考證如下：

本句之取材，《明太祖實錄》卷一八二洪武二十年五月庚申條云：「遣使齎勅諭西平侯沐英、吉安侯陸仲亨、平涼侯費聚、南安侯俞通源、四川都指揮使甯正、楚雄衛指揮袁義、大理衛指揮鄭祥、品甸衛指揮賴鎮、金齒衛指揮李觀、儲傑等曰：『近御史李原名歸自平緬，朕聽其所陳，知百夷譎詐之詳，雖百千萬言無一言可信，由是觀之，蠻夷反欲窺伺中國，為我邊患。符至，可即葺壘金齒、楚雄、品甸及瀾滄江中道，須高城深池，固其營柵，多置火銃為守備，賊來，勿輕與戰，相機乃動。往歲，雲南軍中遣人至百夷，多貪財貨，不察事勢輕重，張威賈勇，貽笑諸蠻。又因靖江王不才，以大理印行令旨，皆非道理，致其侮慢，上累朝廷，繼今不許一人往平緬，惟靜以待之。彼若有文移，則大略答之，否則勿答，應有職貢之物，皆不得取。如是數年之後，則麓川之地可入版圖矣。卿等固守朕言，毋怠。』」〔註389〕作「李原名」。《國榷》亦云：「近御史李原名自平緬歸。」〔註390〕《明史·李原名傳》：「李原名，字資善，安州人。洪武十五年以通經儒士舉為御史。二十年使平緬歸，言：『思倫發懷詐窺伺，宜嚴邊備。靖江王以大理印行令旨，非法，為遠人所輕。』稱旨，擢禮部尚書。自是遠方之事多咨之。」〔註391〕

〔註387〕《明史》卷三一四，清乾隆四年武英殿刻本，葉二一。參見《明史》，中華書局 1974 年，第 8112 頁。

〔註388〕《明史》，中華書局 1974 年，第 8125 頁。

〔註389〕《明太祖實錄》，第 2740 頁。

〔註390〕《國榷》，第 670 頁。

〔註391〕《明史》卷一三六，清乾隆四年武英殿刻本，葉一三。參見《明史》，中華

事跡相符，是此李原名。故知「李原德」是「李原名」之訛。

檢《明史稿》，作「近御史李原名歸自平緬」〔註392〕，是《明史》刪潤《明史稿》時發生訛誤。

（六八）（洪武）二十二年，倫發遣把事招綱等來言〔註393〕。

今識，招綱，當即「招剛」，乃傣語音譯，指中等把事。中華書局點校本於「招綱」畫專名線〔註394〕，誤。

（六九）（洪武）二十八年，緬國王使來言，百夷屢以兵侵奪其境〔註395〕。

舊考，四庫館臣：「緬國王使來言。『國王』改『酋遣』。按緬甸在明時未封王，其《本傳》稱土酋卜剌浪遣使貢方物，訴思倫發侵奪境土。即其事，此稱國王誤。」〔註396〕

今按，四庫館臣之說，猶需商榷。考證如下：

此句之取材，《明太祖實錄》卷二四二洪武二十八年十月是月條：「緬國王卜剌浪遣使桑乞剌查貢方物，因言百夷思倫發屢出兵侵奪其境土之故。上謂廷臣曰：『遠夷相爭，蓋其常事。然中國撫馭四夷，必使之無事，當遣使諭解之。』」〔註397〕原稱「國王」。又《明太祖實錄》卷二四四洪武二十九年二月庚寅條：「遣行人李思聰、錢古訓使緬國及百夷。詔緬國王。」〔註398〕亦稱「國王」。錢古訓《百夷傳》：「洪武乙亥冬，緬人訴于朝。丙子春，皇帝遣臣古訓及桂陽李思聰至兩國，諭以睦鄰之義。其諭緬國王曰。」〔註399〕是當時人記當時事，亦作「緬國王」。

書局 1974 年，第 3938 頁。

〔註392〕《明史稿》第七冊，第 135 頁。

〔註393〕《明史》卷三一四，清乾隆四年武英殿刻本，葉二二。參見《明史》，中華書局 1974 年，第 8113 頁。

〔註394〕《明史》，中華書局 1974 年，第 8113 頁。

〔註395〕《明史》卷三一四，清乾隆四年武英殿刻本，葉二二。參見《明史》，中華書局 1974 年，第 8113 頁。

〔註396〕《明史考證攟逸》，《續修四庫全書》第 294 冊，第 411 頁。

〔註397〕《明太祖實錄》，第 3524、3525 頁

〔註398〕《明太祖實錄》，第 3540 頁。

〔註399〕〔明〕錢古訓：《百夷傳》，《四庫全書存目叢書》史部第 255 冊，齊魯書社 1997 年，第 190 頁。

（七〇）適其部長刀斡孟叛，思聰以朝廷威德諭其部眾，叛者
　　　　稍退〔註400〕。

舊考，四庫館臣：「適其部長刀斡孟叛。『斡』改『幹』。按《本紀》、《沐
英》、《緬甸土司傳》皆作『刀幹孟』。」〔註401〕

今按，四庫館臣之說，是也，以下之「刀斡孟」同。考證如下：

《明史・太祖本紀》曰：「（洪武三十年九月）戊辰，麓川平緬土酋刀幹
孟逐其宣慰使思倫發以叛。」曰：〔註402〕「十一月癸酉，沐春為征虜前將軍，
都督何福等副之，討刀幹孟。」〔註403〕曰「（三十一年）五月丁未，沐春擊刀
幹孟，大敗之。」〔註404〕《明史・恭閔帝本紀》曰：「（洪武三十一年）十二
月癸卯，何福破斬刀幹孟，麓川平。」〔註405〕《明史・沐春傳》曰：「三十年，
麓川宣慰使思倫發為其屬刀幹孟所逐，來奔。」〔註406〕又曰：「（沐晟）比就
鎮，而何福已破擒刀幹孟，歸思倫發。」〔註407〕《明史・何福傳》：「（三十年）
其冬，拜征虜左將軍，副西平侯沐春討麓川叛蠻刀幹孟。明年，福與都督瞿能
踰高良公山，擣南甸，擒其酋刀名孟。回軍擊景罕寨，不下。春以銳軍至，賊
驚潰，幹孟懼，乞降。已而春卒，賊復懷貳，是時太祖已崩，惠帝初即位，拜
福征虜將軍，福遂破擒刀幹孟。」〔註408〕《明史・緬甸土司傳》言：「會有百
夷部長刀幹孟之亂，逐倫發，以故事得已。」〔註409〕皆作「刀幹孟」。此外，

〔註400〕　《明史》卷三一四，清乾隆四年武英殿刻本，葉二二。參見《明史》，中華
　　　　　書局1974年，第8113頁。
〔註401〕　《明史考證攟逸》，《續修四庫全書》第294冊，第411頁。
〔註402〕　《明史》卷三，清乾隆四年武英殿刻本，葉一五。參見《明史》，中華書局
　　　　　1974年，第54頁。
〔註403〕　《明史》卷三，清乾隆四年武英殿刻本，葉一五。參見《明史》，中華書局
　　　　　1974年，第54頁。
〔註404〕　《明史》卷三，清乾隆四年武英殿刻本，葉一五。參見《明史》，中華書局
　　　　　1974年，第55頁。
〔註405〕　《明史》卷四，清乾隆四年武英殿刻本，葉二。參見《明史》，中華書局1974
　　　　　年，第60頁。
〔註406〕　《明史》卷一二六，清乾隆四年武英殿刻本，葉二一。參見《明史》，中華
　　　　　書局1974年，第3760頁。
〔註407〕　《明史》卷一二六，清乾隆四年武英殿刻本，葉二一。參見《明史》，中華
　　　　　書局1974年，第3760頁。
〔註408〕　《明史》卷一四四，清乾隆四年武英殿刻本，葉六。參見《明史》，中華書
　　　　　局1974年，第4072頁。
〔註409〕　《明史》卷三一五，清乾隆四年武英殿刻本，葉二。參見《明史》，中華書
　　　　　局1974年，第8130頁。

本句之取材,《明太祖實錄》卷二四四洪武二十九年二月庚寅條:「適其部酋刀幹孟叛,思聰等以朝廷威德諭其部眾,叛者稍退。」〔註410〕作「刀幹孟」。

至若《百夷傳》:「近者爾甸寨少寧,刀干謀異,吾將回朝,為爾明白其事。爾廼留我,使我不速還朝。假若刀干鳴爾留難天使之非於朝,則反誤爾。」〔註411〕卻作「刀干」,未識何故。由於筆者所見《百夷傳》,是《四庫全書存目叢書》影印南京國學圖書館影印明萬曆三十八年趙琦美鈔本,「干」與「幹」,或抄寫致異。「孟」者,蓋百夷語「陶孟」(頭目)之省稱,而非其名,猶之「思倫發」之「發」,乃百夷語「王」之意〔註412〕。

職是之故,本傳此句之「刀斡孟」,當改作「刀幹孟」。下同。庫本皆改,唯「率雲南、四川諸衛兵往討刀斡孟」〔註413〕一句漏改。

(七一)倫發率其家走雲南,西平侯沐春遣送至京師〔註414〕。

舊考,四庫館臣:「西平侯沐春遣送至京師。『遣送』改『挾與俱』,『京』下刪『師』。按《明實錄》,是春,沐春適入覲,乃挾倫發與俱朝。《沐英傳》同。此作遣送至京師誤。」〔註415〕

今按,四庫館臣之言,可備一說,竊以二說互見,不必輕易改動。考證如下:

本傳此句,取材《明太祖實錄》卷二五五洪武三十年九月戊辰條:「思倫發畏其勢盛,率其家走雲南,西平侯沐春遣送京師。」〔註416〕明確說「遣送京師」。而沐春究竟是否入覲,《明實錄》無明確表示,僅見其所奏,及皇帝之敕命,憑此無完全把握言其入覲。然《明史·沐英傳》云:「三十年,麓川宣慰使思倫發為其屬刀幹孟所逐,來奔。春挾與俱朝,受上方略,遂拜春為征虜前將軍,帥何福、徐凱討之。」〔註417〕言其入覲,不知何據。故不可以甲

〔註410〕《明太祖實錄》,第3543頁。
〔註411〕《百夷傳》,《四庫全書存目叢書》史部第255冊,第192頁。
〔註412〕龔蔭曰:「思倫發之發,有的書寫作法,發或法是音譯書寫之異,並無意義區別。《滇史》載:『夷語謂王曰法。』」見《雲南土司傳箋注》,第157頁。
〔註413〕《明史》,《景印文淵閣四庫全書》第302冊,第506頁。
〔註414〕《明史》卷三一四,清乾隆四年武英殿刻本,葉二三。參見《明史》,中華書局1974年,第8113頁。
〔註415〕《明史考證攟逸》,《續修四庫全書》第294冊,第411頁。
〔註416〕《明太祖實錄》,第3680頁。
〔註417〕《明史》卷一二六,清乾隆四年武英殿刻本,葉二一。參見《明史》,中華書局1974年,第3760頁。

正乙，亦不可以乙正甲，當兼而存之，俾二說互見，以俟輔證。

（七二）帝憫之，命春為征南將軍，何福、徐凱為副將軍，率雲南、四川諸衛兵往討刀幹孟〔註418〕。

今考，「征南將軍」誤，當改作「征虜前將軍」。考證如下：

按《明太祖實錄》卷二五五洪武三十年十一月癸酉條：「思倫發至京師。上閔之，命西平侯沐春為征虜前將軍，左軍都督何福為左將軍，徐凱為右將軍，率雲南、四川諸衛兵往討刀幹孟。」〔註419〕作「征虜前將軍」。《明史・沐英傳》同，曰：「三十年，麓川宣慰使思倫發為其屬刀幹孟所逐，來奔。春挾與俱朝，受上方略，遂拜春為征虜前將軍，帥何福、徐凱討之。」〔註420〕此作「征南將軍」誤。

（七三）踰高良公山〔註421〕。

舊識，中華書局：「高良公山，下文作『高黎貢山』。『高黎貢山』，《寰宇通志》卷一一三謂當地居民稱為『高良公山』。」〔註422〕

今按，中華書局之說是也。考證如下：

《寰宇通志》於「騰衝軍民指揮使司」下云：「高黎共山，在司城東北一百二十里，舊名崑崙岡，夷語訛為高良公山。極高峻，延長起伏，介乎騰衝潞江之間。冬月潞江無霜，其山頂霜雪極為嚴沍。蒙氏封為西嶽。」〔註423〕《大明一統志》亦曰：「夷語訛為高良公山。」〔註424〕

（七四）帝謂蠻眾攻奪常事，執一二人罪之，不足以革其俗，且曲直未明，遽罪其使，失遠人心。命西平侯諭之〔註425〕。

舊識，四庫館臣：「命西平侯諭之。『侯』下增『晟』。按是時所謂西平侯

〔註418〕《明史》卷三一四，清乾隆四年武英殿刻本，葉二三。參見《明史》，中華書局1974年，第8113頁。

〔註419〕《明太祖實錄》，第3688頁。

〔註420〕《明史》卷一二六，清乾隆四年武英殿刻本，葉二一。參見《明史》，中華書局1974年，第3760頁。

〔註421〕《明史》卷三一四，清乾隆四年武英殿刻本，葉二三。參見《明史》，中華書局1974年，第8113頁。

〔註422〕《明史》，中華書局1974年，第8125頁。

〔註423〕《寰宇通志》，《玄覽堂叢書續集》第18冊，第258頁。

〔註424〕《大明一統志》，第1342頁。

〔註425〕《明史》卷三一四，清乾隆四年武英殿刻本，葉二四。參見《明史》，中華書局1974年，第8114頁。

者，沐晟也，傳僅稱爵未協。」〔註426〕

今按，四庫館臣之說，是也。考證如下：

本傳此句之取材，《明太宗實錄》卷三十永樂二年四月癸未條：「上曰：『蠻夷相攻奪，自昔有之，執一二罪之，未足以革其俗。且事曲直未明，而遽罪其朝貢之使，祇沮遠人嚮化之心。可令西平侯遣人諭之。』」〔註427〕是永樂皇帝原話只提「西平侯」，故明史館臣照錄之。據《明史·沐英傳》，是時之西平侯為沐晟〔註428〕。故當於「侯」下增「晟」，以明其人。

又識，中華書局點校本於「命西平侯諭之」後標點「，」，緊接「遣員外郎左緝使八百國」一句〔註429〕，誤。應標點為「。」。因據《實錄》可知，二者並非一事之順承。

（七五）遣員外郎左緝使八百國，并使賜麓川平緬宣慰冠帶、襲衣〔註430〕。

今考，「左緝」，當作「左洋」。考證如下：

《明太宗實錄》卷三一永樂二年五月己巳條：「設八百者乃、八百大甸二軍民宣慰使司。以土酋刀招你為八百者乃宣慰使，其弟刀招散為八百大甸宣慰使。遣員外郎左洋往賜誥印、冠帶、襲衣，並遣使賜麓川平緬、緬甸、老撾諸宣慰使司及孟定、波勒、威遠等府州，亦如之。」〔註431〕作「左洋」。據《校勘記》：「抱本洋作祥。」〔註432〕是抱本作「左祥」。與本傳不同，未詳孰是。檢《明史·八百傳》：「遣員外郎左洋往賜印誥、冠帶、襲衣。」〔註433〕作「左洋」，所記與《實錄》之「左洋」同。黃彰健曾論及之〔註434〕。《萬姓統譜》卷八四：「左洋，字有瀾。涇縣人。由監生洪武壬午擢授大理寺評事。永樂癸未（元

〔註426〕《明史考證攟逸》，《續修四庫全書》第294冊，第411頁。

〔註427〕《明太宗實錄》，第545頁。草，當作「革」。

〔註428〕《明史》卷一二六，清乾隆四年武英殿刻本，葉二一。參見《明史》，中華書局1974年，第3761頁。

〔註429〕《明史》，中華書局1974年，第8114頁。

〔註430〕《明史》卷三一四，清乾隆四年武英殿刻本，葉二四。參見《明史》，中華書局1974年，第8114頁。

〔註431〕《明太宗實錄》，第564頁。

〔註432〕《明太宗實錄校勘記》，第162頁。

〔註433〕《明史》卷三一五，清乾隆四年武英殿刻本，葉三三。參見《明史》，中華書局1974年，第8161頁。

〔註434〕《明史纂誤再續》，《臺灣中央研究院歷史語言研究所集刊》，1967年，第546頁。

年），陞刑部員外郎。明年春，奉旨宣諭波勃國。有才辨，波勃君臣感服，遣譯使進貢。」〔註435〕按此波勃，蓋即《實錄》所云之「波勒」。職是之故，當以「左洋」為是。本傳此句作「左緝」誤。

（七六）黔國公沐晟言：「麓川、平緬所隸孟外，陶孟土官刀發孟之地，為頭目刀薛孟侵據，請命思行發諭刀薛孟歸侵地。」從之〔註436〕。

今識，「孟外」為地名。「陶孟」，百夷語，頭目之意。中華書局點校本斷句為「麓川、平緬所隸孟外、陶孟，土官刀發孟之地」〔註437〕誤。《明太宗實錄》卷六五永樂五年三月甲申條：「麓川平緬所隸孟外頭目刀發孟來朝貢象及金器，賜之鈔幣。」〔註438〕可為參照。

（七七）置麓川平緬宣慰司所轄大店地驛丞一員，以土人刀捧怯為之，從宣慰刀暗發奏也〔註439〕。

今考，《明實錄》繫此事於宣德二年。又刀暗發，《實錄》作「丑暗癸」，或作「丑暗發」，或作「紐暗發」。考證如下：

按《明宣宗實錄》卷三一宣德二年九月丁酉條：「置雲南麓川平緬軍民宣慰使司大店驛丞一員，以土人刀捧怯為之，從宣慰使丑暗癸所奏也。」〔註440〕《校勘記》：「丑暗癸。抱本禮本癸作發，禮本丑作紐。」〔註441〕疑繫年當以《實錄》為確。至於「刀暗發」之寫法，以今傳《實錄》皆非明人故物，抄寫或有訛混，不知孰是。

（七八）（宣德）三年，雲南三司奏，麓川宣慰使思任發奪南甸州地，請發兵問罪。帝命晟同三司、巡撫詳計以聞〔註442〕。

〔註435〕〔明〕凌迪知：《萬姓統譜》，《景印文淵閣四庫全書》第957冊，臺灣商務印書館1983年，第239頁。
〔註436〕《明史》卷三一四，清乾隆四年武英殿刻本，葉二四。參見《明史》，中華書局1974年，第8114頁。
〔註437〕《明史》，中華書局1974年，第8114頁。
〔註438〕《明太宗實錄》，第924頁。
〔註439〕《明史》卷三一四，清乾隆四年武英殿刻本，葉二五。參見《明史》，中華書局1974年，第8115頁。
〔註440〕《明宣宗實錄》，第804頁。
〔註441〕《明宣宗實錄校勘記》，第155頁。
〔註442〕《明史》卷三一四，清乾隆四年武英殿刻本，葉二五。參見《明史》，中華書局1974年，第8115頁。

今考，「巡撫」為「巡按」之訛。考證如下：

按此句取材《明宣宗實錄》卷四一宣德三年四月甲戌條：「雲南三司奏，麓川宣慰使思任發占奪南甸州等處屬地，請發兵問罪。上曰，蠻夷讎殺，自古有之，但遣人撫諭。遂敕總兵官黔國公沐晟，並雲南三司、巡按監察御史計議，差人齎勅撫諭，令思任發還其土地、人民，安分守法，各守疆界，如其怙終，具實以聞。」〔註443〕作「巡按」。《明史稿》亦作「巡按」〔註444〕。此作「巡撫」誤。又《明宣宗實錄》卷四二宣德三年閏四月乙酉條，沐晟奏請討思任發，「上敕諭晟曰：『麓川之事，前已命卿等計議撫諭……卿即同雲南三司、巡按監察御史再遣人招撫……』」〔註445〕可為輔證。

（七九）正統元年，免麓川平緬軍民宣慰司所欠差發銀二千五百兩。以任發奏其地為木邦所侵，百姓希少，無從辦納。部執不可，帝特蠲之〔註446〕。

今考，「二千五百兩」，《實錄》作「二千一百五十兩」。考證如下：

此句之取材，《明英宗實錄》卷一五正統元年三月丙子條：「免麓川平緬軍民宣慰使司所欠差發銀。本司歲徵差發銀五百兩，自宣德元年至七年止納銀一千三百五十兩，尚欠二千一百五十兩。宣慰使思任發訴木邦侵占地方，百姓希少，所欠銀無從辦納。事下，行在戶部言，係金牌信符，催徵之數不可免。上念遠人，命從詔書例免之。」〔註447〕據此，則所免差發銀為二千一百五十兩。

（八〇）設潞江、干崖、大侯、灣甸四長官司，隸金齒〔註448〕。

今考，此四長官司之設，《明史·地理志》、《明太宗實錄》卷一六永樂元年正月乙未條繫於永樂元年，謂隸都司。考證如下：

《明太宗實錄》卷一六永樂元年正月乙未條：「設者樂甸、大侯、干崖、灣甸、潞江五長官司，隸雲南都司。時西平侯沐晟言，其地舊屬麓川平緬，而

〔註443〕《明宣宗實錄》，第1015頁。
〔註444〕《明史稿》第七冊，第136頁。
〔註445〕《明宣宗實錄》，第1026頁。
〔註446〕《明史》卷三一四，清乾隆四年武英殿刻本，葉二五。參見《明史》，中華書局1974年，第8115頁。
〔註447〕《明英宗實錄》，第282頁。
〔註448〕《明史》卷三一四，清乾隆四年武英殿刻本，葉二五。參見《明史》，中華書局1974年，第8115頁。

地廣人稠，宜設長官司治之，故有是命。」〔註449〕謂直隸都司。《明史・地理志》：「永樂元年正月析置潞江長官司，直隸都司。」〔註450〕「永樂元年正月析置干崖長官司，直隸都司。」〔註451〕「大候長官司。永樂元年正月析麓川平緬地置，直隸都司。」〔註452〕「灣甸禦夷州。本灣甸長官司。永樂元年正月析麓川平緬地置，直隸都司。三年四月升為州。直隸布政司。」〔註453〕皆謂直隸都司。

本傳「初，洪武間，克平雲南，惟百夷部」至「侵孟定府及灣甸等州，殺掠人民」，取材《明英宗實錄》卷二四正統元年十一月甲辰條〔註454〕。故此句在《明英宗實錄》卷二四正統元年十一月甲辰條作：「設潞江、干崖、大候、灣甸四長官司，隸金齒。」〔註455〕此其所據，然《實錄》此條「初」字以下，「至是」以上，顯係追溯之筆。或有訛誤也。

（八一）永樂元年陞孟養、木邦為宣慰司〔註456〕。

舊考，元年，庫本作「九年」〔註457〕。中華書局：「本書卷四六《地理志》、《太宗實錄》卷二九永樂二年六月癸酉條繫於永樂二年。」〔註458〕

今按，四庫館臣之說不識何據。中華書局之說是也。尚需言之者，陞孟養、木邦為軍民宣慰使司，非宣慰司。考證如下：

《明太宗實錄》卷三二永樂二年六月癸酉條：「改木邦、孟養二府為軍民宣慰使司，以知府罕的法、刀木旦為宣慰使，賜之誥印，俾子孫世襲其

〔註449〕《明太宗實錄》，第 295 頁。
〔註450〕《明史》卷四六，清乾隆四年武英殿刻本，葉一三。參見《明史》，中華書局 1974 年，第 1189 頁。
〔註451〕《明史》卷四六，清乾隆四年武英殿刻本，葉一六。參見《明史》，中華書局 1974 年，第 1193 頁。
〔註452〕《明史》卷四六，清乾隆四年武英殿刻本，葉一四。參見《明史》，中華書局 1974 年，第 1191 頁。
〔註453〕《明史》卷四六，清乾隆四年武英殿刻本，葉一八。參見《明史》，中華書局 1974 年，第 1195 頁。
〔註454〕《明英宗實錄》，第 476、477 頁。
〔註455〕《明英宗實錄》，第 477 頁。按「干崖」，原作「千崖」，據《校勘記》改，見《明英宗實錄校勘記》，第 86 頁。又「大候」，原作「大候」，據《明史》及地方志改之。
〔註456〕《明史》卷三一四，清乾隆四年武英殿刻本，葉二五。參見《明史》，中華書局 1974 年，第 8115 頁。
〔註457〕《明史》，《景印文淵閣四庫全書》第 302 冊，第 508 頁。
〔註458〕《明史》，中華書局 1974 年，第 8126 頁。

官。」〔註459〕《明史・地理志》：「孟養軍民宣慰使司。元雲遠路。洪武十五年三月為府，十七年改為孟養府，後廢。三十五年十二月復置。永樂二年六月改軍民宣慰使司。」〔註460〕又曰：「木邦軍民宣慰使司。元木邦路，至順元年三月置。洪武十五年三月為府，後廢。三十五年十二月復置。永樂二年六月改軍民宣慰使司。」〔註461〕《明史・地理志》、《明太宗實錄》卷二九永樂二年六月癸酉條，繫此事於永樂二年，謂陞孟養、木邦為軍民宣慰使司。

本傳「初，洪武間，克平雲南，惟百夷部」至「侵孟定府及灣甸等州，殺掠人民」，取材《明英宗實錄》卷二四正統元年十一月甲辰條〔註462〕。故此句在《明英宗實錄》卷二四正統元年十一月甲辰條作：「永樂元年陞孟養、木邦為宣慰司。」〔註463〕此其所據，然《實錄》此條「初」字以下，「至是」以上，顯係追溯之筆。或有訛誤也。

（八二）未幾，緬甸宣慰新斯加又為木邦宣慰所殺〔註464〕。

舊考，中華書局：「新加斯，原作新斯加，據本書卷三一五《緬甸傳》、《宣宗實錄》卷三一宣德二年九月丁酉條改。」〔註465〕

今按，中華書局之說尚需商榷。考證如下：

《明史・緬甸傳》：「（宣德）二年以莽得剌為宣慰使。初，緬甸宣慰使新加斯與木邦仇殺而死，子弟潰散。緬共推莽得剌權襲，許之。」〔註466〕取材《明宣宗實錄》卷三一宣德二年九月丁酉條：「以緬甸大頭目莽得剌為緬甸宣慰使。初緬甸宣慰使新加斯與木邦讎殺而死，子弟皆潰散。緬甸頭目耆老共推大頭目莽得剌權理一方，夷民順服，恭修職貢。至是行在兵部請行總兵官及雲南三司體審莽得剌，果為夷人所信，宜與實授。上曰，遠方蠻夷，因人情

〔註459〕　《明太宗實錄》，第565頁。
〔註460〕　《明史》卷四六，清乾隆四年武英殿刻本，葉一六。參見《明史》，中華書局1974年，第1192頁。
〔註461〕　《明史》卷四六，清乾隆四年武英殿刻本，葉一五。參見《明史》，中華書局1974年，第1192頁。
〔註462〕　《明英宗實錄》，第476、477頁。
〔註463〕　《明英宗實錄》，第477頁。
〔註464〕　《明史》卷三一四，清乾隆四年武英殿刻本，葉二五。參見《明史》，中華書局1974年，第8116頁。
〔註465〕　《明史》，中華書局1974年，第8126頁。
〔註466〕　《明史》卷三一五，清乾隆四年武英殿刻本，葉三。參見《明史》，中華書局1974年，第8131頁。

而遂與之，使兵寢民安，亦撫夷之道，其即授為宣慰使，不須再行體審。」〔註467〕則中華書局所舉，只是一處資料來源。

而本傳此句，取材《明英宗實錄》卷二四正統元年十一月甲辰條：「未機，緬甸宣慰新斯加又為木邦宣慰所殺。」〔註468〕又是一處資料來源。彼亦一是非，此亦一是非，不足以相互改動。若要改動，尚需更多資料。《萬曆野獲編》於《緬甸盛衰始末》曰：「未幾，緬甸宣慰新斯加又為木邦所殺。至宣德五年，緬甸宣慰莽得剌貢方物，蓋斯加子也。自是始以莽為姓。」〔註469〕作「新斯加」。故「新斯加」或許無誤，不可妄改。

（八三）朝命選將，廷臣舉右都督方政、都督僉事張榮往雲南，協同鎮守右都督昂率兵討之〔註470〕。

舊考，四庫館臣：「廷臣舉右都督方政。『右』改『左』。按《明實錄》作左都督，《明史紀事本末》同。」〔註471〕

今按，四庫館臣之說猶待商榷。考證如下：

此句之取材，《明英宗實錄》卷四三正統三年六月乙亥條：「上諭行在兵部左侍郎酈埜等曰，朕以蠻夷仇殺為常，今乃侵奪城池，長惡不悛，爾其會官舉在京武職廉幹善戰者二員以聞。眾舉右都督方政、署都督僉事張榮。上命政與榮往晟處，協同鎮守右都督沐昂率兵進討。」〔註472〕《校勘記》無異文〔註473〕。又《明英宗實錄》卷五七正統四年七月癸丑條：「命行在左軍都督府故右都督方政子瑛襲為指揮使，往雲南領兵，剿捕蠻賊。」〔註474〕《明英宗實錄》卷七〇正統五年八月丁酉條：「贈陣亡右都督方政為威遠伯，諡忠毅。」〔註475〕皆作「右都督」。萬斯同《明史》於《方政傳》曰：「方政，

〔註467〕《明宣宗實錄》，第804頁。
〔註468〕《明英宗實錄》，第477頁。新斯加，原作「新期加」，據《校勘記》：「廣本抱本期作斯。」，見《明英宗實錄校勘記》，第86頁。結合《明史》來看，當以「斯」為是。
〔註469〕《萬曆野獲編》，第928頁。
〔註470〕《明史》卷三一四，清乾隆四年武英殿刻本，葉二六。參見《明史》，中華書局1974年，第8116頁。
〔註471〕《明史考證攟逸》，《續修四庫全書》史部第294冊，第411頁。
〔註472〕《明英宗實錄》，第844頁。
〔註473〕《明英宗實錄校勘記》，第131頁。
〔註474〕《明英宗實錄》，第1087頁。
〔註475〕《明英宗實錄》，第1367頁。

全椒人……（宣德）十年移鎮大同……正統元年上言……尋進右都督。三年，將兵助沐晟討麓川。」〔註476〕其進右都督，當《明英宗實錄》卷二六正統二年正月丙申條：「陞大同總兵官都督同知方政為右都督，敕之曰：『……今特陞爾為左軍都督府右都督，仍充總兵官，鎮守大同，爾其益懋忠勤，以副委任。』」〔註477〕是《明實錄》作「右都督」。

然則《明史紀事本末》：「四年春正月，命鎮守雲南黔國公沐晟、左都督方政、右都督沐昂率師討思任發。」〔註478〕萬斯同《明史》卷四百十一《土司傳》云：「時左都督方政為前軍，怒甚，請攻之。」〔註479〕萬斯同《明史》之《土司傳》，實毛奇齡之《蠻司合誌》〔註480〕也。此作「左都督」。檢《（萬曆）雲南通志》於「永昌府」之「忠毅祠」云：「在府城西太保山麓，正統三年詔建，祀左都督右副總兵方政，配祀都指揮同知顧勇、陳翊、侯義，都指揮僉事江洪，皆死事者，歲春秋上丁後四日祭。」並引知府鄭尋之《記》曰：「二年冬，公以左都督奉克右副總兵率師討之。」〔註481〕亦作「左都督」。未知其詳，存疑待考。

（八四）（正統）六年以定西伯蔣貴為平蠻將軍，都督李安、劉聚副之，以兵部尚書王驥總督雲南軍務，大會諸道兵十五萬討之〔註482〕。

舊識，四庫館臣：「都督李安、劉聚副之。『督』下增『同知』，『安』下增『僉事』。」〔註483〕

今按，館臣之說，更為細緻。據《明英宗實錄》卷七五正統六年正月乙卯條：「命定西伯蔣貴佩平蠻將軍印，充總兵官，都督同知李安充左副總兵，都督僉事劉聚充右副總兵，都指揮使宮聚充左參將，都指揮僉事冉保充右參將，行在兵部尚書兼大理寺卿王驥總督軍務，統率大軍，征討麓川叛寇思任

〔註476〕〔清〕萬斯同：《明史》，《續修四庫全書》第327冊，第568頁。
〔註477〕《明英宗實錄》，第516、517頁。
〔註478〕《明史紀事本末》，第454頁。
〔註479〕〔清〕萬斯同：《明史》，《續修四庫全書》第331冊，第528頁。
〔註480〕《蠻司合誌》，《中國少數民族古籍集成（漢文版）》第2冊，第198頁。
〔註481〕《（萬曆）雲南通志》，《大理叢書·方志篇》卷一，第486、487頁。
〔註482〕《明史》卷三一四，清乾隆四年武英殿刻本，葉二七。參見《明史》，中華書局1974年，第8117頁。
〔註483〕《明史考證攟逸》，《續修四庫全書》史部第294冊，第411頁。

發。」〔註484〕言李安為都督同知，劉聚為都督僉事。然則都督同知、都督僉事，蓋皆可混言為都督，如《明英宗實錄》卷七五正統六年正月甲寅條：「乞於先選定西伯蔣貴、都督李安、並今選都督劉聚、都指揮宮聚、冉保內，命三員為總兵官及左右副將。」〔註485〕

（八五）官軍力戰，拔上江寨，斬刀放戛父子，禽刀孟項，前後斬馘五萬餘，以捷聞〔註486〕。

舊考，中華書局：「擒刀孟項。刀孟項，原作『刀孟項』，據《明史稿》傳一八八《麓川傳》改。《英宗實錄》卷八六正統六年閏十一月辛巳條作『刀門項』。『孟』『門』，當係音譯之異。」〔註487〕

今按，中華書局之說是也。《明史稿》：「官軍力戰，拔其上江寨，斬刀放戛父子，擒刀孟項，前後斬馘五萬餘，以捷聞。」〔註488〕作「刀孟項」。《明英宗實錄》卷八六正統六年閏十一月辛巳條：「賊將刀放戛父子俱斃，刀招漢父子殺其妻孥，闔門自焚，生擒刀門項，前後斬馘五萬餘，橫屍蔽野，賊所恃上江以為屏蔽，至是蕩然矣。捷聞。」〔註489〕作「刀門項」。又識，「禽」，中華書局點校本逕改作「擒」〔註490〕。

（八六）驥由南甸至羅卜思莊，前軍抵於木籠〔註491〕。

舊考，四庫館臣：「前軍抵於木籠。『於』改『沙』。按《明一統志》，沙木籠山，在南甸南一百里，即王驥破任發處。《元志》所謂小沙摩弄，正此山也。此作木籠誤。」中華書局：「前軍抵於木籠。於木籠，疑當作『杉木籠』，見下文。『杉木籠』係一山名，見本書卷一七一《王驥傳》。本傳下文及本書卷二七四《劉綎傳》、《明一統志》卷八七又作『沙木籠山』。」〔註492〕

今按，當改「於」為「杉」。考證如下：

〔註484〕《明英宗實錄》，第 1463 頁。
〔註485〕《明英宗實錄》，第 1461 頁。
〔註486〕《明史》卷三一四，清乾隆四年武英殿刻本，葉二八。參見《明史》，中華書局 1974 年，第 8117 頁。
〔註487〕《明史》，中華書局 1974 年，第 8126 頁。
〔註488〕《明史稿》第七冊，第 137 頁。
〔註489〕《明英宗實錄》，第 1272 頁。
〔註490〕《明史》，中華書局 1974 年，第 8117 頁。
〔註491〕《明史》卷三一四，清乾隆四年武英殿刻本，葉二八。參見《明史》，中華書局 1974 年，第 8117 頁。
〔註492〕《明史》，中華書局 1974 年，第 8126 頁。

此句之取材，《明英宗實錄》卷八八正統七年正月己丑條：「臣等由南甸至羅卜思莊，令指揮江洪等率精銳八千人哨至杉木籠山。」〔註493〕原作「杉木籠」。《明史·王驥傳》：「閏月至騰衝，長驅抵杉木籠山。」〔註494〕亦作「杉木籠」。以「於」、「杉」形近，則「於」為「杉」之訛明矣。

《蠻司合誌》：「驥等益麾兵入，破連環七寨于沙木籠山。」〔註495〕作「沙木籠山」。《大明一統志》於「南甸」下亦有「沙木籠山」〔註496〕，未明確說此山即王驥破任發處，然亦無「杉木籠」之記載。「杉」、「沙」音近，或為音譯之不同。

至於《明史·蔣貴傳》：「分路進搗麓川上江寨，破木籠山七寨及馬鞍山象陣，功皆第一。」〔註497〕中華書局點校本則補一「杉」字。

（八七）軍進馬鞍山，擣賊寨。寨兩面拒江壁立，周迴三十里皆立柵開塹，軍不可進，而賊從間道潛師出馬鞍山後〔註498〕。

今考，馬鞍山，當作「馬安山」。考證如下：

本傳此句之取材，《明英宗實錄》卷八八正統七年正月己丑條：「乘勝進戛賴隴把，至馬安山，軍勢大振。」又曰：「賊復從永毛摩泥寨至馬安山潛出我軍後。」〔註499〕作「馬安山」。本傳後文云：「其地有馬安、摩黎、羅木等山。」〔註500〕職是之故，當以「馬安山」為是。

（八八）（正統）七年，驥率兵渡下江，通高黎貢山道。至騰衝，留都督李安領兵提備。驥由南甸至羅卜思莊，前軍抵於木籠。時任發率眾二萬餘據高山，立硬寨，連環七營，首尾相應。驥遣宮聚、劉聚分左右翼緣嶺上，驥將中軍橫擊之，賊遁。軍進馬鞍山，擣賊寨。寨兩面拒江壁立，周迴三十里皆立

〔註493〕《明英宗實錄》，第1774頁。

〔註494〕《明史》卷一七一，清乾隆四年武英殿刻本，葉二。參見《明史》，中華書局1974年，第4557頁。

〔註495〕《蠻司合誌》，《中國少數民族古籍集成（漢文版）》第二冊，第198頁。

〔註496〕《大明一統志》，第1345頁。

〔註497〕《明史》卷一五五，清乾隆四年武英殿刻本，葉一四。參見《明史》，中華書局1974年，第4259頁。

〔註498〕《明史》卷三一四，清乾隆四年武英殿刻本，葉二八。參見《明史》，中華書局1974年，第8118頁。

〔註499〕《明英宗實錄》，第1774頁。

〔註500〕《明史》卷三一四，清乾隆四年武英殿刻本，葉三四。參見《明史》，中華書局1974年，第8123頁。

柵開塹，軍不可進，而賊從間道潛師出馬鞍山後。驥戒中軍毋動，命指揮方瑛率精騎六千突入賊寨，斬首數百級，復誘敗其象陣。而從東路者，合本邦人馬，招降孟通諸寨。元江同知杜凱等亦率車里及大侯蠻兵五萬，招降孟璉長官司并攻破烏木弄、戞邦等寨，斬首二千三百餘級。齊集麓川，守西峨渡，就通木邦信息。百道環攻，復縱火焚其營，賊死不可勝算。任發父子三人并挈其妻孥數人，從間道渡江，奔孟養。搜獲原給虎符、金牌、信符、宣慰司印及所掠騰衝千戶等印三十二。麓川平。捷聞，命還師〔註501〕。

舊考，七年，庫本作「閏十一月」。軍進馬鞍山，庫本作「十二月軍進馬鞍山」。捷聞命還師，庫本作「班師，明年正月捷至，敕還京」〔註502〕。

今按，除捷聞於皇帝在正統七年，其餘皆是正統六年事。四庫館臣之改，是為防止誤讀，然其改亦疏。考證如下：

本傳此段，取材《明英宗實錄》卷八八正統七年正月己丑條：「總督雲南軍務兵部尚書兼太理寺卿王驥、總兵官定西伯蔣貴奏：『去年十一月初十日，既破上江賊寨，由夾象石渡下江，通高黎貢山道。閏月初至騰衝，留左副總兵都督同知李安領軍隄備。臣等由南甸至羅卜思莊，令指揮江洪等率精銳八千人哨至杉木籠山。賊首思任發令陶孟靠者罕心等，率其眾二萬餘，據高山，中立硬寨，左右山巔連環，為七營，首尾相應。左參將宮聚、右副總兵劉聚，分左右翼，攀緣山嶺林木而上攻之不下。臣等遂同內官蕭保由中路進，左右翼亦賈勇夾擊，賊遂潰。殺靠者罕心等，斬首數百餘級，餘賊遁歸巢穴。乘勝進戞賴隴把，至馬安山，軍勢大振。於十二月初，直搗賊巢。山岡陡峻，周廻餘三十里，立柵開塹，深廣不可越，東南一面傍江壁立。臣令前哨官軍三千人周視攻取地利。賊伏兵泥溝箐，驅象陣突起，為我軍所敗。賊復從永毛摩泥寨至馬安山潛出我軍後。臣等令軍中毋得擅動，即調都指揮方瑛等，率軍六千，突入賊寨。賊首衣黃衣，居帳中麾眾拒敵。我軍擊敗之，斬首數百餘級。賊投崖谷，自相蹂踐，死者甚眾。未幾，賊驅象八十餘，復來沖陣。我軍佯卻，尋整隊力戰，敗之。而原委右參將冉保、勳衛陳儀報，云已從東路會合木邦人馬，招徠夷民一十二寨，降孟通賊首刀門颡。元江府同知杜凱等亦報，

〔註501〕《明史》卷三一四，清乾隆四年武英殿刻本，葉二八。參見《明史》，中華書局 1974 年，第 8117、8118 頁。
〔註502〕《明史》，《景印文淵閣四庫全書》第 302 冊，第 509 頁。

率車里、大候夷兵五萬,招降孟璉長官司亦保等寨,攻破烏木弄、戞邦等寨,斬首二千三百九十餘級。餘黨招剛、火頭人等,率夷民詣軍門降,撫令復業者五千餘戶。差人守把西崀渡,以阻賊奔竄之路,就通木邦信息。俱刻期至麓川策應。臣等於是添造攻具畫圖,分定地方,期以環圍齊攻。且遣人齎榜招諭,賊誓以死守,拒而不納。遂令貴攻西中門,臣驥攻西北門,都指揮李信、內官吉祥攻西南門,宮聚攻西南、江上二門,蕭保、劉聚攻東北門,冉保攻東北出象門,分遣少卿李蕡、郎中侯璡等往來督戰。且令軍士廣積薪草,會西風大作,隨風舉火,烟焰漲天,死者不計其數,房舍庫藏,皆為煨燼。明日獲思任發從者,詰之,云賊父子三人,挈妻孥七人,象馬數十,從間道渡江,往遁孟養等處。其餘老稚數萬人俱就溺,浮屍蔽江。獲原給虎符、金牌、信符、宣慰司印,及賊所虜掠騰衝千戶所等衙門印三十二顆。隨平其巢穴,撫其流散。臣等於是月十五日班師。臣惟自賊梗化,于今有年,虐殺酋長,吞噬部落,罪惡貫盈,神人共怒。臣等奉命伐叛,王師所至,無不克捷。雖賊首父子,竄身草野,然夷醜皆其仇敵,終就夷滅。是是皇上聖德神武所致,實宗社萬萬年之福也。』捷報至,上謂侍臣曰:『窮兵黷武,非朕所喜聞,況兵行之際,不免害及無辜。其令蔣貴、王驥等,凡所招徠者,善撫存之,仍具有功官軍以聞。』」〔註503〕

由是可知,本傳「驥率兵渡下江,通高黎貢山道」,在正統六年十一月。本傳「至騰衝,留都督李安」至「賊遁。軍進馬鞍山」,在正統六年閏十一月。本傳「擣賊寨。寨兩面拒江壁立」至「印三十二。麓川平」,在正統六年十二月。「還師」,從正統六年十二月十五日開始。

(八九)(正統)十一年,緬甸始以任發及其妻孥三十二人獻至雲南。任發於道中不食,垂死。千戶王政斬之,函首京師。其子機發屢乞降,遣頭目刀孟永等修朝貢,獻金銀。言蒙朝廷調兵征討,無地逃死,乞貸餘生,詞甚哀。帝命受其貢,因敕總兵官沐斌及參贊軍務侍郎楊寧等,以朝廷既貸思機發以不死,經畫善後長策以聞,并賜敕諭思機發〔註504〕。

舊考,四庫館臣:「十一年,緬甸始以任發及其妻孥三十二人獻至雲南。

〔註503〕《明英宗實錄》,第1773~1776頁。

〔註504〕《明史》卷三一四,清乾隆四年武英殿刻本,葉二九。參見《明史》,中華書局1974年,第8119頁。

按緬甸之獻任發鹹，《緬甸傳》作正統十二年，《本紀》作十年十二月，《明史紀事本末》與《本紀》同，此作十一年互異。」〔註505〕黃雲眉曰：「按《實錄》載於正統十年十二月丙辰，丙辰乃十七日，非在月底月初之時，此作十一年必誤。」〔註506〕中華書局：「十一年，緬甸始以任發及其妻孥三十二人獻至雲南。本書卷一〇《英宗前紀》及《英宗實錄》卷一三六俱繫於正統十年十二月丙辰，本書卷三一五《緬甸傳》繫於正統十二年。」〔註507〕

今按，竊以諸家皆未得其解。本傳「緬甸始以任發」至「千戶王政斬之」，非繫年於十一年者，實追溯之文也。考證如下：

本傳「緬甸始以任發」至「千戶王政斬之」，取材《明英宗實錄》卷一三六正統十年十二月丙辰條：「雲南千戶王政誅麓川賊思任發于緬甸。先是，總兵官黔國公沐斌等，遣政賚敕幣諭賚緬甸宣慰男卜剌浪馬哈省以速剌，索思任發。卜剌浪馬哈省以速剌猶豫不即遣。適書晦二日，術者曰，天兵至矣。卜剌浪馬哈省以速剌懼。於是發思任發及其妻孥部屬三十二人付政。時思任發不食已數日。政慮其即死，遂戮于市，函首及俘，馳獻京師。」〔註508〕事在正統十年十二月明矣。

又據《明英宗實錄》卷一四四正統十一年八月癸卯條：「木邦宣慰罕蓋法、緬甸故宣慰子卜剌浪馬哈省以速剌，遣陶孟刀路猛等，偕千戶王政等，獻思任發首及諸俘鹹至京，並貢金銀什器、象牙、土錦等物。」〔註509〕則思任發之首級，十一年八月方獻於皇帝。故正統十年十二月丙辰到十一年八月癸卯這段時間，皆可稱為「函首京師」。故「十一年」下真正發生者為「函首京師」，本傳「緬甸始以任發」至「千戶王政斬之」，非繫年於十一年者，實追溯之文。

《明史》敘事，自有一種體例，往往將追溯之文，摻入某年發生某事之間。又無明顯表示過去之詞語，故往往誤導讀者。如其下「遣頭目刀孟永等修朝貢」至「詞甚哀，帝命受其貢」者，取材《明英宗實錄》卷一二七正統十年三月庚辰條：「麓川思機發遣頭目刀孟永等來朝，貢金八十兩，銀一百八十兩，且奏先蒙朝廷調軍征剿，已逃入緬甸地方，茲者悔過遷善，乞宥罪愆，

〔註505〕《明史考證攟逸》，《續修四庫全書》史部第 294 冊，第 411 頁。
〔註506〕《明史考證》，第 2484 頁。
〔註507〕《明史》，中華書局 1974 年，第 8126 頁。
〔註508〕《明英宗實錄》，第 2704、2705 頁。
〔註509〕《明英宗實錄》，第 2839 頁。

以全餘生。上命受其所貢。」〔註510〕是發生於十年三月者，以追溯之文摻入「十一年」下。

而真正發生於十一年者，即「其子機發屢乞降」與「因敕總兵官沐斌」至「并賜敕諭思機發」之文。其取材《明英宗實錄》卷一四〇正統十一年四月戊午條：「敕雲南總兵官黔國公沐斌、參贊軍務右侍郎楊寧等曰，麓川賊首思任發，茲已伏誅。賊子思機發，屢遣子弟及頭目來朝服罪，其果出悔過之誠而然，抑或勢孤力弱為苟延之計，或因緬人拘執其父，姑退身斂銳，為款兵之謀，皆未可知。今又遣陶孟刀克猛等，貢金銀器及象馬，乞赦萬死。朕不逆其詐，體天地好生之德，姑宥之。仍館穀使者遣回，令以朝廷寬貸之意。諭思機發，若能躬詣闕庭，則加恩處之，務使得所。朕以至誠治天下，必不失信於遠夷。如或冥頑不來，必剿捕無赦。刀克猛還至雲南，爾其遣人偕往申諭此意。密察彼中虛實，及眾心向背。如彼別無異圖，則待其歸化而撫之，或未易撫捕，則因其所有俾管轄之。彼或陰蓄報復之意，則令木邦、緬甸分取孟養，使賊無所容，以絕後患。此外別有經畫長策，具舉以聞。爾等受朕邊閫重寄，其博詢眾情，審實籌度，務俾安境。靖朝廷無遠顧之憂，庶副委托之重。」〔註511〕謹附識。

（九〇）賊領眾至鬼哭山築大寨，於兩峰上築二寨為兩翼〔註512〕。

今議，中華書局點校本斷句作「賊領眾至鬼哭山，築大寨於兩峰上，築二寨為兩翼」〔註513〕誤。本傳此句之取材，《明英宗實錄》卷一七五正統十四年二月己巳條：「又於鬼哭山頂築一大寨，兩峯之上築二寨副之，三寨之後又築七小寨，綿亘百餘里。」〔註514〕據之可知點校本標點之誤。

（九一）其部眾復擁任發少子祿據孟養地為亂〔註515〕。

舊考，四庫館臣：「『祿』改『思陸』，『養』下刪『地』。按《王驥傳》稱，是時思任發少子思陸，復擁眾據孟養。《孟養本傳》亦稱，思陸發者，思

〔註510〕《明英宗實錄》，第 2531 頁。

〔註511〕《明英宗實錄》，第 2779 頁。

〔註512〕《明史》卷三一四，清乾隆四年武英殿刻本，葉三〇。參見《明史》，中華書局 1974 年，第 8120 頁。

〔註513〕《明史》，中華書局 1974 年，第 8120 頁。

〔註514〕《明英宗實錄》，第 3373 頁。

〔註515〕《明史》卷三一四，清乾隆四年武英殿刻本，葉三一。參見《明史》，中華書局 1974 年，第 8120 頁。

任發之遺孽也。此誤『陸』為『祿』，復脫『思』字。」〔註516〕中華書局：
「思祿，原作『祿』，脫『思』字，據下文補。按思祿，本書卷一七三《王驥
傳》、《孝宗實錄》卷一九五弘治十六年正月癸未條俱作『思陸』，本書卷三
一五《孟養傳》作『思陸發』。」〔註517〕

今按，竊以增「思」字，文義更明。保持文本原貌亦可。考證如下：

《明史·王驥傳》：「思任發少子思陸復擁眾據孟養。驥度賊終不可滅，
乃與思陸約，立石表，誓金沙江上。」〔註518〕《明史·孟養傳》：「思陸發者，
思任發之遺孽也。」〔註519〕此四庫館臣改字之由。本傳下文：「乃與思祿約」、
「思祿亦懼」〔註520〕。是中華書局增字之由。

考查本傳「時王師踰孟養至孟那」至「乃班師。捷聞」一段，非採自今本
《實錄》，而與《鴻猷錄》中一段文字非常類似：「王師逾孟養至孟那。孟養在
金沙江西，去麓川千餘里，諸首皆震怖，曰：『自古漢人無渡金沙江者，今王
師至此，真天威也！』驥還兵。夷眾復擁思任少子思祿為亂，攻銀起葬，敗
之，復據孟養地。驥等慮師老，度賊終不可滅，乃與思祿約，許以酋目，得部
勒諸夷，居孟養如故，復與立石金沙江為界，誓曰：『石爛江枯，爾乃得渡。』
思祿亦懼，聽命。乃班師，以捷聞。詔增驥祿一百石，通前食祿一千六百石，
賜鐵券，子孫世襲伯爵。時正統十三年也。」〔註521〕二書在資料來源上當具
有一定關係。則原始資料亦當作「思祿」。「思祿」與「思陸」，蓋音譯之異。
故不需改「祿」為「陸」，亦不需改「陸」為「祿」。

至於「思陸發」者，「發」、「法」之類，為百夷語君王之意，常綴於名
字之後。《南園漫錄》：「大伯夷謂天為法，法作上聲，故其酋皆加法字，如思
仁法、思機法是也。其有告請則不敢加法字，中國行彼亦不用法字也。」〔註522〕

〔註516〕《明史考證攟逸》，《續修四庫全書》史部第 294 冊，第 412 頁。
〔註517〕《明史》，中華書局 1974 年，第 8126 頁。按《王驥傳》在《明史》書卷一
　　　　七一。
〔註518〕《明史》卷一七一，清乾隆四年武英殿刻本，葉五。參見《明史》，中華書
　　　　局 1974 年，第 4559 頁。
〔註519〕《明史》卷三一五，清乾隆四年武英殿刻本，葉二四。參見《明史》，中華
　　　　書局 1974 年，第 8152 頁。
〔註520〕《明史》卷三一四，清乾隆四年武英殿刻本，葉三一。參見《明史》，中華
　　　　書局 1974 年，第 8120 頁。
〔註521〕〔明〕高岱《鴻猷錄》，上海古籍出版社，1992 年，第 214 頁。
〔註522〕〔明〕張志淳：《南園漫錄》，《景印文淵閣四庫全書》第 867 冊，臺灣商務
　　　　印書館 1986 年，第 302 頁。

思是姓，單稱名「祿」亦可。

又識，此金沙江又名大金沙江，即今伊洛瓦底江。

（九二）乃與思祿約，許土目得部勒諸蠻〔註523〕。

舊考，四庫館臣：「乃與思祿約，許土目得部勒諸蠻。祿改『陸』，許下增『以』，目下刪『得』。按《明史紀事本末》、《蠻司合誌》諸書稱，是時與思陸約，許以土目。此落『以』字，文義遂晦。」〔註524〕

今按，竊以祿改「陸」，則無必要，理由見上條。增「以」字，則文義更明，然不增亦可。《明史紀事本末》：「乃與思祿約，許以土目得部勒諸夷。」〔註525〕《蠻司合誌》：「乃與思陸約，許以酋目得部勒諸夷。」〔註526〕

（九三）景泰元年，雲南總兵官沐璘奏：「緬甸宣慰已禽獲思機發，又將思卜發放歸孟養，恐緬人復挾為奇貨，不若緩之，聽其自獻便。」從之〔註527〕。

今考，《明英宗實錄》繫此事於景泰二年。考證如下：

此句之取材，《明英宗實錄》卷二〇七景泰二年八月癸巳條：「雲南總兵官都督沐璘奏：『緬甸宣慰卜剌浪已擒獲賊子思機發、思卜發，不即解京。又將思卜發放回孟養管食地方。今欲督令起解，恐緬人貪利，視為奇貨，需索無厭，但宜示以不急，聽其來獻，然後陞賞。彼又報若思卜發，再作不靖，要來乞兵協助征剿，此事尤難聽從，恐開邊釁。』從之」〔註528〕云事在景泰二年。又《明史・緬甸傳》：「景泰二年賜緬甸陰文金牌、信符。時以速剌久獲思機發不獻，又放思卜發歸孟養。朝廷知其要挾，故緩之。」〔註529〕故當以景泰二年為是。又識，「禽」，中華書局點校本逕改作「擒」〔註530〕。

〔註523〕《明史》卷三一四，清乾隆四年武英殿刻本，葉三一。參見《明史》，中華書局1974年，第8120頁。

〔註524〕《明史考證攟逸》，《續修四庫全書》史部第294冊，第412頁。

〔註525〕《明史紀事本末》，第459頁。

〔註526〕《蠻司合誌》，《中國少數民族古籍集成（漢文版）》第二冊，第199頁。

〔註527〕《明史》卷三一四，清乾隆四年武英殿刻本，葉三一。參見《明史》，中華書局1974年，第8120頁。

〔註528〕《明英宗實錄》，第4463頁。

〔註529〕《明史》卷三一五，清乾隆四年武英殿刻本，葉四。參見《明史》，中華書局1974年，第8132頁。

〔註530〕《明史》，中華書局1974年，第8120頁。

（九四）成化元年，總兵官沐瓚等以思任發之孫思命發至京師，乃逆賊遺孽，不可留，請發沿海登州衛安置，月給米二石，從之〔註531〕。

今考，《明實錄》繫此事於成化二年。考證如下：

此句之取材，《明憲宗實錄》卷三〇成化二年五月丙申條：「雲南總兵官都督同知沐瓚等，解送已誅麓川賊思任發孫思命發至京，兵部言，命發乃叛賊遺孽，雖待以不死，然不可處京師，請如降夷例，量授頭目，傳送沿海登州衛安置，月給米二石，從之。」〔註532〕與本傳不同。

（九五）時板篡據者藍寨，侵擾隴川，百夫長刀門線、刀木立進兵圍之，斬板篡等二十三人。命賜有功者皆為冠帶把事，并賚織金文綺〔註533〕。

今考，《明實錄》以刀木立為百夫長，未以刀門線為百夫長，與此不同。考證如下：

據《明英宗實錄》卷一二七正統十年三月甲申條：「授隴川宣撫司頭目刀木立、刀怕年、曩換、罕賢歹俱為百夫長，仍賜冠帶，從總兵官沐昂等言也。」知刀木立為百夫長。此句之取材，《明英宗實錄》卷一三九正統十一年三月甲午條：「雲南總兵官黔國公沐斌奏，麓川從賊板篡據者藍寨，侵擾隴川宣撫司，百夫長刀木立同刀門線、刀門賽進兵圍之，斬板篡及其子弟二十三人，生擒二人。上降敕褒諭刀木立等，授刀門線、刀門賽為冠帶把事，賜金織文綺表裏有差。」〔註534〕是以刀木立為百夫長，而未以刀門線、刀門賽為百夫長，而本傳之表述，則或以刀門線、刀木立俱為百夫長，或以刀門線為百夫長，而刀木立非百夫長。疑當以《實錄》為是。

（九六）詔貰其罪，并戒木邦罕孟毋得復黨鯨爭職〔註535〕。

今考，「罕孟」誤，當作「罕烈」。考證如下：

〔註531〕《明史》卷三一四，清乾隆四年武英殿刻本，葉三一。參見《明史》，中華書局1974年，第8121頁。
〔註532〕《明憲宗實錄》，第609頁。
〔註533〕《明史》卷三一四，清乾隆四年武英殿刻本，葉三二。參見《明史》，中華書局1974年，第8121頁。
〔註534〕《明英宗實錄》，第2766頁。
〔註535〕《明史》卷三一四，清乾隆四年武英殿刻本，葉三三。參見《明史》，中華書局1974年，第8122頁。

此句之取材，《明世宗實錄》卷九三嘉靖七年十月戊辰條云：「至是紹勛等奏言，木邦、孟養戕殺無辜，多鯨手刃兄、母，律以王法，罪不容誅。但邊徼諸夷忿爭讐殺，乃其常態。今既輸服，請姑貰其罪，許令進貢自贖，仍請戒孟養思倫，毋交通猛別，侵擾緬甸；戒木邦罕烈，毋黨助多鯨，爭奪隴川官職。」〔註536〕作「罕烈」。又《殊域周咨錄》於《雲南百夷篇》敘此事甚詳，錄布政使呂經等之議，曰：「一道戒諭木邦罕烈，念乃祖父世守邊方，姑免其罪，令其謹守疆界，保守官職，今後不許交通孟養，爭奪孟密緬甸地方，亦不許黨助多鯨爭奪隴川官職，及殺害孟璉孟定，越境生事，自取滅亡。」〔註537〕亦作「罕烈」。此作「罕孟」誤。

（九七）鳳懼，乃合妻子及部曲來降〔註538〕。

舊考；中華書局：「令，原作『合』。按時鳳尚未來降，作『合』誤。據本書卷二四七《劉綎傳》、《明史稿》卷一八八《麓川傳》改。」〔註539〕

今按，中華書局之說，是也。《明神宗實錄》卷一五三萬曆十二年九月乙亥條：「十二月，方遣妻子及大頭目隴漢等率夷民九十六人來見綎。」〔註540〕《明史・劉綎傳》：「鳳懼，乃令妻子及部曲來降。」〔註541〕知鳳未來降。《明史稿》正作「令」〔註542〕，是《明史》訛「令」為「合」矣。

（九八）一入杉木籠〔註543〕。

舊考，四庫館臣：「杉改沙。」〔註544〕

今按，竊以可不必改。理由見本卷「驥由南甸至羅卜思莊，前軍抵於木籠」條之考證。

〔註536〕《明世宗實錄》，第2166頁。

〔註537〕〔明〕嚴從簡：《殊域周咨錄》，中華書局1993年，第349頁。

〔註538〕《明史》卷三一四，清乾隆四年武英殿刻本，葉三三。參見《明史》，中華書局1974年，第8122頁。

〔註539〕《明史》，中華書局1974年，第8126頁。

〔註540〕《明神宗實錄》，第2828頁。

〔註541〕《明史》卷二四七，清乾隆四年武英殿刻本，葉二。參見《明史》，中華書局1974年，第6390頁。

〔註542〕《明史稿》第七冊，第140頁。

〔註543〕《明史》卷三一四，清乾隆四年武英殿刻本，葉三四。參見《明史》，中華書局1974年，第8123頁。

〔註544〕《明史考證攟逸》，《續修四庫全書》史部第294冊，第412頁。

（九九）至是大軍遣木邦罕欽禽多掩殺之〔註545〕。

舊考，四庫館臣：「掩改『俺』。按多俺就戮之後，旋築平麓城於猛卯以興屯田。見《一統志》。」〔註546〕

今按，四庫館臣之說，是也。本傳上文云：「緬初以猛卯同知多俺為嚮導寇東路。」〔註547〕《明史‧緬甸傳》：「至是遣木邦罕欽擒多俺殺之。」〔註548〕作「多俺」。又《萬曆野獲編》：「（萬曆）二十年緬又入蠻莫，破等練城，與投緬叛夷猛卯多俺諸酋首分道入寇。巡撫陳用賓、廣南知府潘文昌，議於騰衝築關城凡八，以防緬深入。二十一年，始擒其將多俺斬之。」〔註549〕亦作「多俺」。查《明史稿》，正作「多俺」〔註550〕，是《明史》訛「俺」為「掩」也。又識，「禽」，中華書局點校本逕改作「擒」〔註551〕。

〔註545〕《明史》卷三一四，清乾隆四年武英殿刻本，葉三四。參見《明史》，中華書局1974年，第8123頁。

〔註546〕《明史考證攟逸》，《續修四庫全書》史部第294冊，第412頁。

〔註547〕《明史》卷三一四，清乾隆四年武英殿刻本，葉三四。參見《明史》，中華書局1974年，第8123頁。

〔註548〕《明史》卷三一五，清乾隆四年武英殿刻本，葉八。參見《明史》，中華書局1974年，第8136頁。

〔註549〕《萬曆野獲編》，第929頁。

〔註550〕《明史稿》第七冊，第140頁。

〔註551〕《明史》，中華書局1974年，第8120頁。